刑法解釈論

改訂版

SHITARA Hirobumi
設楽裕文

八千代出版

はしがき

本書は、〈日本国憲法の下では、刑罰によって人権が不当に侵害されないようにする基本的人権保障主義が刑法の基本原則になる〉ということを論証し、そこから、〈刑法の解釈は条文の文言の日常用語的語義を重視してなされなければならない〉という解釈方法を導き、〈このような方法により、刑法典の諸規定の解釈をおこなうとどのようなものになるか〉を明らかにしたものである。このような解釈方法は、先に出版した『刑法の目的と解釈』で公表した。本書では、こうした解釈を刑法典全体について展開している。もっとも、種々の制約から、全条文を検討したわけではない。

解釈の素材にしたものは基本的に刑法典の条文のみである。これについて、判例を参考にしながら、刑法学の文献ではなく、国語辞典を傍らに置いて、ひたすら文理解釈をおこなった。法解釈は条文に始まり条文に終わるものであって、内外の学説はもとより判例さえも参考意見に過ぎない―これが、作業を終えた後の筆者の感想である。

本書は、本年の刑法等の一部改正を機に、第1版に若干の改訂を加えたものである。もっとも、懲役、禁錮を拘禁刑に改める改正法は施行されていないので、この点についてはそのままにしてある。

本書の出版については、第1版に引き続き、八千代出版の森口恵美子社長及び井上貴文氏のお世話になった。厚くお礼を申し上げる。

2022年10月

設楽　裕文

目　次

はしがき *i*
凡　例 *vi*

第1編　序　論

第1章　課題の設定 …… *3*
第2章　刑法の基本原則 …… *5*
　第1節　罪刑法定主義から基本的人権保障主義へ *5*
　第2節　大日本帝国憲法下の罪刑法定主義 *5*
　第3節　日本国憲法下の罪刑法定主義 *10*
　第4節　日本国憲法下の基本的人権保障主義 *12*
第3章　刑法の解釈 …… *15*

第2編　刑法典の解釈

第1章　解釈の順序 …… *21*
　第1節　1編（総則）の諸規定の解釈順序 *21*
　第2節　2編（罪）の諸規定の解釈順序 *21*
第2章　1編（総則）の諸規定の解釈 …… *25*
　第1節　適用範囲に関する諸規定の解釈 *25*
　　第1款　概　観 *25*
　　第2款　場所的適用範囲に関する諸規定の解釈 *25*
　　第3款　時間的適用範囲に関する規定の解釈 *28*
　　第4款　他の法令の罪に対する適用に関する規定の解釈 *29*
　第2節　未遂・既遂に関する諸規定の解釈 *29*
　　第1款　概　観 *29*
　　第2款　犯罪の実行に着手してこれを遂げなかった（43条本文） *30*
　　第3款　自己の意思により犯罪を中止したとき（43条ただし書） *41*

第3節　共犯に関する諸規定の解釈　*42*
第1款　概　観　*42*
第2款　共同正犯（60条）　*44*
第3款　教唆犯（61条1項）　*52*
第4款　従犯（62条1項）　*53*
第5款　共犯と身分（65条）　*57*
第4節　違法性阻却事由に関する諸規定の解釈　*58*
第1款　概　観　*58*
第2款　正当行為（35条）　*59*
第3款　正当防衛（36条1項）　*62*
第4款　緊急避難（37条1項本文）　*67*
第5款　その他の規定　*69*
第5節　有責性阻却事由に関する諸規定の解釈　*70*
第1款　概　観　*70*
第2款　故意、過失（38条）　*71*
第3款　心神喪失者の行為（39条1項）　*77*
第4款　刑事未成年（41条）　*78*
第6節　科刑に関する諸規定の解釈　*78*
第1節　概　観　*78*
第2款　科刑上一罪　*79*
第3款　併　合　罪　*82*
第7節　刑及びその執行に関する諸規定の解釈　*83*
第1款　概　観　*83*
第2款　没収の基本規定（19条）　*84*
第3款　執行猶予の基本規定（25条）　*87*
第3章　2編（罪）の諸規定の解釈 ………………………… *91*
第1節　2章-4章の諸規定の解釈　*91*
第1款　2章：内乱に関する罪（77条-80条）　*91*
第2款　3章：外患に関する罪（81条-89条）　*93*
第3款　4章：国交に関する罪（90条-94条）　*95*

第２節　5 章-7 章の諸規定の解釈　*97*

第１款　5 章：公務の執行を妨害する罪（95 条-96 条の 6）　*97*

第２款　6 章：逃走の罪（97 条-102 条）　*105*

第３款　7 章：犯人蔵匿及び証拠隠滅の罪（103 条-105 条の 2）　*108*

第３節　8 章-11 章の諸規定の解釈　*113*

第１款　8 章：騒乱の罪（106 条、107 条）　*113*

第２款　9 章：放火及び失火の罪（108 条-118 条）　*114*

第３款　10 章：出水及び水利に関する罪（119 条-123 条）　*122*

第４款　11 章：往来を妨害する罪（124 条-129 条）　*124*

第４節　12 章、13 章の諸規定の解釈　*129*

第１款　12 章：住居を侵す罪（130 条-132 条）　*129*

第２款　13 章：秘密を侵す罪（133 条-135 条）　*131*

第５節　14 章、15 章の諸規定の解釈　*133*

第１款　14 章：あへん煙に関する罪（136 条-141 条）　*133*

第２款　15 章：飲料水に関する罪（142 条-147 条）　*136*

第６節　16 章-19 章の 2 の諸規定の解釈　*139*

第１款　16 章：通貨偽造の罪（148 条-153 条）　*139*

第２款　17 章：文書偽造の罪（154 条-161 条の 2）　*143*

第３款　18 章：有価証券偽造の罪（162 条、163 条）　*154*

第４款　18 章の 2：支払用カード電磁的記録に関する罪
（163 条の 2-163 条の 5）　*157*

第５款　19 章：印章偽造の罪（164 条-168 条）　*160*

第６款　19 章の 2：不正指令電磁的記録に関する罪
（168 条の 2、168 条の 3）　*163*

第７節　20 章、21 章の諸規定の解釈　*165*

第１款　20 章：偽証の罪（169 条-171 条）　*165*

第２款　21 章：虚偽告訴の罪（172 条、173 条）　*168*

第８節　22 章-24 章の諸規定の解釈　*169*

第１款　22 章：わいせつ、強制性交等及び重婚の罪（174 条-184 条）　*169*

第２款　23 章：賭博及び富くじに関する罪（185 条-187 条）　*177*

第３款　24 章：礼拝所及び墳墓に関する罪（188 条-192 条）　*179*

第9節　25章の諸規定の解釈　*183*

第1款　25章：汚職の罪（1）　職権濫用罪関係（193条-196条）　*183*

第2款　25章：汚職の罪（2）　賄賂罪関係（197条-198条）　*186*

第10節　26章-30章の諸規定の解釈　*192*

第1款　26章：殺人の罪（199条-203条）　*192*

第2款　27章：傷害の罪（204条-208条の2）　*195*

第3款　28章：過失傷害の罪（209条-211条）　*201*

第4款　29章：堕胎の罪（212条-216条）　*203*

第5款　30章：遺棄の罪（217条-219条）　*206*

第11節　31章-33章の諸規定の解釈　*208*

第1款　31章：逮捕及び監禁の罪（220条、221条）　*208*

第2款　32章：脅迫の罪（222条、223条）　*210*

第3款　33章：略取、誘拐及び人身売買の罪（224条-229条）　*213*

第12節　34章、35章の諸規定の解釈　*218*

第1款　34章：名誉に対する罪（230条-232条）　*218*

第2款　35章：信用及び業務に対する罪（233条-234条の2）　*223*

第13節　36章-40章の諸規定の解釈　*226*

第1款　36章：窃盗及び強盗の罪（235条-245条）　*226*

第2款　37章：詐欺及び恐喝の罪（246条-251条）　*235*

第3款　38章：横領の罪（252条-255条）　*246*

第4款　39章：盗品等に関する罪（256条、257条）　*254*

第5款　40章：毀棄及び隠匿の罪（258条-264条）　*259*

判例索引　*269*

事項索引　*279*

凡　例

＊法令略語

憲法	日本国憲法
児童ポルノ法	児童買春、児童ポルノに係る行為等の規制及び処罰並びに児童の保護等に関する法律

＊判例略語

※「大判明治 44・2・27 刑録 17・197」は、「大審院判決明治 44 年 2 月 27 日大審院刑事判決録 17 巻 197 頁」を意味する。

大判	大審院判決
大決	大審院決定
最（大）判	最高裁判所（大法廷）判決
最決	最高裁判所決定
高判	高等裁判所判決
地判	地方裁判所判決
支判	支部判決

刑録	大審院刑事判決録
刑集	大審院刑事判例集・最高裁判所刑事判例集
裁判集刑事	最高裁判所裁判集刑事
高刑集	高等裁判所刑事判例集
高刑判特	高等裁判所刑事判決特報
高刑裁特	高等裁判所刑事裁判特報
東高刑時報	東京高等裁判所刑事判決時報
下刑集	下級裁判所刑事裁判例集
刑月	刑事裁判月報
新聞	法律新聞
判時	判例時報
判タ	判例タイムズ
LEX/DB	LEX/DB インターネット（TKC 法律情報データベース）

※「目的と解釈」は、設楽裕文『刑法の目的と解釈』八千代出版、2019 年を意味する。

第 1 編　序　論

第１章 課題の設定

本書の課題は、①〈日本国憲法の下では、刑罰によって人権が不当に侵害されないようにする基本的人権保障主義が刑法の基本原則になる〉ということを論証し、そこから、②〈刑法の解釈は条文の文言の日常用語的語義を重視してなされなければならない〉という解釈の方法を導き、③〈このような方法により、刑法典の諸規定の解釈をおこなうとどのようなものになるか〉を明らかにすることである。第１編（序論）では、①②を論じ、第２編（刑法典の解釈）では③をおこなう。

このような課題の設定をした動機を付記する。

筆者は、実務経験を通じて、条文を日常用語的語義に従って解釈することの重要性を認識した。実務における法的思考は、①事実関係の把握、②解決に役立つ条文の発見、③発見した条文の解釈・適用というプロセスを辿る。③の段階では、条文の文言を日本語の通常の用法に従って解釈することになる。

ところが、学説や判例には、意外なほど条文及びその日常用語的語義に従った解釈を重視しない傾向が見られる。筆者の専攻する実体刑法学においては特にその傾向が顕著であり、罪刑法定主義や厳格解釈の原則を認めつつ、実質的には類推解釈に等しい拡張解釈が容認されている。このような傾向が見られるのは、大日本帝国憲法下の刑法解釈についての考え（ひとつの典型例として、牧野英一、小野清一郎の考え）が日本国憲法下でも（多少の改変はあるものの）維持されているためではないかと思う。確かに、牧野や小野の理論は、大日本帝国憲法の下では同憲法の条文と整合性のある、実証主義的なものであるといえる。しかし、日本国憲法の下では同憲法の条文と整合性のある新たな解釈理論が構築されてしかるべきである。罪刑法定主義も再構築されなければならない。

このように考えて、筆者は本書を著すことにした。

第２章

刑法の基本原則

第１節　罪刑法定主義から基本的人権保障主義へ

「刑法の基本原則といえば罪刑法定主義である」と、今でも、多くの者は考えている。しかし、大日本帝国憲法下の罪刑法定主義は人権保障に役立たないものであった。そこで、日本国憲法の下では、罪刑法定主義に代えて〈基本的人権保障主義〉を刑法の基本原則にするべきである。

第２節　大日本帝国憲法下の罪刑法定主義

罪刑法定主義が人権保障に役立たないものであったことは、現在の日本の刑法解釈論における類推禁止（行為者に不利益な類推解釈は刑法の解釈においては許されないという考え）に反する解釈が、罪刑法定主義導入後の学説、判例において許容されてきたことを想起すれば容易に察しうる。

周知のように、旧刑法２条には、「法律に正条ナキ者ハ何等ノ所為ト雖モ之ヲ罰スルコトヲ得ス」という罪刑法定主義を宣言した規定が置かれていた。しかし、現行刑法にはこのような規定は置かれなかった。その理由については、大日本帝国憲法 23 条が罪刑法定主義を規定しているので、重ねて刑法典に罪刑法定主義の規定を置く必要がなかったのである、と説明することが一応可能ではある。だが、この規定が置かれている「第２章　臣民権利義務」の諸規定を見ただけで、23 条の“罪刑法定主義”が日本国憲法における基本的人権の保障とは異なるものであることが分かる。以下に、同条を含めて、20 条から 25 条までの規定を掲げる。

20 条　日本臣民ハ法律ノ定ムル所ニ従ヒ兵役ノ義務ヲ有ス

21条　日本臣民ハ法律ノ定ムル所ニ従ヒ納税ノ義務ヲ有ス

22条　日本臣民ハ法律ノ範囲内ニ於テ居住及移転ノ自由ヲ有ス

23条　日本臣民ハ法律ニ依ルニ非スシテ逮捕監禁審問処罰ヲ受クルコトナシ

24条　日本臣民ハ法律ニ定メタル裁判官ノ裁判ヲ受クルノ権利ヲ奪ハルヽコトナシ

25条　日本臣民ハ法律ニ定メタル場合ヲ除ク外其ノ許諾ナクシテ住所ニ侵入セラレ及捜策セラルヽコトナシ

これらの規定を一瞥すれば理解できるように、臣民権利義務は、法律の範囲内で認められているに過ぎない。したがって、法律を変えることによって権利義務の内容を容易に変更できることになる。しかも、帝国議会は立法に関する協賛機関に過ぎないものであって（5条、37条）、当時の法律と現代の法律とでは民主的基礎の点で懸隔があった。

このような法制度の下では、〈基本的人権擁護のための罪刑法定主義、その派生原則としての厳格解釈の要請、類推禁止の要請〉といった発想は出て来ようがない。さらに、いわば古典的で制限された罪刑法定主義をも排斥すべきであるといった主張さえなされることになる。その典型例を、牧野英一が『罪刑法定主義と犯罪徴表説』において展開した罪刑法定主義と類推禁止に関する理論に見ることができる。牧野は、同書において、「予輩は、刑法に於ける類推解釈の禁止が独仏における通説たるに拘はらず、それに全然反対であるので、茲に主として、此の点からして、法律学の方法論を研究して見たいと思ふのである」と宣言した上、自由法論の「新方法論」中、「法の自由なる解釈」が刑法に適用されるか、という問題提起をし、「若し自由解釈説を以て法の本質より当然生ずべきものなりとせば、従来、自由法説が主として私法の範囲のみに行はれ、刑法の解釈に付ては Beccaria 以来の nulla poena sine lege が行はれ、又類推なるものが唯私法に付てのみ認められ、刑法に付て認められざる理由如何」との主張に対し、罪刑法定主義は18世紀から19世紀にわたる「一種の社会的変革」と相まって社会的意義、政治的意義を有していたものが「惰性」として今日でも維持されているものであり、そのために刑法の改革運動が法律解釈の方面から始まらなかったのであるところ、今や刑法においても自由解釈の原則が主張されなければならないようになって来ていると反論し、旧刑法2条は、「予輩の見る所に於ては、其の正文には、犯罪の要件が法律に規定せられて居らねばならぬと書いてあるに過ぎないのである」ので、大日本帝国憲法23条も「刑罰規定は常に形式上の法律に根拠を有することを要す」ということを明らかにしているだけであって、法律の解釈適用において類推が許されぬといったことは明文に現出しているとはいえない、とする[1]。牧野においては、同憲法23条が刑法の法源につき法律を根拠とすることを要するとしており、現行法制において刑法が成文法に限られているので、この限りで罪刑法定主義は認められるものに過ぎず、論理解釈に属する類推は民法におけると同様に許容されるべきものとなる[2]。そもそも言語が言語のみで一定の意思を表示しうるものではないことを考えると、法律の成文も成文自体で意味をなさないときは一般の思想と対照して解釈されなければならず、現代社会の法は現代の思想をもって解釈すべきものであり、また、規範である法は一定の理想に従って取り扱わなければならないのであって[3]、「現代の法は現代の合理的国民精神の表示として解釈せられねばならぬ」とする[4]。また、従来、法律の使命とされた「法律的確実」（法の確実性、Rechtssicherheit）は、「単に個人の自由が官憲に対して保障せられること、又は個人の権利が公益の名の下に猥りに侵されることなきこと」ではなく、「社会上の利益が常に合理的に分配せられることの保障」を意味すると考えれば、これと法律的進化を調和させることが可能であり、「又調和せられねばならぬものと解して居る」ともいう[5]。結局、牧野によれば、罪刑法定主義は従来主張されてきたような特別な意義をもつものではなく、刑法においても、自由法論の立場から、「自由にして且創作的」な方法による解釈がなされてしかるべきである、ということになるのである[6]。

　このような牧野の考えは、牧野の弟子であり、独特の「犯罪構成要件の理

1　牧野英一『罪刑法定主義と犯罪徴表説』（有斐閣、4版、1929年）の3～28頁参照。
2　牧野・前掲注1の39～44頁、81～82頁参照。
3　牧野・前掲注1の82～86頁参照。
4　牧野・前掲注1の110頁参照。
5　牧野・前掲注1の116～120頁参照。
6　牧野・前掲注1の120～122頁参照。

論」を展開した小野清一郎にも受け継がれた[7]。小野は､『犯罪構成要件の理論』所収の「構成要件充足の理論」（1928年発表）の中で、「蓋し、罪刑法定主義は、ヨーロッパ大陸に於ける啓蒙期以後の特殊なる国法思想に胚胎する原則であって、今日に於ては少くとも其の当初に於ける重要性を失ひ、個人の自由よりも寧ろ有効なる社会防衛を先とするに至り、最近の刑事立法は再び裁判官の自由裁量の範囲を拡張するに傾き、各個の犯罪に関する規定の如きもより簡略なるものとし、其の概念をより抽象的ならしむることによって其の適用範囲を寛かにするに傾いてゐる。此は我が旧刑法と現行刑法とを比較するも明かである。而して学説上に於ても、罪刑法定主義そのものはともかく、之を基礎として主張されて来た解釈の厳格、類推の排斥、刑法の不遡及、絶対不定期刑の排斥等あまたの原則的要求は其の妥当性を疑はれつつあるのである」と述べ、ここで牧野の『罪刑法定主義と犯罪徴表説』を頁数を示すことなく引用し、さらに続けて、「さりながら、構成要件該当性の理論は、果して罪刑法定主義の原則の根拠に於てのみ支持され得べき理論であらうか。私は其の然らざるを信ずるものである。蓋し、『構成要件該当』の概念に依って必要とされるのは、単に犯罪の成立が一定の（特別）構成要件に該当する事実の存することに過ぎずして、其の構成要件が成文上厳密に規定されてゐなければならぬといふことではない。而して、たとへ罪刑法定主義の原則が全然否定されるとしても、単なる『構成要件該当』の要求、即ち犯罪の成立には違法とか、有責とか、因果関係とかいふ如き普遍的な思想の外に、一定の特殊的に構成された法律的概念に該当する行為を必要とするといふことは、今日の刑法上到底否認すべからざる原則的要求である。此の原則的要求は、罪刑法定主義から独立な、論理上罪刑法定主義に先行する一の法理的要求である。何となれば、慣習法、判例法乃至は条理に依る刑罰法規の認めらるる場合に於てさへも、此の要求は尚妥当する。『構成要件該当性』の理論は此の点に其の法理的根拠を求むべきものである」と述べている[8]。小野によれば、構成要件充足の理論の基礎は、罪刑法定主義に置かれ

7　牧野の考えは、罪刑法定主義の思想的淵源をマグナカルタに求める見解を日本に導入した瀧川幸辰にも影響を及ぼし、類推を刑法の範囲から排斥する見解は「一ノ『メールヘン』ナリ」といわせている（瀧川幸辰「罪刑法定主義ノ歴史的考察」法学論叢1巻6号56頁以下〔1919年〕の82頁参照)。

8　小野清一郎『犯罪構成要件の理論』（有斐閣、初版〔15刷〕、1977年）の216～217

るべきものではなく、「不應為律」が認められる法制の下でも同理論を支持する余地は十分にあるということになる[9]。小野においては、罪刑法定主義が「到底疑ふべからざる一原則」であることは否定できないものの、処罰規定の解釈においては「法令の用語及び其の形式的論理に囚はれてはならぬ」のであって、「即ち、処罰規定の解釈に当っては、刑法理論及び刑事政策的利益較量を必要とし、殊に当該刑罰法規に於ける利益保護の精神及び其の必要限度を考覈せねばならぬ。其の実証的資料としても、法令の成文以外に、判例、慣習其の他社会生活に現はれた事実及び思想の一切を参考すべきである」ということになり、さらに、法令の用語が「自然的語義」や「単純なる生活上の用語例」によって解釈されるべきことさえ否定する[10]。小野は処罰規定における類推解釈を許容しており、1934 年にフランスで発表した論文「刑法における法源」（藤野豊訳）の中では、「処罰規定に関しても、一般的利益の観点から絶対に必要なものであり、かつ社会の倫理意識が十分それに熟しているときには、拡張解釈或いは類推を拒むことはできない」と述べている[11]。小野は、このような考えの下に Beling（Ernst von Beling）や Mayer（Max Ernst Mayer）の理論とは大きく異なる構成要件理論を構築し、学説や実務に大きな影響を及ぼした。今日、「犯罪とは」と問われて、「構成要件に該当する違法で有責な行為である」と答える者は、小野理論の影響を受けているといって過言ではない。ただ、留意しなければならないのは、小野の構成要件理論が罪刑法定主義についての前述のような考えの下に構築されたものであることと、刑法典は本来構成要件理論を予定して作られたものではないということである。そして、小野の指導を受けた団藤重光をして「深遠であり幽玄であり難解なのである」といわせた理論によって[12]、刑法解釈は極めて難しい、部外者には近寄り難いものになってしまったといえる。

判例にも、類推禁止に反するといえるものが散見される。最も有名なのは、電流が旧刑法 366 条の「所有物」にあたる旨判示した大判明治 36・5・21 刑

頁参照。

9　小野・前掲注 8 の 218 頁参照。

10　小野・前掲注 8 の 225 ～ 226 頁参照。

11　小野清一郎『刑法と法哲学』（有斐閣、1971 年）の 387 頁参照。

12　団藤重光『わが心の旅路』（有斐閣、1986 年）の 324 頁参照。

録9・874である。この判決は、電流が、五官の作用によって存在を認識でき、容器に収容して独立の存在として人力で任意に支配できる可動性と管理可能性を有するものであることから「所有物」にあたると判断しているので、かなり慎重な解釈をしたものであると評価できる。ただ、支持することはできかねる。他人の飼っている鯉を流出させた所為が261条の「傷害」にあたるとした大判明治44・2・27刑録17・197やガソリンカーが129条の「汽車」に含まれるとした大判昭和15・8・22刑集19・540になると、まして支持できない[13]。

第3節　日本国憲法下の罪刑法定主義

1946年に日本国憲法が制定され、これに合わせて、1948年に刑事訴訟法が全面改正され、その1条に「この法律は、刑事事件につき、公共の福祉の維持と個人の基本的人権の保障とを全うしつつ、事案の真相を明らかにし、刑罰法令を適正且つ迅速に適用実現することを目的とする」という、多分に同憲法を意識した規定が置かれた。これに対して、刑法については規定の一部を削除するなどの部分的手当がなされたに止まり、罪刑法定主義に関係する規定を置くといった対応はなされなかった。となると、同憲法下で罪刑法定主義の根拠となる条文はどれかが問題になるところ、通説は、同憲法31条の「何人も、法律の定める手続によらなければ、その生命若しくは自由を奪はれ、又はその他の刑罰を科せられない」という規定がそれであるとした。このような考えに対しては、同条は「手続によらなければ」という文言になっているから手続法について定めているだけで実体法の内容については何も規制していないのではないか、同条を反対解釈すると法律の定める手続によるなら生命や自由を奪う刑罰でも科してよいということになるけれど、それでは大日本帝国憲法23条の規定と同様のものになってしまうのではないか、同条には「適正」といった文言はないので適正でない法律によって刑罰を科しても同条には反しないということになるのではないか、といった疑問を提示しうる。同条を実体の適正を

13　目的と解釈4頁参照。

要求する実体的デュー・プロセスについての規定であると解し、そこから、明確性の原則や罪刑均衡の要請を導出できるとする考え[14]には解釈論としてはかなり無理があるといえる[15]。

また、罪刑法定主義から類推解釈が禁止される理由について、通説は、それが裁判官による立法になって法律主義や事後法の禁止に反することになるからであると説明する。このような説明によるなら、裁判官による立法にならないものは拡張解釈として許されることになる[16]。しかし、文言の意義を日常用語的語義に従って解釈するという、いわば純粋な文理解釈乃至そのまま解釈[17]を超えて処罰規定の適用を認める拡張解釈を認めると、類推解釈との差異は極めてあいまいになってくる。日本語としての文言の可能な意味の範囲内か、国民がその文言を認識したときに客観的に予測できる範囲内の解釈であるか否か、法文の文言の枠内で理解できる範囲内か、といった基準では[18]、適確に拡張解釈として許される範囲を示すことはできない。

日本国憲法下の最高裁の判例にも、拡張解釈の範囲を超えた類推解釈ではないかという疑いのあるものが散見される。例えば、最判昭和 51・4・30 刑集 30・3・453 は、真正な供託金受領証の写しであるかのような外観を呈する写真コピーを作成した所為が「公務員の作成すべき文書」の偽造を処罰する公文書偽造罪に該当するとした[19]。また、最判平成８・２・８刑集 50・2・221 は、鳥獣保護及狩猟ニ関スル法律１条の４の３項を受けた環境庁告示３号リの弓矢を使用する方法による狩猟鳥獣の「捕獲」に捕獲行為が含まれるとした。さらに、最決平成 29・7・9 裁判集刑事 308・53 は、ウェブページの URL を自己のウェブページに掲載した行為が児童ポルノの陳列にあたるとしている[20]。

14　このように考えるものとして、例えば、西田典之（橋爪隆補訂）『刑法総論』（弘文堂、3 版、2019 年）の 59 ～ 64 頁、山口厚『刑法総論』（有斐閣、3 版、2016 年）17 ～ 22 頁、参照。

15　設楽裕文「組織的な犯罪における没収と憲法」日本法学 66 巻 3 号 447 頁以下（2000 年）の 449 ～ 451 頁参照。

16　西田・前掲注 14 の 57 頁、山口・前掲注 14 の 13 頁、参照。

17　目的と解釈 7 頁参照。

18　西田・前掲注 14 の 58 頁、山口・前掲注 14 の 14 頁、参照。

19　目的と解釈 5 頁参照。

20　目的と解釈 8 ～ 11 頁参照。

また、明確性の原則については、徳島市公安条例事件に関する最大判昭和50・9・10刑集29・8・489が、処罰規定が不明確であるために同憲法31条に違反し無効となるか否かは、通常の判断能力を有する一般人の理解において具体的場合に当該行為がその適用を受けるものかどうかの判断を可能ならしめるような基準が読み取れるかどうかにより判断するとしたものの、同事件で問題になった条例も含めて最高裁が法廷意見において処罰規定を同憲法31条に違反し無効であるとした判例は皆無である。最大判昭和60・10・23刑集39・6・413の法廷意見は、福岡県青少年保護育成条例の「淫行」について、（3人の裁判官が通常の判断能力を有する一般人の理解が及ばないものである旨の反対意見を付すほどの）不明確な限定解釈をおこなって、同憲法31条違反の主張を斥けている[21]。同憲法の下でも、学説や判例は基本的人権の保障に適合した刑法解釈をおこなっているとはいい難い。大日本帝国憲法下で育まれた罪刑法定主義と刑法解釈についての理解は、本来、日本国憲法下で通用するものではない。考えを根本的に改める必要がある。

第4節　日本国憲法下の基本的人権保障主義

日本国憲法は、大日本帝国憲法とは全く異なる憲法である。国民主権が、前文において、「そもそも国政は、国民の厳粛な信託によるものであつて、その権威は国民に由来し、その権力は国民の代表者がこれを行使し、その福利は国民がこれを享受する。これは人類普遍の原理であり、この憲法は、かかる原理に基くものである」と宣言され、全国民を代表する選挙された議員からなる国会が国権の最高機関であり唯一の立法機関であるとされている（41条、43条）。また、「第3章　国民の権利及び義務」には、以下のように、11条から13条まで、基本的人権の保障と公共の福祉に関する規定が置かれている。

11条　国民は、すべての基本的人権の享有を妨げられない。この憲法が国民に保障する基本的人権は、侵すことのできない永久の権利として、現在及び将来の国民に与へられる。

21　目的と解釈13～21頁参照。

12条　この憲法が国民に保障する自由及び権利は、国民の不断の努力によつて、これを保持しなければならない。又、国民は、これを濫用してはならないのであつて、常に公共の福祉のためにこれを利用する責任を負ふ。

13条　すべて国民は、個人として尊重される。生命、自由及び幸福追求に対する国民の権利については、公共の福祉に反しない限り、立法その他の国政の上で、最大の尊重を必要とする。

そして、この「第３章　国民の権利及び義務」には、31条（法定手続の保障）、32条（裁判を受ける権利）、33条（現行犯逮捕以外の逮捕への令状の要求）、34条（抑留又は拘禁の要件、拘禁の理由と開示）、35条（住居への侵入、捜索又は押収への令状の要求）、36条（拷問及び残虐な刑罰の禁止）、37条（公平な裁判所の迅速な公開裁判を受ける権利、証人審問権・弁護人依頼権の保障）、38条（自己に不利益な供述を強要されない権利の保障、自白の証拠能力・証明力の制限）、39条（遡及処罰の禁止、一事不再理）、40条（刑事補償）と、刑罰あるいは刑事手続により国民の人権が侵害されないようにするための規定が並べられている。これらの規定と、11条乃至13条の規定、さらに、97条の「この憲法が日本国民に保障する基本的人権は、人類の多年にわたる自由獲得の努力の成果であつて、これらの権利は、過去幾多の試練に堪へ、現在及び将来の国民に対し、侵すことのできない永久の権利として信託されたものである」という規定を併せて読めば、日本国憲法が、基本的人権を国民に保障し、刑罰又は刑事手続によって不当に人権が侵害されないように多くの配慮をしていることは明らかである。

罪刑法定主義の根拠規定が31条であり、同条は実体的デュー・プロセスの規定であるなどと無理をしていわなくても、処罰規定の適正の要請は11条、13条、31条から導出でき、遡及処罰の禁止は39条から導出できる。類推禁止は、全国民の代表者である選挙された議員の組織する国会の制定する法律中の刑罰法規は、国民に対し、「国の刑罰権の行使はここまでとする」という限界を示した規範であって、このような規範について類推をすることは、国政につき信託を受けた国乃至その機関（具体的には刑事裁判機関）が国民の信頼を裏切ることになるので、許されない、ということから導出できる。国民の行動の自由が保障されるというのは信頼に反するような規範の解釈・適用を禁じたことの反射的効果である。仮に国民に予想できる範囲内にあったとしても、憲法を尊重擁護する義務を負う国の機関は（99条）、刑罰権行使の範囲を広げるような解釈をしてはならない。

また、国会や地方議会は、その制定する刑罰法規自体において、刑罰権行使の限界を明確に示す義務を国民（住民）に対し負っているのであるから、文言上不明確な刑罰法規を定立することは許されない。したがって、明確性の原則に反するか否かは、前掲の最大判昭和50・9・10が示した基準によるのではなく、「国民一般に対して刑罰の対象となる行為を予め告知するものといえるか」といった基準によって、当該法規の文言について判断されなければならない。このように考えると、前掲の最大判昭和50・9・10、最大判昭和60・10・23の各法廷意見には反対せざるをえない[22]。

以上のように考えるなら、古典的な罪刑法定主義、特に、大日本帝国憲法下で形骸化された罪刑法定主義はもはや不要である。基本的人権保障主義こそ、日本国憲法下の法制度に相応しい刑法の基本原則である[23]。

22　目的と解釈13～21頁参照。

23　目的と解釈1～4頁参照。設楽裕文「犯罪構成要件の理論と刑法の解釈」日本法学85巻4号65頁以下（2020年）の88～90頁参照。

第3章

刑法の解釈

日本国憲法の下では、基本的人権保障主義を刑法の基本原則に据え、これに合致した刑法の解釈がなされなければならない。大日本帝国憲法23条の罪刑法定主義は、法律によるなら逮捕監禁審問処罰を受けさせてもよいという解釈を可能にするものであった。これに対し、日本国憲法31条がそのように解しえないものであることは、同憲法11条、13条などの規定を併せて読み体系的解釈をおこなえば、明らかである。全国民の代表者によって組織された国会の制定した法律であろうと、不当に国民個人の人権を侵害するものであるときは違憲無効とされるのである（98条1項）。

刑罰規定の解釈は不当な人権侵害を防ぐために厳格になされなければならない。このような厳格解釈の原則は、国と国民との関係からも根拠づけられる。日本国憲法を解釈すれば、国が「公共の福祉」のために刑罰を科しうるのは、国民がその生命・自由・幸福追求に対する権利（13条）をはじめとする国民の権利を擁護させるために、国に刑罰権限の行使を信託したからであることが分かる。国は、このような信託に基づき、法律に従って刑罰権限を行使できるに過ぎない[24]。刑法は、いわば国と国民との契約条項である[25]。契約条項は、その

24　従来の刑法理論の背景には、「国は犯罪を犯した者を処罰する権限をもっている。この権限を恣意的に行使されたのでは国民の行動の自由が害されるから罪刑法定主義に従って刑罰は科されなければならない」という考えがある。しかし、日本国憲法の下では、国の刑罰権限は国民から信託されたものに過ぎないのであるから、国が最初から刑罰権をもっているという考えは排斥されなければならない。刑事手続の世界では、合意制度（日本型司法取引）の導入等により、「国家機関が国家的正義に基づいて被告人を裁き刑罰を科する」といった刑事手続についての考えは通用しなくなっている。実体刑法についての考えも改められなければならない。設楽裕文「刑事手続改革と裁判所の役割の変容」法学紀要60巻9頁以下（2019年）の31～34頁参照。

25　大日本帝国憲法下にあっても、小野清一郎は、国家の行動に対して国民は無限に服従しなければならない旨の牧野英一の言説に反論して、「国家は全文化的立場から見て一の部分的社会であり、其の文化的理念も亦部分的理念である。従って、国家の理念がひとり無

条項を書き表わすために用いられている言語の通常の用法に従って解釈されなければならない。解釈の際に重視されるべきは、条文の文言とその日常用語的語義であり、「国民の側がどこまで予測できるか」とか「社会通念によればどう解されるか」といったことではない。文言の日常用語的語義から無理のある解釈を、予測可能性や社会通念といった不確定で裁判官等の判断者の主観的判断の余地が大きい概念を基に許容することはできない。条文の文言の中核的意味に従った、そのまま解釈が原則とされるべきであり、いわゆる拡張解釈は、その解釈が文理解釈の範囲内にあって、その解釈によって保護される利益αとそのまま解釈によって保護される国民の生命・自由・幸福追求といった利益βとを比較衡量して、少なくとも同等と認められる場合に限り、許容されると考える[26]。逆に、法令の内容が不適切であり、基本的人権の観点から「悪法」と評されるべきものであるため、文理解釈によると利益βが害されるというときには、本来はその法令が違憲無効とされるべきあるけれど、解釈レベルでは、その条項を空文化するに等しい限定解釈をすることが許されると考える。また、前章で述べたように、明確性の原則に反するか否かは、〈国民一般に対して刑罰の対象となる行為を予め告知するものといえるか〉という基準に従って、基本的に当該法規の文言について判断されることになる。具体的事案において当該事件の行為者に当該行為が当該法規の適用を受けるか否か判断することが可能であると認められる場合であっても、文言が不明確であるなら、当該法規は違憲無効になる[27]。

構成要件理論が支配的になってからは、犯罪とは構成要件に該当する違法で有責な行為であるという考えが、学説のみならず実務においても常識化している[28]。しかし、刑法典は構成要件という概念を予定していない。刑法典の諸規

限に妥当することを得るものではない、と私は考へるのである」と述べている（小野・前掲注8の307頁参照）。日本国憲法下においては、なおさら、国民に服従を要求する国家は認められない。

26　目的と解釈7～8頁参照。

27　目的と解釈13～14頁参照。

28　もっとも、実務に（学説が想定しているような）構成要件概念や構成要件理論が浸透しているとはいい難い。実務家にとって重要なのは、ある事実がある条文に該当するか否かであって、「構成要件に該当するか」、「構成要件的故意が認められるか」といったことではないように思う。例えば、警察官を主な読者として想定している、粟田知穂『事案処理

定を体系的に理解すれば、犯罪の成立は、ある所為が、「第２編　罪」の処罰規定（ある所為を「した者は、」ある刑に「処する」といった具合に、犯罪となる所為とそれに対する法定刑を明示している規定）に該当するものであり、「第１編　総則」の「第７章　犯罪の不成立及び刑の減免」の中にある、「罰しない」という文言を有する不成立事由（違法性阻却事由、有責性阻却事由）の規定に該当しないものであるときに肯定されると解することができる。常識化している考えからすると、処罰規定に該当するということが「構成要件に該当する」ということになる。しかし、処罰規定に該当するか否かは、その処罰規定の文言にあてはまり、ある所為が、その処罰規定が処罰対象として予定している所為にあたるか否かによって決定されるべきである。小野清一郎がいう「刑事政策的利益衡量」・「当該刑罰法規に於ける利益保護の精神及び其の必要限度」・「判例、慣習、其の他社会生活に現はれた事実及び思想の一切」といったものは、あくまで参考資料の域に止めなければならない。

本書の第２編では、このような観点から、刑法典の諸規定の解釈を試みる。その際には、条文と国語辞典を頼りに、条文の文言の日常用語的語義を重視した解釈をおこなう（ただし、公的な解釈を示した判例も検討の素材にしている[29]）。これに成功すれば、構成要件概念を用いない刑法解釈学への扉が開かれることになろう。

に向けた実体法の解釈　条文あてはめ刑法』（立花書房、2019 年）の５頁には、「今回の事例でいえば、まずは窃盗罪の成否が問題になりますが、法 235 条は、『他人の財物を窃取した者は、窃盗の罪とし』と規定しているだけです。当然、議論の出発点は、法律の文言ですから、窃盗罪が成立するためには、①『他人の』、②『財物を』、③『窃取した』といえることが最低限必要ですが、逆にいえば、法律の文言が示しているのはそこまでともいえます。そのあたりの、それぞれの文言の意味、解釈については、いろいろな立場から、さまざまな意見や主張があるところです」という記述がある。同書の著者は、法務省法務総合研究所研究部総括研究官であり、この記述から、条文の文言を重視する実務家の感覚を推知することができると思う。

29　判決等に「構成要件」という言葉が用いられることがないではないものの、往々にして「構成要件」概念が条文の文言を逸して処罰範囲を拡張する道具として利用されていることにつき、注意が必要である。例えば、最決昭和 61・6・9 刑集 40・4・269 は、麻薬所持罪と覚醒剤所持罪は、目的物に差異があり、後者につき、前者に比して重い刑が定められているだけで、「その余の犯罪構成要件要素は同一であるところ、麻薬と覚せい剤との類似性にかんがみると」両罪の構成要件が実質的に重なり合っているので、麻薬所持罪の成立を肯定できるとする。しかし、この結論は麻薬を所持した事実が存在しないのに、麻薬所持罪の成立を肯定するものであり、支持できない。

第２編　刑法典の解釈

第１章

解釈の順序

第１節　１編（総則）の諸規定の解釈順序

第２章では、刑法典１編（総則）の諸規定の解釈をおこなう。条文は、１章（通則）の１条から始まって、13章（加重減軽の方法）の72条まで続いている。１章（通則）の規定の多くは、刑法の適用範囲に関するものと考えられるので、第１節（適用範囲に関する諸規定の解釈）でこれらの解釈をおこなう。２章（刑）以下の規定については、ある所為につき犯罪の成否を検討し、犯罪が成立する場合は科刑し、それから刑を執行するというプロセスを考慮して、まず、２編（罪）の規定に該当するかに密接に関係する、８章（未遂罪）の規定の解釈を第２節（未遂・既遂に関する諸規定の解釈）でおこない、つぎに、11章（共犯）の規定の解釈を第３節（共犯に関する諸規定の解釈）でおこなう。それから、７章（犯罪の不成立及び刑の減免）の違法性阻却事由に関する規定（35条、36条１項、37条１項本文）と有責性阻却事由に関する規定（38条、39条１項、41条）を抽出し、前者の解釈を第４節（違法性阻却事由に関する諸規定の解釈）で、後者の解釈を第５節（有責性阻却事由に関する諸規定の解釈）でおこなう。その後は、第６節（科刑に関する諸規定の解釈）で54条、45条を中心に解釈をおこない、第７節（刑及びその執行に関する諸規定の解釈）で19条、25条を中心に解釈をおこなう。

第２節　２編（罪）の諸規定の解釈順序

第３章では、刑法典２編（罪）の諸規定の解釈を条文の順序に従っておこなう。概説書等では、法益に従って、個人的法益に対する罪、社会的法益に対する罪、国家的法益に対する罪といった具合に分類し、刑法典の条文の順序にこだわらない論述を展開することが多い。これに対し、本書では、筆者の解釈論を刑法典の条文について展開することを目的とすることから、刑法典に掲げられた順序の通りに条文を引用しつつ叙述する方法を採用した。といっても、刑法典の条文も一定の意図の下に規則性をもって掲げられていることは明白であり、そこにはひとつの体系を見出せる。本書では、この体系を尊重しつつ、以下のように条文をまとめて解釈論を展開することにした。

第１節では、２章（内乱に関する罪）、３章（外患に関する罪）、４章（国交に関する罪）に設けられた諸規定の解釈をおこなう。これらの章の罪は、国の存立乃至外交、あるいは、国の国際社会における地位に関わるものである。

第２節では、５章（公務の執行を妨害する罪）、６章（逃走の罪）、７章（犯人蔵匿及び証拠隠滅の罪）に設けられた諸規定の解釈をおこなう。これらの章の罪は、公務の執行や国の拘禁作用・捜査に関わるものである。

第３節では、８章（騒乱の罪）、９章（放火及び失火の罪）、10章（出水及び水利に関する罪）、11章（往来を妨害する罪）に設けられた諸規定の解釈をおこなう。これらの章の罪は、公共の安全に関わるものである。

第４節では、12章（住居を侵す罪）、13章（秘密を侵す罪）に設けられた諸規定の解釈をおこなう。これらの章の罪は、個人のプライバシーに関わるものである。

第５節では、14章（あへん煙に関する罪）、15章（飲料水に関する罪）に設けられた諸規定の解釈をおこなう。これらの章の罪は、公衆の健康に関わるものである。

第６節では、16章（通貨偽造の罪）、17章（文書偽造の罪）、18章（有価証券偽造の罪）、18章の２（支払用カード電磁的記録に関する罪）、19章（印章偽造の罪）、19章の２（不正指令電磁的記録に関する罪）に設けられた諸規定の解釈をおこなう。これらの章の罪は、公共の信用に関わるものである。

第７節では、20章（偽証の罪）、21章（虚偽告訴の罪）に設けられた諸規定の解釈をおこなう。これらの章の罪は、国の審判、その前提としての調査・捜査に関わるものである。

第８節では、22章（わいせつ、強制性交等及び重婚の罪）、23章（賭博及び富くじに関する罪）、24章（礼拝所及び墳墓に関する罪）に設けられた諸規定の解釈をおこなう。これらの章の罪は、風俗に関わるものである（もっとも、176条乃至181条の罪は個人の性的自由に関わるものである）。

第9節では、25章（汚職の罪）に設けられた諸規定の解釈を、職権濫用罪関係と賄賂罪関係に分けておこなう。これらの章の罪は、公務の公正乃至それに対する信用に関わるものである。

第10節では、26章（殺人の罪）、27章（傷害の罪）、28章（過失傷害の罪）、29章（堕胎の罪）、30章（遺棄の罪）に設けられた諸規定の解釈をおこなう。これらの章の罪は、個人の生命・身体に関わるものである。

第11節では、31章（逮捕及び監禁の罪）、32章（脅迫の罪）、33章（略取、誘拐及び人身売買の罪）に設けられた諸規定の解釈をおこなう。これらの章の罪は、個人の自由に関わるものである。

第12節では、34章（名誉に対する罪）、35章（信用及び業務に対する罪）に設けられた諸規定の解釈をおこなう。これらの章の罪は、社会的活動や評価に関わるものである。

第13節では、36章（窃盗及び強盗の罪）、37章（詐欺及び恐喝の罪）、38章（横領の罪）、39章（盗品等に関する罪）、40章（毀棄及び隠匿の罪）に設けられた諸規定の解釈をおこなう。これらの章の罪は、財産に関わるものである。

第2章

1編（総則）の諸規定の解釈

第1節　適用範囲に関する諸規定の解釈

第1款　概　観

刑法の適用範囲に関する規定は、1条乃至5条の場所的適用範囲に関する諸規定、6条の時間的適用範囲に関する規定、8条の他の法令の罪に対する適用に関する規定に区分できる。規定の数は少ないものの、抽象的な文言の解釈は必ずしも容易ではない。

第2款　場所的適用範囲に関する諸規定の解釈

1　国内犯に関する規定

> （国内犯）1条
> この法律は、日本国内において罪を犯したすべての者に適用する。
> 日本国外にある日本船舶又は日本航空機内において罪を犯した者についても、前項と同様とする。

「日本国内」とは、文理から、日本国の領域（領土、領海、領空）内をいうと解する。

「日本国内において罪を犯した」とは、文理から、日本国の領域内で日本国の実質的な意味における刑法に設けられた処罰規定の予定する所為（共犯としての所為を含む）の全部又は一部をおこなったことをいうと解する。実行行為が国内でおこなわれれば結果が国外で発生しても「日本国内で罪を犯した」にあたる（失火罪につき大判明治44・6・16刑録17・1202参照）。198条の賄賂約束罪が国内で実行されれば、賄賂の供与が国外でなされても、「日本国内で罪を犯した」にあたる（東京地判昭和56・3・30刑月13・3・299参照）。

最決平成26・11・25刑集68・9・1053は、日本在住の被告人が、共犯者らとともに、日本国内で作成したわいせつな動画等のデータファイルをアメリカ合衆国在住の共犯者らに送って、共犯者らにおいて同国内のサーバコンピュータに記録・保存し、顧客にインターネットを介した操作をさせて同データファイルをダウンロードさせる方法によって有料配信するサイトを運用し、日本国内の顧客に同サイトを利用して同データファイルをダウンロードさせて日本国内に設置させたパーソナルコンピュータに記録、保存させた事案につき、顧客のダウンロード操作によってサーバコンピュータからデータを顧客のコンピュータ等の記録媒体上に記録、保存させた所為は顧客によるダウンロード操作を契機とするものであっても175条1項後段の「頒布」にあたるとし、被告人が同項後段の罪を日本国内において犯した者にあたることは明らかである旨述べている。同決定の結論は支持できる。頒布行為の一部である共謀によるデータファイル作成及び共犯者らへの送信は日本国内でなされており、データが顧客の支配下に移るという結果発生も日本国内においてであるから、顧客のダウンロード操作が175条1項後段の罪の実行行為の一部であると構成しなくても、被告人が「日本国内において罪を犯した」者にあたるといえる。

また、幇助行為が国外でなされ正犯が国内で実行した場合、従犯も「日本国内で罪を犯した」といえる（最決平成6・12・9刑集48・8・576参照）。これに対し、国外での共謀に参加したに止まる者は、その共謀に基づき国内で犯罪が実行されたとしても、共謀自体は共同実行の一部とはいえない以上、「日本国内で罪を犯した」者にはあたらないと解する。仙台地気仙沼支判平成3・7・25判タ789・275は、Xが航海中の日本国籍を有する船舶内で、内容虚偽の事故発生報告書を作成し、これを写真電送することをYと共謀した上、下船して外国領土であるタヒチ島の事務所からファクシミリで海上保安部に写真電送した事案につき、犯罪行為の一部である共謀が同船舶内でなされた以上、その行為の全体について日本国刑法の適用がある旨述べて、偽造証拠の行使による証拠隠滅等罪の成立を肯定した。同被告人は日本船舶内で内容虚偽の事故発生報告書を作成し、送信場所こそ日本国外であったものの国内の海上保安部のファクシミリでプリントさせているのであるから、「日本国内で罪を犯した」といえる。したがって、同判決の結論は支持できるものの、共謀が日本船舶内でなされた故に日本刑法の適用があると述べている点には賛成できない。

「日本国外にある日本船舶又は日本航空機内」とは、文理及び船舶法１条が日本国民（同条２号）や日本の法令により設立した会社で代表者の全員及び業務執行役員の３分の２以上が日本国民であるもの（同条３号）の所有に属する船舶を「日本船舶」としていることから、日本の領域外にある（法人を含む）日本国民が所有・支配している船舶又は航空機の内をいうと解する（最決昭和58・10・26刑集37・8・1228は、船舶法１条３号の要件を充たす日本に本店を有し取締役全員が日本国民である株式会社の所有する船舶は、「日本船舶」にあたるとする)。

２　国外犯に関する規定

２条（すべての者の国外犯）・３条（国民の国外犯）・４条（公務員の国外犯）の「日本国外において次に掲げる罪を犯した」、あるいは、３条の２（国民以外の者の国外犯）の「日本国外において日本国民に対して次に掲げる罪を犯した」とは、１条と対比して、日本国の領域外かつ日本国外にある日本船舶・日本航空の外で、各条に掲げられている処罰規定の予定する所為（共犯としての所為を含む）の全部をおこなったことをいうと解する（所為の一部が１条に該当するときは国内犯になる)。

４条の２（条約による国外犯）の「日本国外において、第２編の罪であって条約により日本国外において犯したときであっても罰すべきとされているものを犯した」とは、１条と対比して、日本国の領域外かつ日本国外にある日本船舶・日本航空の外で、条約により日本国外において犯したときであっても罰すべきとされている２編の罪の処罰規定の予定する所為（共犯としての所為を含む）の全部をおこなったことをいうと解する。

３　外国判決の効力に関する規定

５条（外国判決の効力）の「外国において確定裁判を受けた」とは、文理から、日本国以外の国の刑事裁判の被告人として受けた裁判が確定していることをいうと解する。日本国の裁判が確定しているときは、憲法39条が「同一の犯罪について、重ねて刑事上の責任を問はれない」としていることからも、「外国において確定裁判を受けた」にはあたらない（最大判昭和28・7・22刑集7・7・1621は、憲法39条は、同一の犯罪につき、わが国の憲法による裁判権によって二重に刑事上の責任を問うことを禁じた趣旨と解すべきであるとする)。

５条の「同一の行為」とは、訴因が各国において異なることが予想されることから、外国における確定裁判の罪となるべき事実と公訴事実の同一性（刑事訴訟法 312 条１項）のある範囲内の行為をいうと解する。

第３款　時間的適用範囲に関する規定の解釈

> （刑の変更）６条
> 犯罪後の法律によって刑の変更があったときは、その軽いものによる。

「犯罪後」に関し、大判明治 43・5・17 刑録 16・877 は、刑法施行前に欺罔行為をし同施行後に犯行が発覚して詐欺罪の完成を妨げられた事案につき、犯罪の着手はたとえ刑法施行前であってもその犯罪が同法施行後に終了する以上は全部の犯罪行為に対しその終了当時の法律たる刑法を適用して処断すべきであって、刑法６条により軽い法を適用処断すべきものではない旨述べている。このような考えによるなら、実行行為が終了した後でなければ「犯罪後」とはいえず、実行行為の途中に刑の変更があっても、本条によって新旧両刑の軽い方によることはできなくなる（包括一罪に関し大判明治 43・11・24 刑録 16・2118、牽連犯に関し大判明治 42・11・1 刑録 15・1489、従犯に関し大判明治 44・6・23 刑録 17・1252、参照)。しかし、実行行為終了後、あるいは、結果の発生後に刑の変更があった場合、軽い方が適用されるなら、実行行為の開始から終了後までの間に刑の変更があった場合にも同様に扱わないと均衡を欠く。したがって、本条の「犯罪後」とは、実行行為開始後をいうと解する。

「刑の変更」とは、文理から、法令による科刑に関する事項の変更をいうと解する。法定刑の変更はもとより、執行猶予の条件の変更も「刑の変更」に含まれると解する。本条は特定の犯罪を処罰する刑の種類又は量を変更する場合でなければ適用がない旨述べて、執行猶予の条件に関する変更は「刑の変更」にあたらないとした最判昭和 23・6・22 刑集 2・7・694 は、支持できない。これに対し、労役場留置期間に変更があった場合、本条の趣旨から軽いものを適用するとした大判昭和 16・7・17 刑集 20・425 は、支持できる。なお、刑が廃止された場合も、究極の軽い方への変更と考えることができるから、

「刑の変更」にあたると解する（手続的には刑事訴訟法337条２号により免訴がいい渡されることになる）。

「この法律の施行前にした行為の処罰については、なお従前の例による」といった経過措置の規定があるときは本条は適用されない（最判昭和30・7・22刑集9・9・1962参照）。反面、このような規定がない限り、同様の効果を認め本条の適用を否定することは、法令に規定がないのに行為者に不利益を及ぼすものであるから、時限立法においても許されないと解する。いわゆる限時法の理論は受容できない。

第４款　他の法令の罪に対する適用に関する規定の解釈

（他の法令の罪に対する適用）８条
　この編の規定は、他の法令の罪についても、適用する。ただし、その法令に特別の規定があるときは、この限りでない。

「その法令に特別の規定があるとき」とは、文理から、当該法令に刑法総則の規定の適用を排除することを示す規定があることをいうと解する。例えば、「刑法７条の２の規定にかかわらず次の物を電磁的記録とする」といった明文規定か、少なくとも刑法総則の規定を排除していると明確に認められる規定が置かれていることが必要である（法令の規定の性質上、刑法総則の規定の適用を除外することが規定の目的を達成するのに必要な場合も「特別の規定」があるときにあたる旨述べた大判大正6・12・12刑録23・1357は支持できない）。もとより、特別の規定が保障原則に反する場合は憲法31条に違反するため無効になるので、排除には限界がある。

第２節　未遂・既遂に関する諸規定の解釈

第１款　概　観

（未遂減免）43条

犯罪の実行に着手してこれを遂げなかった者は、その刑を減軽することができる。ただし、自己の意思により犯罪を中止したときは、その刑を減軽し、又は免除する。
（未遂罪）44条
未遂を罰する場合は、各本条で定める。

刑法典１編（総則）８章（未遂罪）には、このような規定が置かれている。44条は、未遂を罰する場合は「各本条」で定めることを要すると規定しており、「各本条」が２編（罪）に置かれた規定であることは、２編に「○○の罪の未遂は、罰する」といった規定が置かれていることからも明白である。したがって、ある所為が未遂罪として処罰されるか否かを検討する際には、まず各本条にその罪の「未遂は、罰する」という規定があるか否かを確認し、そのような規定があったなら、つぎにその罪の未遂罪に該当するか否かを検討しなければならない。未遂罪の要件を規定したのが43条本文であり、そこに規定された「犯罪の実行に着手してこれを遂げなかった」にあたれば、各本条の「○○の罪の未遂」に該当することになる。そして、違法性阻却事由・有責性阻却事由の規定に該当することがなければ、当該未遂罪が成立することになる。その後は科刑の段階に移り、43条に戻って、通常の未遂ならば任意的な刑の減軽事由になり、中止未遂の要件を充たすなら、必要的な刑の減軽・免除事由になる。ある所為を未遂罪として処罰するためには、このような条文操作が必要になる。

第２款　犯罪の実行に着手してこれを遂げなかった（43条本文）

１　犯罪の実行

（1）犯罪の実行と実行行為

「犯罪」とは、第１款で述べたように、各本条において「○○の罪の未遂は、罰する」と規定する未遂処罰規定の「○○の罪」をいうと解する。そして、その「実行」とは、その罪の処罰規定の予定している所為の結果を惹起する行為、すなわち、実行行為をいうと解する。ある行為がある罪の実行行為に該当するか否かは、その罪の処罰規定の解釈とそのあてはめにより確定されることになる。抽象的な（あてはめの）基準を示すなら、ある行為がある罪の実行行為に該当するか否かは、第一に、主観的要素を考慮しつつ、その処罰規定に定められた行為の類型にあてはまるかを検討し（類型性評価）、第二に、客観的全事情を考慮して、その処罰規定に定められた行為に予定される一定程度の危険性を有するかを検討して（危険性評価）、判断することになる[1]。例えば、Xが通行人Aに殴りかかり、付近にいた警官に取り押さえられた場合、Xの行為が暴行罪、強制性交等罪、強盗罪といった罪のうちどの罪の実行行為に該当するかは、類型性評価によって絞り込んだ上で、危険性評価をおこなって決定することになる。すなわち、第一に、行為意思を考慮しつつどの罪の処罰規定に定められた行為の類型にあてはまるかを検討し、これにより強盗の意思をもって反抗を抑圧するに足る程度の暴行を加えたと評価できたなら、第二に、236条1項の規定に定められた行為に予定される一定程度の危険性を有するかを検討し、このような危険性のある行為であると認められたなら、236条1項の罪の実行行為に該当するということになるのである。危険性評価は、客観的全事情を基礎とするものであるけれど、あくまで、行為時の行為により結果が実現される可能性の判断であり、例えば、現実にはAが財物を所持していなかったとしても、通行人が財物を所持している可能性は高いので、危険性は認められることになる（大判大正3・7・24刑録20・1546は、通行人が懐中物を所持することは普通予想しうべき事実であるから、これを奪取しようとする行為には実害を生ずる危険があるとして、行為当時たまたま被害者が懐中物を所持していなかったとしても強盗未遂罪が成立するとしている）。236条1項の罪の未遂処罰規定として243条が置かれているので、43条本文の他の要件（実行に着手してこれを遂げなかった）を充たせば、243条の強盗未遂罪に該当することになる。

危険性に関し、他の例をあげると、実弾が装塡されていない拳銃を巡査から奪取して同巡査に向けて殺意をもって引金を引いた場合、巡査が携帯している拳銃には実弾が装塡されている可能性が高いので危険性が認められ、殺人未遂罪が成立し（福岡高判昭和28・11・10高刑判特26・58参照）、銃撃されて死亡した可能性のある者を直後に止めを刺す意思で日本刀で突き刺した場合、被害者が生きていた可能性が高いといえる以上、危険性は認められ、殺人未遂罪が成立

1　目的と解釈23〜24頁参照。なお、事実の錯誤により行為意思乃至構成要件的故意が否定される場合は、類型性評価のレベルで実行行為に該当しない、ということになる（目的と解釈76頁参照）。

する（広島高判昭和36・7・10高刑集14・5・310参照）[2]。また、致死量に達しない量の空気を静脈内に注射した事案について殺人未遂罪の成立を肯定した最判昭和37・3・23刑集16・3・305や硫黄粉末を汁や水薬に混入して飲ませた事案について殺人罪としては不能犯であるものの傷害罪で処断すべきであるとした大判大正6・9・10刑録23・999の判断は、個別事案の判断として是認できると思う。

（2）不作為による実行

処罰規定の予定している行為が不作為の場合、すなわち、真正不作為犯の場合は、不作為が実行行為に該当することになる。これに対し、108条のように、一見すると作為による、現住建造物等に（わざと）火を放つ行為を予定しているように見える規定の場合は、どのような不作為が類型性評価、危険性評価によって実行行為に該当することになるのかが問題になる（不真正不作為犯の問題）。これについては、実行行為は結果を発生させる行為としての類型性・危険性を有するものであると考えることから、行為者に義務が課せられているため結果発生の危険が減少している場合に、同義務を果たさないことにより危険を創出・増加させる不作為が、実行行為に該当すると解する[3]。例えば、他人が現在する建造物内で火気を用いる器具を使用することは危険な行為であって、他に火が燃え移らないように注意し、燃え移った場合は直ちに消火する義務を負う者が管理していることにより危険が減少しているといえるのであり、このような義務者が同器具の火が周囲の紙類に燃え移ったことを認識しながら消火行為をせずに放置する行為は、行為意思を考慮して108条の予定する行為の類型性を有し、また、危険を増加させるものであることから危険性も有すると評価できるので、108条の罪の実行行為に該当することになる。電力会社の集金係が営業所内で自己の管理していた火鉢の炭火が原符等に燃え移ったのを発見したのに消火措置等を取らずに立ち去り、営業所の建物を全焼させた事案につき、108条の放火罪の成立を肯定した最判昭和33・9・9刑集12・13・2882の結論は、このような観点から、支持できる。また、シャクティパットと呼ばれる治療を施した後、患者を放置して痰による気道閉塞により窒息死さ

2　目的と解釈25～27頁参照。
3　目的と解釈47～49頁参照。

せた事案につき、殺人罪の成立を肯定した最決平成17・7・4刑集59･6・403は、被告人に殺意があったか不明であるため、結論を支持できない[4]。

（3）他人を道具とする実行

共同正犯の場合とは異なり、一方的に他人を道具として利用し所為をなす場合（間接正犯の形態で犯罪行為をなす場合）は、①利用者の行為の類型性評価、危険性評価に加えて、②当該規定が他人を利用しておこなう行為を実行行為として予定しているか（その規定の罪が間接正犯除外犯罪でないか）、③被利用者の行為が当該規定の実行行為にあたり被利用者が正犯となるか（よって行為者は共犯にしかならないことになるか）を検討しなければならない[5]。例えば、虚偽公文書作成罪（156条）は、公務員がその職務に関し行使の目的で虚偽の文書・図画を作成する行為を予定しているものであって、当該文書を職務として作成しうる公務員でない者の行為を予定しているものではないので、間接正犯除外犯罪であるといえる。したがって、このような公務員でない者がこのような公務員を欺罔して虚偽の文書を作成させた場合、虚偽公文書作成罪は成立しない（このような事案につき、最判昭和27・12・25刑集6・12・1387は、結論として、虚偽公文書作成罪の成立を否定した）。また、被利用者が刑事未成年であっても、自己の意思で犯罪を実行した場合は、被利用者が正犯となり、したがって、利用者は共犯になると考えられるし、利用者の行為に実行行為としての類型性、危険性があるかも疑問になるので、利用者は実行行為をおこなったとはいえない。最決平成13・10・25刑集55・6・519は、被告人が12歳10か月の長男に指示して強盗を実行させた事案につき、被告人は強盗罪の間接正犯ではなく共同正犯になるとした。同決定が間接正犯の成立を否定した点は支持できる。これに対し、被告人が12歳の養女の意思を抑圧して窃盗を実行させた事案につき、被告人は窃盗罪の間接正犯になるとした最決昭和58・9・21刑集37・7・1070は、養女が抑圧されているとはいえ自己の意思により窃盗を実行したと見うることから、支持できない[6]。

4　目的と解釈49～50頁参照。
5　目的と解釈41～42頁参照。
6　目的と解釈42～44頁参照。

2　実行の着手

犯罪の「実行に着手」は、「着手」の日常用語的語義が手を着けること、始めることであることから、実行行為の開始を意味すると考えることができる。実行行為の開始にあたらないものは、たとえ実行行為と密接な関係のある行為の開始であっても、「実行に着手」にあたるとはいえない。どのような行為が実行行為になるかは各罪の規定の解釈によることになる。ただ、未遂を処罰するのは、単に実行行為を開始したからではなく、それにより結果発生の危険を発生させたからであると考えるので、実行に着手したと認められるためには、そのような危険を発生させたことが必要であると考える。以上から、犯罪の「実行に着手」したとは、当該犯罪の実行行為を開始して（結果発生の）切迫した危険を発生させたことをいうと解する[7]。

窃盗罪（235条）については、自分のものにするべく他人の財物を窃取する行為を開始して、同財物に対する他人の占有（事実支配）が害される切迫した危険を発生させたときに、実行の着手が認められることになる。同行為も、①財物を探す行為、②財物に近づく行為、③財物に接触する行為、④財物を握持する行為、⑤財物を（バッグに入れるなどして）携帯する行為、⑥財物を携帯したまま現場から立ち去る行為といった、個別行為からなっており、どの行為をした段階で結果発生の切迫した危険を発生させたとして窃盗罪の実行の着手が認められるかは、個別事案の事実関係に応じて判断されることになる。例えば、看守する者のいない建物に侵入して財物を窃取する場合であれば、侵入後、①の行為をおこなえば実行の着手を認めうる（侵入窃盗の事案につき、大判昭和９・10・19刑集13・1473は金品物色のために箪笥に近寄ったときに、最決昭和40・3・9刑集19・2・69は金を奪うべく煙草売場の方に行きかけたときに、それぞれ実行の着手があるとしている）。相手がポケットに入れて携帯している財物を窃取する場合になると、②の行為をおこなっただけでは占有を害する切迫した危険を発生させたとはいえず、③の行為くらいまでおこなわないと実行の着手は認められない（最決昭和29・5・6刑集8・5・634は、相手のポケットから現金をすり取るためにポケットの外側に手で触れたときに実行の着手があるとしている）。スーパーマーケットのよ

7　目的と解釈29～30頁参照。

うに客に商品をレジまでもって来させる販売形態の店舗内の商品を窃取する場合は、⑤の行為まで（店舗のかごに入れて携帯した場合は店舗から出ようとする行為まで）おこなわないと実行の着手は認められないと考える。なお、東京高判平成22・4・20判タ1371・251は、駅の自動券売機の釣銭返却口に接着剤を塗布して付着した釣銭を窃取しようとした事案につき、接着剤を塗布したときに窃盗罪の実行の着手が認められるとしているものの、接着剤を塗布したからといって直ちに券売機内の硬貨を取得できるわけではなく、券売機付近が駅員によって監視されていたことを考えても、接着剤塗布行為により釣銭の占有を害する切迫した危険を発生させたとは認め難いので、同判決は支持できない。

詐欺罪（246条）の実行の着手に関し、最判平成30・3・22刑集72・1・82は、共犯者において、警察官を装い、電話で、詐欺事件の被害者に指示して預金口座から現金を払い戻させた上、被告人において被害者宅で同現金の交付を受けて詐取しようと考えて、被害者に電話で「銀行に今すぐ行って全部下ろした方がいいですよ」、「僕、向かいますから」などと嘘をいった事案につき、嘘を一連のものとして被害者に対して述べた段階において、被害者に現金の交付を求める文言を述べていないとしても、詐欺罪の実行の着手があったと認められるとした。しかし、共犯者の電話の内容は預金口座から全額引き下ろした方がよいということと警察官が被害者宅に向かうというものであって、これを被害者が了解したとしても、直ちに現金の占有が被告人に移転するとはいえない（例えば、下ろした現金を宅急便で送るように指示した場合とは異なる）。被告人が被害者宅に赴いて現金の交付を求めたときに結果発生の切迫した危険が発生し実行の着手が認められるといえる。したがって、同判決は支持できない。

強姦罪（旧177条）の実行の着手に関し、最決昭和45・7・28刑集24・7・585は、被害者に暴行を加えてダンプカーの車内に引きずり込み、発進して約5000ｍ西にある橋の北方約800ｍの護岸工事現場に至って、車内で姦淫した事案につき、車内に引きずり込もうとした段階で強姦罪の実行の着手があるとした。暴行を加えて車内に引きずり込み、その直後に姦淫する意図で暴行を開始することは、類型性評価、危険性評価により、強姦罪の実行行為を開始したといえ、この段階で結果発生の切迫した危険も生じているといえるから、同決定の結論は支持できる。

殺人罪（199条）の実行の着手に関し、大判大正７・11・16刑録24・1352は、毒薬を混入した砂糖を歳暮の品に見せかけて小包郵便で被害者宅に送った事案につき、同砂糖を被害者が受領したときに既に毒殺行為の着手があったといえる旨述べている。被害者宅で受領されれば結果発生の切迫した危険を発生させたといえるから、同判決は支持できる。

最決平成16・３・22刑集58・３・187は、Ａの殺害を依頼されてこれを引き受けたＸが、Ｙら３名に対し、Ａをクロロホルムで失神させた上で車ごと水中に転落させて溺死させるという計画を実行するよう指示し、Ｙらは、犯行当日午後９時30分頃、Ａにクロロホルムを吸わせて昏倒させ（第１行為）、約2km離れた港まで運んだ上、Ｘを呼び寄せ、同日午後11時30分頃、Ｘが港に到着すると、ＸとともにＡをＡの車の運転席に運び入れ、同車を海中に転落させて沈めた（第２行為）ものであるところ、Ａは第２行為の前の時点で第１行為により死亡していた可能性があり、Ｘ及びＹらは第１行為によってＡが死亡する可能性があることを認識していなかったという（早過ぎた構成要件実現の一例といえる）事案につき、第１行為は第２行為に密接な行為であり、実行犯３名が第１行為を開始した時点で既に殺人に至る客観的危険が明らかに認められるから、その時点において殺人罪の実行の着手があったものと解するのが相当であり、また、実行犯３名はクロロホルムを吸引させてＡを失神させた上自動車ごと海中に転落させて溺死させるという一連の殺人行為に着手して、その目的を遂げたのであるから、たとえ、実行犯３名の認識と異なり、第２行為の前の時点でＡが第１行為により死亡していたとしても、殺人の故意に欠けることはなく、実行犯３名については殺人既遂の共同正犯が成立するものと認められる旨述べた。本件の第１行為と第２行為とは、接着しているとはいえ時間的場所的な間隔があり、Ｙらとしては Ｘが来てから第２行為をおこなってＡを死亡させるつもりであったと認められるので、両行為が殺人罪のひとつの実行行為を構成するとはいえない。そこで、第１行為に類型性評価を加えるとＹらは第１行為でＡを殺害する意思はなかったのであるから、同行為は殺人罪の実行行為に該当するとはいえない。したがって、第１行為の時点で殺人罪の実行の着手が認められるとすることはできないので、同決定は支持できない[8]。

3　これを遂げなかった

(1) 犯罪の実行に着手して「これを遂げなかった」

犯罪の実行に着手して「これを遂げなかった」とは、文理から、ある処罰規定の予定する実行行為を開始し、結果発生の切迫した危険を生じさせたにもかかわらず、結局、実行行為によって、同規定の予定している結果を発生させるに至らなかった場合をいうと解する。例えば、殺人罪なら、199条の予定している〈人を（わざと）殺す行為〉をおこなって結果発生の切迫した危険を生じさせ、さらに事態が進んで結果が発生したときに、実行行為によって結果を発生させたとして、殺人既遂について規定した199条の「人を殺した」にあたることになり、43条の「遂げなかった」にはあたらないことになる。逆に、「人を殺した」にあたらず、「遂げなかった」にあたる場合としては、そもそも死亡結果が発生しなかった場合、未遂犯として所為が終了した後で結果が発生した場合、実行行為と結果との間に因果関係が認められない場合が考えられる。以下、分説する。

(2) 結果の不発生

実行に着手しても結果が発生しなかった場合は「遂げなかった」にあたり、既遂に達しない。例えば、Xが殺意をもってAを銃撃したところ、狙いがはずれてAは負傷するに止まったという場合は、人の死亡という199条の予定している結果が発生していないので、殺人未遂罪が成立するに止まる。

また、結果はあくまで当該規定の予定する結果であるから、自然的事実としては同様でも、その規定が予定している実行行為によって発生させた結果でないものは結果とはいえないと解する。例えば、236条1項の予定している財物の占有移転は占有者の意思に反する占有移転であるから、意思に反しない財物の占有移転は同項の罪（一項強盗罪）の結果とはいえない。具体例を示すと、Xが強盗の意思をもって玩具の拳銃を本物の拳銃に見せかけてAに向け、「金を出さないと射殺する」と脅迫したところ、Aは拳銃が玩具であることを見破り、憐憫の情からXに現金を渡したという場合、Xは一項強盗罪の実行に着手しており、それと因果関係のある事態としてAからXに現金の占有が移転

8　第２行為は殺人未遂罪に該当するので、同罪が成立する余地はある。目的と解釈32～33頁参照。

しているものの、この占有移転はＡの自由意思に基づくものであるから、236条１項の予定している結果とはいえず、Ｘは「財物を強取した」とはいえない。したがって、この場合は一項強盗罪の未遂罪が成立するに止まる。ＡがＸの態度に畏怖して現金を交付した場合も、249条１項の予定している結果が発生したに止まるので、やはり一項強盗罪は未遂となる。強盗の意思で出刃包丁を用いた脅迫をしたところ、被害者が畏怖して財物を交付した事案につき、強盗未遂罪と恐喝罪の観念的競合になるとした大阪地判平成４・９・22判タ828・281は、支持できる。

（３）未遂犯としての所為の終了

各処罰規定はひとつの所為（行為とそれによる結果の発生）を処罰対象として予定しているから、未遂犯として所為が終了した後で結果が発生した場合、その結果と実行行為との間に因果関係があると認められるときでも、結果を実行行為に帰属させることはできず、「これを遂げなかった」にあたり、未遂罪が成立するに止まることになると解する。例えば、Ｘが殺意をもってＡを銃撃し、Ａは被弾はしなかったものの転倒して失神し、Ｘが射殺に成功したと誤信して立ち去った後、失神から回復して正常に活動できるようになったＡが道路を横断しようとしてＢの運転する自動車にはねられて死亡したという場合は、Ｘが立ち去ったことにより、Ｘの実行行為により生じた結果発生の切迫した危険は消失しているので、この時点でＸの所為は殺人未遂罪として終了していると評価できる。したがって、その後のＡの死亡とＸの銃撃行為との因果関係を検討するまでもなく、Ｘは殺人未遂罪の刑責を負うに止まると解する[9]。

これに対して、Ａの射殺に成功したと誤信したＸが、死体を海に投げ込んで隠そうと考えて、Ａを海岸まで運び、海に投げ込んだ場合、ＸがＡの射殺に成功したと誤信して攻撃を止めた時点で、「Ａをここで射殺する」という殺人罪の実行行為は終了しているものの、Ａが生きていることに気づけば止めを刺しかねないＸの支配下にＡがいるので、Ａの生命に対する切迫した危険は消失していず、Ａが溺死しなかったときは殺人未遂罪が成立する。Ａが溺死したときは（遅過ぎた構成要件実現の事例になる）、Ｘの殺人罪の実行行為とＡの死亡結

9　目的と解釈36～37頁参照。

果との間に因果関係があり、因果関係の錯誤により故意が阻却されないということになれば、殺人罪（既遂）が成立することになる（大判大正12・4・30刑集2・378は、殺意をもってAの頸部を絞扼したXが、死亡したものと誤信して、犯行の発覚を防ぐためAを海岸の砂上に運び放置したところ、Aは頸部絞扼と砂末吸引により死亡したという事案につき、XがAを海岸の砂上に運んで放置した行為は頸部絞扼行為とAの死亡との間の因果関係を遮断しないとして、殺人罪の成立を肯定している）[10]。

（4）因果関係の不存在

実行行為と結果との間に因果関係があるといえない場合は、「これを遂げなかった」にあたることになる。因果関係があるとは、実行行為によって結果が発生したということであり、罪についての規定の予定する所為、例えば、199条であれば、「人を殺した」にあたるということである。一般的な基準を示すと、上述のような関係なのであるから、第一に、実行行為と結果との間に条件関係があり、第二に、実行行為から結果が発生したことが相当と評価できるときに因果関係があるということになる。第二の相当性の判断は、（ｉ）客観的事情を基礎に、（ii）特別事情・介在事情があるときは、①実行行為の結果発生への寄与度、②因果経過の通常性、③事情の結果発生への寄与度を考慮しておこなう[11]。

最判昭和46・6・17刑集25・4・567は、Xが、金員を強取するため、Aに対し、仰向けに倒して頸部を締めつけるなどの暴行を加えたところ、心臓疾患を患っていたAは急性心臓死により死亡した事案につき、暴行が特殊事情である心臓疾患と相まって致死結果を生ぜしめたと認められる以上、因果関係を認める余地がある旨述べている。この事案について、特殊事情を含む客観的事情を基礎に相当性を判断すると、かなりの程度の暴行を加えているので実行行為の寄与度は大であり、因果経過の通常性も認められるから、因果関係は肯定される。同判決は支持できる。最決昭和53・3・22刑集32・2・381は、Xが、熊と間違えて猟銃でAを撃って十数分以内に死亡する重傷を負わせた後、至近距離から銃撃して殺害した事案につき、業務上過失傷害罪と殺人罪の併合罪になるとした原判決を「結論においては正当である」とした。この事案

10　目的と解釈35～38頁参照。
11　目的と解釈53～54頁参照。

では、介在事情の寄与度が極めて高いので、相当性は否定され、Xの業務上過失行為に死亡結果は帰属しないということになる。最決平成 15・7・16 刑集 57・7・950 は、Xらにマンション居室内等で長時間にわたり激しい暴行を加えられ隙を見て逃走したAが、約 10 分後にXらの追跡から逃れるために同マンションから約 763 m 乃至約 810 m 離れた高速道路に進入し、自動車に衝突し轢過されて死亡した事案につき、因果関係を肯定した原判決は正当であるとした。しかし、この事案では、実行行為の寄与度は一定程度認められるものの、因果経過の通常性についてはかなり疑問があり、介在事情（Aの過失行為）の寄与度は高い。したがって、因果関係は否定されると考えるので、同決定は支持できない。最決平成 2・11・20 刑集 44・8・837 は、Xが、自己が加えた暴行によって内因性高血圧性橋脳出血を起こし意識喪失状態に陥ったAを大阪南港の資材置場まで運んで放置したところ、その後、Aは死亡し、Aの頭頂部には生前角材で殴打された痕跡があったという事案につき、Xの暴行と被害者の死亡との間の因果関係を肯定することができるとした。この事案においては、実行行為の寄与度は高く、因果経過の通常性は認められ、介在事情の寄与度は低いから、相当性が認められ、因果関係は肯定される。したがって、同決定は支持できる。最決平成 22・10・26 刑集 64・7・1019 は、航空管制官Xから誤った降下指示を受けた旅客機の機長Aが、同機に装備されていた航空機衝突防止装置の上昇の指示に従わずに降下の操作を継続し、接近した他機との衝突を避けるため、さらに急降下の操作をおこなって乗客らを負傷させた事案につき、Xの誤った降下指示とニアミスによる乗客らの負傷との間の因果関係を肯定した。この事案では、実行行為の寄与度は極めて高く、因果経過の通常性も否定できないので、介在事情の寄与度も低いとはいい難いものの、各要素を考量して相当性は認められ、因果関係は肯定されると考える。したがって、同決定は支持できる[12]。

12　目的と解釈 54 ～ 56 頁参照。

第３款　自己の意思により犯罪を中止したとき（43条ただし書）

１　中止未遂

43条ただし書は刑の必要的減免事由である中止未遂の要件を定めた規定である。中止未遂にこのような効果を認める所以は、「自己の意思により」、「中止した」ことを要件としていることから、任意に犯罪が既遂に至るのを阻止した場合、有責性が減少して厳罰に処する必要がないことに求めうると解する。

２　自己の意思により

「自己の意思により」とは、文理から、犯罪遂行を妨げる事情がないのに任意にということであると解する。悔悟や憐憫の情から中止した場合のほか、一般に犯罪遂行の妨げになるような事情がないのに中止した場合も、「自己の意思により」にあたりうる。流血を見て中止した場合は自己の意思によって中止したとはいえないと判断されることが多いものの（最判昭和24・7・9刑集3・8・1174、最決昭和32・9・10刑集11・9・2202など）、その後、止血行為をしたか等の事情を考慮して判断すべきである（救急車を呼ぶ等の中止行為をした事案につき中止未遂の成立を認めたものとして、福岡高判昭和61・3・6高刑集39・1・1、東京地判平成8・3・28判時1596・125）。

３　中止した

「中止した」とは、文理及び中止未遂の場合に刑を減免する理由から考えて、結果発生を阻止する行為をおこなったことをいうと解する。他人の助けを借りて結果発生を阻止する行為をおこなった場合も「中止した」にあたりうる（大判大正15・12・14新聞2661・15、東京地判昭和37・3・17下刑集4・3=4・224参照）。これに対し、他人に処理を任せて立ち去ったような場合は「中止した」にはあたらない（大判昭和12・6・25刑集16・998、東京高判昭和25・11・9高刑判特15・23、参照）。

なお、文理から、中止行為と結果発生阻止との間に因果関係のあることは必要ないものの、既遂に達している場合は未遂犯を前提とする中止未遂は成立しえないと解する。この意味で、予備罪は予備行為をすれば完成し未遂犯となりえないから、予備罪について中止未遂は考えられないと解する（最大判昭和29・1・20刑集8・1・41参照）。

第３節　共犯に関する諸規定の解釈

第１款　概　観

（共同正犯）60 条
二人以上共同して犯罪を実行した者は、すべて正犯とする。
（教唆）61 条
人を教唆して犯罪を実行させた者には、正犯の刑を科する。
教唆者を教唆した者についても、前項と同様とする。
（幇助）62 条
正犯を幇助した者は、従犯とする。
従犯を教唆した者には、従犯の刑を科する。
（従犯減軽）63 条
従犯の刑は、正犯の刑を減軽する。
（教唆及び幇助の処罰の制限）64 条
拘留又は科料のみに処すべき罪の教唆者及び従犯は、特別の規定がなければ、罰しない。
（身分犯の共犯）65 条
犯人の身分によって構成すべき犯罪行為に加功したときは、身分のない者であっても、共犯とする。
身分によって特に刑の軽重があるときは、身分のない者には通常の刑を科する。

刑法典１編（総則）の 11 章（共犯）には、このような規定が置かれている。これらの内容は、つぎのようなものになる。①共同正犯は、二人以上共同して犯罪を実行した者であり、そのようにして犯罪を実行した者は全て実行した犯罪の正犯とされる（60 条）。②教唆者は、人を教唆して犯罪を実行させた者であり、実行された犯罪の正犯と同様の刑を科される（61 条１項）。③教唆者を教唆した者も 61 条１項の規定により処罰される。④従犯は正犯を幇助した者であり（62 条１項）、正犯の刑を減軽した刑を科される（63 条）。⑤従犯を教唆した者にも従犯の刑、すなわち、正犯の刑を減軽した刑が科される（62 条２

項)。⑥拘留・科料のみに処すべき罪の教唆者、従犯は、特別の規定がない限り罰しない（64条)。⑦犯人の身分によって構成すべき犯罪行為に加功したときは身分がない者でも共犯になる（65条１項)。身分によって特に刑の軽重があるときは身分のない者には身分によって重くも軽くもされていない通常の刑を科する（65条２項)。

さらに、⑦から、11章の共犯は犯罪行為に加功する者であり、①②から、正犯は犯罪を実行した者であり、①から、共同正犯は二人以上共同して犯罪を実行した者であり、②から、教唆者は犯罪を実行した正犯と同様の刑を科される、人を教唆して犯罪を実行させた者であり、③から、教唆者を教唆した者は教唆者と同様に処罰されることになり、④から、従犯は正犯の刑を減軽した刑が科される、正犯を幇助した者であり、⑤から、従犯を教唆した者は従犯と同様の刑を科されることになり、⑥から、正犯の実行した犯罪の刑が拘留・科料のみであるときは、教唆者、従犯を処罰しないのが原則である、といったことがいえる。ここから、つぎのような文理解釈による結論に至ることができる。

正犯とは、共同正犯も含めて、自ら犯罪を実行した者、すなわち、各犯罪の規定が予定する所為をなした者をいう。これに対し、他の共犯（教唆者、教唆者を教唆した者、従犯、従犯を教唆した者）は、自ら犯罪を実行することなく、犯罪行為に加功した者である。63条、64条の規定から、正犯・共同正犯に比して、自ら犯罪を実行していない他の共犯の可罰性は低く評価される。

教唆犯（条文の文言では「教唆者」）とは、正犯を教唆して犯罪を実行させた者をいう。教唆者を教唆した者（間接教唆）は教唆犯と同様に処罰される。

従犯とは、正犯の犯罪実行を幇助した者をいう。従犯を教唆した者は正犯の刑ではなく従犯の刑で処罰される。

以上のことから、つぎのようなことがいえる。

正犯・共同正犯と他の共犯とは、自ら犯罪を実行したか、それとも自ら犯罪を実行することなく61条、62条の規定する所為により正犯・共同正犯の犯罪実行に加功したかによって区別される。共同正犯は、二人以上共同して自ら犯罪を実行した者であり、共同して自ら犯罪を実行したといえない場合は共同正犯足りえない。刑法は、正犯の他には、共同正犯、教唆犯、教唆者を教唆した者、従犯、従犯を教唆した者を共犯として処罰しているのであり、これらに該当しない犯罪実行への加功は、そのような加功を処罰する規定が設けられていない限り（刑法典に設けられているか、８条ただし書の「特別の規定」として他の法令に設けられていない限り）、処罰されない。例えば、「教唆者を教唆した者」をさらに教唆した者（再間接教唆）や従犯を幇助した者（間接幇助）を一般的に処罰する規定は刑法典には存在しないので、このような所為をした者は、その所為が61条２項や62条１項にあたると認められる限りで処罰できるに過ぎないということになる。このようなことから、大判大正11・3・1刑集1・99は、61条２項は再間接教唆の場合も処罰する規定であるとして、同条項による処罰を肯定している。しかし、このように61条２項を解釈することには、同条項の文言から考えて、無理がある。また、最決昭和44・7・17刑集23・8・1061は、間接幇助の形態での加功に62条１項を適用して従犯の成立を認めた原判決の判断は相当である旨述べている。しかし、間接的な行為が62条１項の「幇助」にあたるためには正犯の行為を直接幇助したと認められることが必要であると考えられることからすると、同決定の結論は支持できない。

複数の正犯が犯罪に関与する場合の処罰規定が60条以外設けられていないことから、正犯の背後者は、60条に該当しない限り、61条・62条の規定によって処罰されるということになる。正犯の背後の正犯は認められない。

また、38条１項が罪を犯す意思のない行為は「特別の規定」がない限り罰しないとしていること、61条・62条の教唆・幇助行為は正犯行為に比べて可罰性が低いと考えられることから、過失によるものは、61条・62条の教唆・幇助行為にあたらないと考える。過失教唆、過失幇助は61条・62条の共犯を成立させえないことになる。これに対し、60条の場合は、二人以上の者が共同して自ら過失犯を実行したといえる場合には、過失犯の共同正犯の成立を肯定することが可能である。

第２款　共同正犯（60条）

1　共同正犯の要件

「二人以上共同して犯罪を実行した」とは、第１款で述べたように、二人以上の者が共同して自ら犯罪を実行したことをいうと解する。「共同して」とは、文理から、力を合わせて、すなわち、意思を通じて互いの行為を利用し合い補充し合って（相互利用・補充関係になって）ということであると解する。「犯罪を実行した」とは、ある犯罪について定めた処罰の規定の予定している行為、すなわち、実行行為をおこなって、未遂犯については結果発生の切迫した危険を生じさせたこと、他の既遂形態の犯罪については結果を発生させたことをいうと解する。したがって、共同正犯は、二人以上の者が、意思を通じ相互利用・補充関係になって、ある犯罪の（共同）実行行為を自らおこなった場合に成立するということになる。

２　片面的共同正犯

前述のように考えると、互いに意思を通じていないときは、共同正犯は成立しない。片面的共同正犯は否定される（大判大正 11・2・25 刑集 1・79 参照）。

３　相互利用・補充関係と共同正犯

共同正犯の成立には相互利用・補充関係が必要である。例えば、ＸがＹの意思を抑圧してＡの殺害を命じ、Ｙが拳銃を調達してＡを射殺した場合、ＸはＹの行為を利用して殺人罪の結果を発生させているもののＹはＸの行為を利用して殺人罪を実行したとはいえないので、両者は相互利用・補充関係になっているとはいえず、共同正犯にはならないと解する。最決平成 15・5・1 刑集 57・5・507 は、Ｘが「スワット」と称する自己の警備を担当する者らに拳銃等を携行させた事案につき、Ｘは銃砲所持罪の共同正犯になる旨述べているけれど、警備担当者らは拳銃等を所持することにつきＸの行為を利用していず、Ｘと相互利用・補充関係になっているとはいえないので、共同正犯の成立を肯定するのは無理である。同決定は支持できない[13]。

４　共謀共同正犯

意思を通じ相互利用・補充関係になって実行行為を自らおこなったといえないときは共同正犯にはならない。例えば、ＸとＹがＡの殺害を計画し、Ｘが拳銃を調達してＹに渡し、これを用いてＹがＡを射殺した場合、Ｘは殺人罪の実行行為を自らおこなったとはいえないので、共同正犯にはならず従犯になるに過ぎない。拳銃がＡ殺害に不可欠な道具であった場合でも同様である。共謀共同正犯に関し、重要な役割を果たせば実行行為をおこなわなくても共同

13　目的と解釈 85 頁参照。

正犯になるといった見解もありうるけれど、そのような見解は60条の解釈としては採用できない。共謀共同正犯を肯定した、練馬事件に関する最大判昭和33・5・28刑集12・8・1718、大麻密輸入に関する最決昭和57・7・16刑集36・6・695は、支持できない[14]。

5　承継的共同正犯

承継的共同正犯といわれる、Xが着手した実行行為が終了する前にYが共同加担した場合、XとYが共同正犯になるのは、両者が意思を通じ相互利用・補充関係になって自ら実行行為をおこなったといえる部分だけである。そのようになっていない先行者Xの行為及びその結果について、Yは共同正犯にならないと解する[15]。最決平成24・11・6刑集66・11・1281は、XらがAらに暴行を加えて負傷させた後、ZがXらと共謀の上、Xらとともに、Aらに暴行を加えて負傷させた事案につき、Zは、共謀加担前にXらが既に生じさせていた傷害結果については、Zの共謀及びそれに基づく行為がこれと因果関係を有することはないから、傷害罪の共同正犯としての責任を負うことはなく、共謀加担後の傷害を引き起こすに足りる暴行によってAらの傷害の発生に寄与したことについてのみ、傷害罪の共同正犯としての責任を負うと解するのが相当である旨述べた。同決定の結論は支持できる。これに対し、XがAに対し欺罔行為をした後、Aが嘘を見破って警察官の指示の下に「だまされたふり作戦」として荷物を発送してから、Yが、Xから依頼されて荷物の受領を引き受け、後に実際に受領したという事案につき、だまされたふり作戦の開始いかんにかかわらず、Yは、その加功前のXの欺罔行為も含めて詐欺未遂罪の共同正犯になる旨述べた最決平成29・12・11刑集71・10・535は、支持できない[16]。

6　異なる行為意思を有する者が共同した場合の共同正犯の成立範囲

共同してある犯罪の実行行為を自らおこなわなければ共同正犯とはならないので、例えば、Xは強制わいせつの意思、Yは窃盗の意思で、Aを襲撃しようと共謀し、XがAに抱きついてわいせつ行為をしている間にYがAのバッグ

14　目的と解釈81～83頁参照。
15　目的と解釈87頁参照。
16　目的と解釈88～91頁参照。

を取って領得した場合、Ｘは窃盗罪の実行行為を自らおこなったとはいえず、Ｙは強制わいせつ罪の実行行為を自らおこなったとはいえないので、両者は共同正犯にはならない（もっとも、お互いの意思を認識していた場合は、Ｘは窃盗罪の従犯、ＹはＸの強制わいせつ行為を精神的に促進したとして強制わいせつ罪の従犯になるということは考えられる）。これに対し、Ｘは傷害の意思、Ｙは殺人の意思で、二人がかりでＡに暴行を加え、これによりＡが死亡した場合は、Ｘは傷害致死罪の実行行為を自らおこなっており、Ｙも殺人罪の中に含まれる傷害致死罪の部分の実行行為を自らおこなっていると評価できるので、ＸとＹは傷害致死罪の限度で共同正犯になると解しうる。このような事案につき、殺意のなかった者については殺人罪の共同正犯と傷害致死罪の共同正犯の構成要件が重なり合う限度で軽い傷害致死罪の共同正犯が成立するとした最判昭和54・4・13刑集33・3・179は、支持できる。なお、このような場合、Ｙについては殺人罪が成立することになる（放置行為により被害者を死亡させた〔殺意のあった〕者には不作為による殺人罪が成立し殺意のなかった者との間では保護責任者遺棄致死罪の限度で共同正犯になるとした最決平成17・7・4刑集59・6・403参照）。

７　過失犯の共同正犯

「共同して犯罪を実行した」の「犯罪」に過失犯は含まれるか。過失犯を「犯罪」から除外する文言がない以上、これを肯定できると解する。したがって、共同して、ある過失犯の実行行為を自らおこなったと認められる場合は過失犯の共同正犯が成立するということになる。過失犯は、過失犯の規定の予定している行為、すなわち、実行行為をおこなって、それにより結果を発生させる犯罪であり、ここにおける実行行為は結果回避行為をおこなわずになす過失犯の規定の予定している危険性のある行為である[17]。したがって、共同して自らこのような行為をおこなった場合は過失犯の共同正犯が成立すると解する。例えば、崖の上から協力して石を落とす作業に従事していたＸとＹが、ともに石の落ちる現場に人がいるか否かを確認せずに、二人がかりで石を落とし、崖下にいたＡに石を当てて負傷させた場合、業務上過失傷害罪の共同正犯が成立することになる。また、ＸとＹが、共同経営する飲食店で法定の除外量

17　目的と解釈75～76頁参照。

以上の「メタノール」を含有しないものと軽信して、液体を共同販売した事案につき、過失犯である有毒飲食物等取締令違反の罪の共同正犯の成立を肯定した最判昭和28・1・23刑集7・1・30は、支持できる。これに対し、夏祭りの際に歩道橋で起きた事故の事案につき、警察署の地域官Ｘと副署長Ｙとの間には共同の業務上の注意義務があったとはいえないとして211条前段の罪の共同正犯が成立する余地はない旨述べた最決平成28・7・12刑集70・6・411は、事故当日、Ｘは現場の警察官を指揮監督し、Ｙは署長を補佐して収集した情報を報告したり進言したりしていたことを考えると、事実認定の点につき疑念を抱かないではない。

８　予備罪の共同正犯

予備罪を60条の「犯罪」から除外する理由はないので、予備罪の共同正犯も認められると解する。もっとも、殺人予備罪（201条）のように「第199条の罪を犯す目的で、その予備をした者」と規定して、自己予備行為のみを実行行為として予定している予備罪に他人に犯罪を実行させる意図で関与した者（他人予備行為をおこなった者）は、予備罪の実行行為を自らおこなったとはいえないので、共同正犯にはならず、従犯の罪責を負うに止まると解する。他人予備行為で関与した者が殺人予備罪の共同正犯になるとした最決昭和37・11・8刑集16・11・1522は、支持できない。

９　不作為犯の共同正犯

不作為犯については、それが真正不作為犯であろうと不真正不作為犯であろうと、共同して当該不作為犯の実行行為を自らおこなったといえる場合は、不作為犯の共同正犯が成立すると解する。例えば、ＷとＸが肩を組んで追い出されないようにしたとか、いずれも作為義務を負うＹ及びＺが意思を通じて溺れているＡを殺意をもって放置し死亡させた場合は、ＷとＸは不退去罪の共同正犯、ＹとＺは殺人罪の共同正犯となる。また、作為義務を負うＸと作為義務を負わないＹがＡの殺害を共謀し、ＹがＡを海に突き落とし、ＸはＡを救出せず放置して死亡させた場合のように、作為と不作為による殺人罪の共同実行も可能である。これに対して、作為義務を負うＸと作為義務を負わないＹがＡが溺れているのを発見したのに意思を通じ殺意をもって放置し死亡させた場合は、Ｙの不作為は不真正不作為犯としての殺人罪の実行行為には該当せず、Yは自ら殺人罪の実行行為をおこなったとはいえないので、XとYは殺人罪の共同正犯にならないと解する。なお、東京高判平成20・10・6判タ1309・292は、XがAに強姦された旨の虚偽の話をYに伝え、これをYがZらに伝えたことから、Zらが憤激してAに暴行を加え、その後、X、Y、Zらの間に殺害の共謀が成立し、結局、ZらがAを殺害するに至ったという事案につき、実行行為を何らおこなっていずその一部さえ分担していないXとYは、それぞれ作為義務を負っていることから不作為犯としての共同正犯になるとした。同判決は、作為義務を負う者同士の不作為の共同正犯、作為義務を負う者の不作為と作為により殺人罪を実行する者との共同正犯を認めたものといえるものの、実行行為の一部さえ分担していない者を作為義務があるとして共同正犯にする思考には無理があるといえる。同判決は支持できない。

10　共謀の範囲外の犯罪

共同正犯は、意思を通じ相互利用・補充関係になってある犯罪の実行行為を自らおこなった場合に成立するものであるから、犯罪αを共同実行する際に他の関与者がその犯罪とは別の犯罪βを実行したときは、犯罪βについては共同正犯にならない。犯罪βは犯罪αについての共謀の範囲外であるといえる（「共謀の射程外」といういい方もある）。例えば、XとYがA宅に侵入して窃盗を実行することを共謀し、ともにA宅に侵入して、Xは1階でYは2階で物色をしている際に、Yが2階で眠っていたBに対し強制わいせつをする意思を生じてこれを実行した場合は、XとYは強制わいせつ罪の共同正犯にはならない。また、XとYらが、Zの髪を擱んで引き回すAに対しZを助けるために暴行を加え（第1暴行）、AがZの髪から手を離して移動した後、YがAを殴打し（第2暴行）負傷させた場合、XとYが共謀の上実行したのは第1暴行だけであるから、Xは傷害罪の共同正犯にならない（このような事案につき、最判平成6・12・6刑集48・8・509は、Xに関しては、第1暴行については正当防衛が成立し、第2暴行については新たに暴行の共謀が成立したとは認められないのであるから両行為を一連一体のものとして総合評価する余地はない旨述べて、Xは無罪であるとした）。

11　離脱による共同正犯関係の解消

共謀をした者がそれによる犯罪の実行により結果が発生する前に離脱した場合、共同正犯関係が解消され、その後、他の者が実行した犯罪につき共同正犯とならなくなるのはどのようなときか。共同正犯となるのは共同して犯罪を実行したときであるから、離脱後に実行された犯罪が共同実行されたものといえないときには、共同正犯関係の解消があり離脱者は共同正犯とはならないということになる。これを実行に着手する前と後に分けて考察するなら、以下のようになる。

第一に、共謀後、実行に着手する前に離脱した場合は、共同正犯関係は解消されると解する（もっとも、教唆犯の要件を充たしているときは教唆犯、従犯の要件を充たしているときは従犯が成立することになる）。

第二に、実行に着手した後で離脱した場合は、離脱後の行為が、①共謀の範囲外のものであったときは、（10で述べたように）共同正犯にはならず、②共謀の範囲内のものであったときは、犯行続行を阻止するなどして共謀及びそれによる共同実行の着手の影響を除去し、因果関係を遮断したと評価されなければ共同正犯関係の解消は認められないと解する[18]。

東京高判昭和25・9・14高刑集3・3・407は、XとYらとが窃盗の実行につき共謀し、その実行に着手する前にXが離脱し、その後、Yらが窃盗を実行した事案につき、一旦他の者と犯罪の遂行を共謀した者でも、その着手前、他の共謀者に実行を中止する旨を明示して他の共謀者がこれを了承し、同人らだけの共謀に基づき犯罪を実行した場合は前の共謀は全くこれなかりしと同一に評価すべきものである旨述べて、Xは窃盗罪の共同正犯にならないとした。Xが実行に着手する前に離脱したことによりYらとの共同正犯関係は解消されたと考えることができるから、同判決は支持できる。最決平成21・6・30刑集63・5・475は、R、S、T、U、V、W、X、YがA方への住居侵入・強盗の共謀を遂げ、R、SがA方地下1階資材置場に侵入し住居等につながるドアの施錠をはずして侵入口を確保した際、見張役のWが、R、Sが強盗に着手する前に、現場付近に人が集まって来たのを見て犯行の発覚をおそれ、Rらに電話をかけて、「人が集まっている。早くやめて出てきた方がいい」といい、「もう少し待って」などといわれたので、「危ないから待てない。先に帰る」と一方的に伝えただけで電話を切り、付近で待機していたX、Yと一緒にXが運転

18　目的と解釈93～95頁参照。

する自動車で現場付近から立ち去り、その後、R、Sは、Xら３名が立ち去ったことを知りながらT、U、Vとともにそのまま強盗を実行し、その際に加えた暴行によってA、Bを負傷させたという事案につき、Xは格別以後の犯行を防止する措置を講ずることなく待機していた場所から見張役らとともに離脱したに過ぎず、残された共犯者らがそのまま強盗に及んだものと認められるから、Xが離脱したのは強盗行為に着手する前であり、残された共犯者らがXの離脱をその後知るに至ったという事実があったとしても、当初の共謀関係が解消したということはできない旨述べた。この事案において、Xは強盗罪の実行に着手する前に立ち去っており、その後の強盗行為はX（及びW、Y）を除いたRらによって共同実行されたものと評価できる。同決定は支持できない[19]。

名古屋高判平成14・8・29判時1831・158は、XがYらと共謀の上、公園駐車場でAに暴行を加えて負傷させた後、XがYに殴られて失神し、Yらは、Xを放置し、Aを岸壁に連れて行って暴行を加え、さらに逮捕監禁を実行してAを負傷させたという事案につき、Yを中心として形成された共犯関係はXに対する暴行とその結果失神したXの放置というY自身の行動によって一方的に解消されたといえる旨述べている。Xを排除した後のYらの暴行・傷害はXとYらの共謀の範囲外のものといえるので、これにつきXが共同正犯にならないとした同判決は支持できる。最決平成元・6・26刑集43・6・567は、XとYが、共謀の上、Y宅内で、Aに対し暴行を加え、Xは、「おれ帰る」といってY宅を立ち去り、その後ほどなくして、YがAに暴行を加え、Aは数時間後にY宅で死亡したという事案につき、Xが帰った時点では、Yにおいてなお制裁を加えるおそれが消滅していなかったのに、Xにおいて格別これを防止する措置を講ずることなく、成り行きに任せて現場を立ち去ったに過ぎないのであるから、Yとの間の当初の共犯関係が同時点で解消したということはできず、その後のYの暴行も共謀に基づくものと認めるのが相当である旨述べた。Xが帰った後のYの暴行は共謀の範囲外のものとはいえず、Xは犯行続行を阻止する行為もしていないから、共同正犯関係の解消は認められない。同決定は支持できる[20]。

19　目的と解釈96～97頁参照。
20　目的と解釈95～96頁参照。

第3款　教唆犯（61条1項）

61条1項の「人を教唆して犯罪を実行させた」とは、文理から、他人を唆して犯罪を実行する意思を生じさせ、それにより他人が犯罪を実行したことをいうと解する。

教唆は他人に犯罪を実行する決意を生じさせるものであるから過失犯の教唆は認められないとする見解もあるものの、「犯罪」を故意犯に限定する理由はないので、過失犯の教唆は認められると解する。例えば、XがYに交通事故を起こさせてやろうと考えて、運転中のYに「後ろから怪しい車がつけて来る。もっとスピードを出して振り切れ。信号など無視しろ」などと命じて、結果回避行為をしない危険な運転をする意思を生じさせ、Yの危険な運転により歩行者Aが負傷した場合、Xは過失運転致傷罪の教唆犯の罪責を負うとしてよいと考える。

「犯罪」から予備罪を除外する理由はないから、予備罪の教唆は認められると解する。

教唆は通常作為である。不真正不作為犯としての教唆犯も考えられないではない。ただ、Xが犯罪実行の意思を生じないようにする義務がYに課せられているためにXが犯罪実行の意思を生じる危険が減少していると認められ、Yに作為義務があると考えられる事態は限られるように思う。例えば、万引形態の窃盗を繰り返す少年Xの保護監督者Yが、「そろそろXが万引をやりたいと思う頃だけれど万引をやるなら勝手にやればよい」と考えて、注意することなく放置し、Yの思った通り、Xは万引を実行したという場合でも、Yに作為義務があるといえるかは疑問である。Xが放置しておけば必ず万引をしてしまうような人物であり、Yが常時監視していなければならないような場合でなければ、Yに作為義務があると認めることはできないと考える。

前に述べたように、過失による教唆は認められない。「教唆して」にあたるためには教唆の意思（教唆の故意）が必要である。教唆の意思の内容は、前述のような「人を教唆して犯罪を実行させた」の解釈から、他人を唆して犯罪を実行する意思を生じさせて犯罪を実行させるというものであると解する。したがって、Xが、Aの倉庫に何も入っていないことを知りながら、Aの倉庫から荷物を盗んで来るようにいってＹに建造物侵入罪、窃盗罪を実行する意思を生じさせ、Ｙが実行した場合（未遂の教唆の一事例）、倉庫内に何もなかったためＹが建造物侵入罪、窃盗未遂罪の正犯となるときはＸはこれらの罪の教唆犯になり、倉庫内にたまたまＡが荷物を入れておいたのでＹの窃盗が既遂に至ったときでも、Ｘが窃盗罪の結果発生を予見していなかった以上、Ｘは建造物侵入罪、窃盗未遂罪の教唆犯になると解する。これに対し、Ｘが、駅前の石像が既に撤去されていることを知りながら、石像を壊すようにいってＹに261条の罪を犯す意思を生じさせ、Ｙは駅前に行ったものの石像がなかったので帰って来た場合は、Ｙは犯罪を実行していないのでＸは「犯罪を実行させた」者にあたらず、教唆犯にならない。また、駅前に行ったＹが石像がないことに気づき、代わりに付近にあった案内板を壊した場合であっても、Ｘには案内板を壊すという犯罪を実行する意思をＹに生じさせる意思はなかったのであるから、教唆の意思は認められず、Ｘは261条の罪の教唆犯とはならないと解する（抽象的法定符合説的発想からは、他人の物を損壊する意思を生じさせて他人の物を損壊させたのであるから器物損壊等罪の教唆犯が成立するといったことになるかも知れないものの、抽象的法定符合説は支持できない[21]）。

教唆犯についての共犯関係の解消は、正犯が実行に着手する前は、実行に出ることを止めるよう被教唆者にいって被教唆者が了解すれば認められ、正犯が実行に着手した後は、被教唆者の犯行続行を阻止する行為をするなどにより因果関係を遮断したときに認められると解する。もっとも、教唆した犯罪の範囲外の犯罪については、その犯罪を教唆して実行させたとはいえず、教唆犯は成立しないと解する。

第４款　従犯（62条１項）

62条１項の「正犯を幇助した」とは、文理から、正犯の犯罪実行を援助する行為をおこなって、それにより正犯が犯罪の実行行為に出ること又は実行行為により結果を発生させることを促進・容易化させたことをいうと解する。

正犯の実行する犯罪を故意犯に限る理由はないので、過失犯に対する幇助も

21　目的と解釈76～77頁参照。

認められると解する。例えば、Xが、Yが脇見運転をしているのに気づき、もっと危険な運転をさせて交通事故を起こさせようと考えて、「反対側もいい景色だよ」などといって脇見を促進し、交通事故を起こさせてAを負傷させた場合、Xは過失運転致傷罪の従犯になると考える。

正犯の実行する犯罪から予備罪を除外する理由はないから、予備罪の従犯は認められると解する。

62条1項に「共同して」といった文言がない以上、従犯の成立に正犯と意思を通じることは不要であると解する。片面的従犯は肯定できる。

幇助は通常作為である。不真正不作為犯としての従犯も、他人の犯罪実行を援助しないようにする作為義務を負っている者については考えられる（大判昭和3・3・9刑集7・172は、町会議員選挙の選挙長が投票代行行為を目撃しながら制止しなかった事案につき、不作為による従犯は他人の犯罪行為を認識しながら法律上の義務に違背し自己の不作為によってその実行を容易ならしめることにより成立する旨述べて選挙干渉罪の従犯の成立を肯定している）。もっとも、作為義務を負っている者の不作為が正犯の犯罪の実行行為に該当し同犯罪の正犯・共同正犯になる場合は、従犯にはならないと解する。例えば、Aの生命・身体を守る義務を負っているXが、AがYに暴行を加えられているのを現認しながら、何もせずに放置したため、Aが負傷した場合、XがYと意思を通じていたときは、Xは傷害罪の共同正犯となり、従犯にはならない。意思を通じていなかったときは、現場において何もしなかった以上、Xは傷害罪の正犯（Yとの同時犯）となり従犯にならない（これに対し、Xが、Yが傷害罪を犯すべくAに接近しつつあるのを知りながら何もせずに放置し、YがAに暴行を加えて負傷させた場合のように、Xが背後者の位置に立つ場合は、正犯の背後の正犯を否定する以上、Xは従犯の罪責を負うことになる）。

前に述べたように、過失による幇助は認められない。「幇助した」にあたるためには、幇助の意思（幇助の故意）が必要である。幇助の意思の内容は、前述のような「正犯を幇助した」の解釈から、正犯の犯罪実行を援助する行為をおこなって、それにより正犯が犯罪の実行行為に出ること又は実行行為により結果を発生させることを促進・容易化させるというものであると解する。未遂の幇助においては、正犯の実行した犯罪について幇助の意思が認められれば、従犯が成立すると解する（Xが、Aのロッカーに何も入っていないことを知りながら、A

のロッカーから財物を盗もうと決意しているＹに、ロッカーの解錠に必要な合鍵を渡し、これを用いてＹがロッカーを開けたものの何も入っていなかったので財物を盗めなかった場合、Ｙは窃盗未遂罪の正犯となりＸは同罪の従犯になる）。

幇助の意思は、正犯の具体的な犯罪実行を援助する行為をおこなって、それにより正犯が犯罪の実行行為に出ること又は実行行為により結果を発生させることを促進・容易化させる意思であるから、漠然と自己の行為が他人の犯罪の手助けになるかも知れないと思っている程度では幇助の意思は認められないと解する。例えば、包丁販売店の主人Ｘが客Ｙの態度から、「この人は包丁を何か悪いことに使うのではないか」と思いつつＹに売り、その後、Ｙが包丁を用いて強盗を実行した場合、Ｘは強盗罪の従犯にならない。最決平成23・12・19刑集65・9・1380は、Ｘがファイル共有ソフトWinnyをウェブサイト上で公開しインターネットを通じて不特定多数の者に提供していたところ、Ｙ、Ｚが、それぞれ、これを利用して著作権法違反罪を実行したという事案（中立的行為による幇助の一事案といえる）について、価値中立ソフトの提供行為は、「ソフトの提供者において、当該ソフトを利用して現に行われようとしている具体的な著作権侵害を認識、認容しながら、その公開、提供を行い、実際に当該著作権侵害が行われた場合」や「同ソフトを入手する者のうち例外的とはいえない範囲の者が同ソフトを著作権侵害に利用する蓋然性が高いと認められる場合で、提供者もそのことを認識、認容しながら同ソフトの公開、提供を行い、実際にそれを用いて著作権侵害（正犯行為）が行われたとき」に限り、著作権侵害の幇助行為にあたると解し、Ｘにおいて例外的とはいえない範囲の者がWinnyを著作権侵害に利用する蓋然性が高いことを認識、認容していたとまで認めるに足りる証拠はないから、Ｘを無罪とした原判決は結論において正当であるとした。同決定の結論は支持できるものの、本件のような場合に限って「高い蓋然性」の認識、認容があれば幇助の意思が認められるとする理由はないように思う[22]。

幇助の意思を考慮した類型的評価により、正犯の犯罪実行を援助・促進するものとは認められない行為は「幇助」にあたらないと解する。例えば、Ｘが、

22　目的と解釈101～103頁参照。

Ｙがこれから A 宅に強盗に行くつもりでいることを知りながら、「これを使え」といって包丁や覆面を渡す行為は強盗罪の幇助行為にあたるのに対し、「腹が減っているだろう。これを食べて行け」といってパンを渡す行為や「外は寒いからこれを着て行け」といって外套を渡す行為は強盗罪の幇助行為にはあたらないと解する[23]。大判大正 4・8・25 刑録 21・1249 は、X が強盗犯人 Y に鳥打帽子 1 個を、同 Z に足袋 1 足を、与えた事案につき、短刀は強盗罪の用に供しうべき器具にしてこれが交付は強盗罪を容易ならしむること自ら明らかなるを以て特にその理由を説示する要なしといえども、鳥打帽子又は足袋の如きはしからず、その性質上強盗罪を容易ならしむることは特殊の場合に属するが故に、その理由を説示するにあらざればこれが交付を以て直ちに強盗罪の幇助をなしたものと速断することを許さない旨述べている。鳥打帽子や足袋を交付する行為は類型性評価により強盗の幇助行為にあたるとはいえないから、同判決は支持できる。

「正犯を幇助した」といえるためには、幇助行為をおこなって、それにより正犯が犯罪の実行行為に出ること又は実行行為により結果を発生させることを促進・容易化させなければならないから、幇助行為をおこなっても、それにより正犯が犯罪の実行行為に出ること又は実行行為により結果を発生させることを促進・容易化しなかったときは、従犯は成立しない。例えば、X が、Y が A 宅に侵入して窃盗を実行する計画を立てているのを知り、Y に知らせることなく、先回りして合鍵で A 宅のドアを解錠しておいたところ、その後、A が解錠されているのに気づいて再度施錠し、Y はドアが施錠されていたので 2 階の窓から A 宅に侵入して財物を窃取したという場合、X は住居侵入罪、窃盗罪の従犯にはならないと解する。東京高判平成 2・2・21 判タ 733・232 は、X が、Y が地下室内で A を射殺して預かっている宝石類等の返還を免れようと計画しているのを知って、拳銃音が漏れないようにガムテープで隙間等に目張りをしたり換気口を毛布で塞いだりしたところ、Y は計画を変更して、走行中の自動車内で A を射殺したという事案につき、X の目張り等の行為が Y の現実の強盗殺人の実行行為との関係で全く役に立たなかったことは原判決も認め

23　目的と解釈 100 ～ 101 頁参照。

ている通りであり、目張り等の行為がそれ自体Ｙを精神的に力づけ強盗殺人の意図を維持乃至強化することに役立ったとも認められないから、目張り等の行為は幇助行為にならない旨述べた。同判決の結論は支持できる。

従犯についての共犯関係の解消は、正犯が実行に着手する前は、実行に出ることを止めるよう被幇助者にいって了解を得、道具等を供与しているときはこれを回収すれば認められ、正犯が実行に着手した後は、正犯の犯行続行を阻止する行為をするなどにより因果関係を遮断したときに認められると解する。もっとも、幇助行為の対象となった犯罪の範囲外の犯罪については、その犯罪と幇助行為との間に因果関係が認められないので、従犯は成立しないと解する。

第５款　共犯と身分（65条）

文理から、65条１項は、犯人の身分によって構成する犯罪の犯罪行為に共犯として加功した者は、身分のない者であっても同犯罪の共犯とするということを定めた規定であり、同条２項は、身分によって特に刑の刑重があるときは身分のない者には身分によって重くも軽くもされていない通常の刑を科するということを定めた規定であると解する。これに対して、１項は真正身分犯の共犯の成立と科刑に関する規定であり、２項は不真正身分犯の共犯の成立と科刑に関する規定であるとする見解（通説）もある（大判大正７・７・２新聞1460・23も、ＸとＹが共同してＹの父親を殺害したという尊属殺人の事案について、Ｘに対しては65条２項により199条、200条を適用すべきであるとしている）。しかし、真正身分犯はもとより不真正身分犯も「犯人の身分によって構成すべき犯罪行為」の犯罪であり、２項に特に「身分のない者であっても共犯とする」といった文言がない以上、１項は、真正身分犯、不真正身分犯について身分のない者でも身分犯の共犯となる旨を定めた規定であり、２項は、不真正身分犯について通常の刑を科する旨を定めた規定であると解する方が、日常用語的語義を生かした解釈になると考える。そのようにいうと、非保護責任者Ｘが保護責任者Ｙを教唆して遺棄をさせた場合、Ｘは保護責任者遺棄罪の教唆犯になるのに単純遺棄罪の刑を科されることになって、罪名と科刑の分離が生じるといった批判が加えられると予想されるものの、65条がそのように定めていると解されるのであるし、罪名と科刑の分離を生じさせたところで特に弊害もない。最判昭和

32・11・19刑集11・12・3073は、非占有者Ｘらと業務上占有者Ｙが共同して他人の物を横領した事案につき、Ｘらは65条１項により業務上横領罪の共同正犯として論ずべきものであるけれど同条２項により通常の横領罪の刑を科すべきものである旨述べており、罪名と科刑の分離を承認している。

65条１項の「共犯」には、特に共同正犯を除外するような文言がない以上、共同正犯が含まれると解する（大判昭和９・11・20刑集13・1514参照）。非身分者は身分犯の実行行為をなしえないから共同正犯にならないと解する余地がないではないものの、65条１項はその点も含めて非身分者について共犯が成立することを規定したものであると考える。

第４節　違法性阻却事由に関する諸規定の解釈

第１款　概　観

> （正当行為）35条
> 法令又は正当な業務による行為は、罰しない。
> （正当防衛）36条
> 急迫不正の侵害に対して、自己又は他人の権利を防衛するため、やむを得ずにした行為は、罰しない。
> 防衛の程度を超えた行為は、情状により、その刑を減軽し、又は免除することができる。
> （緊急避難）37条
> 自己又は他人の生命、身体、自由又は財産に対する現在の危難を避けるため、やむを得ずにした行為は、これによって生じた害が避けようとした害の程度を超えなかった場合に限り、罰しない。ただし、その程度を超えた行為は、情状により、その刑を減軽し、又は免除することができる。
> 前項の規定は、業務上特別の義務がある者には、適用しない。

刑法典１編（総則）の７章（犯罪の不成立及び刑の減免）に設けられている規定のうち、違法性阻却事由の規定は、35条、36条１項、37条１項本文になる。条文を一瞥すれば理解できる通り、36条１項は急迫不正の侵害に対してしたやむをえない行為について規定し、37条１項本文は現在の危難を避けるためにしたやむをえない行為について規定しているので、両者は緊急行為として共通の性格をもつものと考えることができる。これに対し、35条は、法令による行為及び正当な業務による行為についての規定である。

処罰規定に該当する所為であっても、法令によるものが不可罰とされるのは当然のことである。35条が法令による行為の他に正当な業務による行為を不可罰とし、36条１項が正当防衛行為を、37条１項本文が緊急避難行為を不可罰としていることは、法令による行為でなくても不可罰とされる行為があることを刑法が認めているということである。そのような行為が共通して有する属性は、正当な行為であるということである。130条等にも用いられている「正当な」の意味は、法令によるものでなくても不可罰とされるべきものというくらいの不明確なものになる。それでも、正当か否かを判断者（裁判官・裁判員）の直観で判断するというのでは公平性や安定性に欠けることになるので、解釈により、一定の基準を導出しなければならない。その際に、考慮すべきは、36条１項、37条１項本文が緊急状態下の行為が正当化されるための要件を示していることである。これらの規定を考慮して、正当化の基準を確定する必要がある。

第２款　正当行為（35条）

「法令〔…〕による行為」とは、文理から、法律、命令、その他の成文法規によって許容されている行為をいうと解する。法令行為として違法性が阻却されるかは当該法令の解釈による。

「正当な業務による行為」とは、文理から、法令による行為として正当化されないものの、正当な業務（社会生活上の地位に基づき反復継続しておこなう事務）としておこなう行為をいうと解する。

「法令による行為」又は「正当な業務による行為」にあたらなくても、正当な行為といえるものについては、35条に「その他の正当な行為」といった文言がない以上、同条が直接規定しているとはいえない。それでも、そのような行為は、同条の準用により不可罰となりうると解する。

そこで問題になるのは、「正当な」の意義と正当なものか否かを判断する基準である。35条、36条１項、37条１項本文を総合して考えると「正当な」

とは、①社会的に承認されるべき利益の保護になるか、②社会的に相当なものとして許容されるものであることをいうと解する。①の点は、36条１項が自己又は他人の権利を防衛するために侵害者の利益を害することを許容していることと、37条１項本文が、害の均衡を要件としていることから導出でき、②の点は、36条１項、37条１項本文が共通してやむをえずにした行為であることを要件としていることから導出できる。このような「正当な」の意義から、正当なものか否かは、以下のような基準により判断すべきであると解する[24]。

第一に、特定の犯罪について定めた規定に該当する所為によって害される利益α（同規定が保護しようとしている利益＝保護法益）とその所為によってもたらされる利益βとを（結果のみならず行為の危険性をも考慮して）比較衡量し、αがβを上回らないとき（$\alpha=\beta$か$\alpha<\beta$のとき）には、「正当」な行為であるとして、違法性阻却を肯定する。

第二に、αがβを上回っても、その程度が軽微であり、行為に社会的相当性があり処罰するべきではない、と考えられるときには、「正当」な行為であるとして、違法性阻却を肯定する。

こうした基準により判例の事案をいくつか検討する[25]。

最決昭和55・11・13刑集34・6・396は、Xが、A、B、Cと保険金詐取のため交通事故を偽装して保険金を取得することを共謀し、自己の運転する自動車を、交差点で信号待ちのため一時停止中のD運転の軽自動車に追突させ、同軽自動車をその前に停車していた貨物自動車（A、B、Cが乗車）に追突させて、A乃至Dを負傷させたという事案につき、本件の承諾は保険金騙取という違法な目的に利用するために得られた違法なものであって、これによって当該傷害行為の違法性は阻却されない旨述べた。この事案においては、違法に保険金を取得する利益は保護に値しないので、βに該当するものは見出し難く、違法性阻却を肯定するには、Aらの同意があることによってα（Aらの身体の生理的機能という利益）が消滅しているのでαがβを上回っていない（$\alpha=0$、$\beta=0$）という風にもって行くしかないところ、道路上でAらの自動車に自分の自動車を追突させるという極めて危険な行為をおこなってAらの生命・身体に対

24　目的と解釈57～58頁参照。

25　目的と解釈58～60頁参照。

する重大な危険を発生させているので、αを同意のみで消滅させることはできず、結局、αがβを上回っている（α＞β）、ということになる。また、前述の第二の基準に照らしても、Ｘの行為に社会的相当性があるとすることはできず、違法性は阻却されないということになる。結局、同決定の結論は支持できる。

最決平成21・12・7刑集63・11・1899は、医師Ｘが、昏睡状態にある入院患者Ａの家族からの要請もあって、Ａの気管内チューブを抜いたところ、予期に反してＡが苦悶様呼吸を始め、これを鎮静剤で鎮めることができなかったため、筋弛緩剤を投与させて、Ａを死亡させたという事案につき、Ｘの行為は法律上許容される治療中止にはあたらない旨述べた。このような治療中止や積極的安楽死の事案では、βに相当するものは患者の「死亡までの間の肉体的・精神的苦痛の除去・緩和により得られる利益」といったものになるところ、この事案のように患者に意識がないときはもとより、意識があっても医学的方法で肉体的苦痛を緩和できるときは、αがβを上回っていない（α＝βかα＜βである）とは考えられない。また、この事案のような状況で筋弛緩剤を注射する行為に社会的相当性があるともいい難い。違法性は阻却されないということになる。結局、同決定の結論は支持できる。

最決昭和53・5・31刑集32・3・457は、新聞記者Ｘが、外務事務官Ａに対し、取材に困っているので秘密文書を見せてほしい旨の依頼をして、秘密指定のされていた電信文案のコピーを交付させ、国家公務員法違反の罪（同法111条の秘密漏示のそそのかし罪）に問われたという事案につき、ＸはＡの個人としての人格の尊厳を著しく蹂躙したものといわざるをえず、Ｘの取材行為は正当な取材活動の範囲を逸脱したものである旨述べて違法性を肯定した。人格の尊厳に関する取材協力者の利益は、国家公務員法違反の罪の保護法益とは関係がなくαに含めることはできない。漏示された秘密の要保護性がさほどのものではなかったことを考慮するとαは軽微で、報道により国民の得る利益βを上回るとはいえない。したがって、Ｘの所為の違法性は否定される。同決定は支持できない。

第3款　正当防衛（36条1項）

1　36条1項の趣旨と解釈

36条1項の個々の文言の解釈に先立って、同項の趣旨を確定する必要がある。最決平成29・4・26刑集71・4・275は、「刑法36条は、急迫不正の侵害という緊急状況の下で公的機関による法的保護を求めることが期待できないときに、侵害を排除するための私人による対抗行為を例外的に許容したものである。したがって、行為者が侵害を予期した上で対抗行為に及んだ場合、侵害の急迫性の要件については、侵害を予期していたことから、直ちにこれが失われると解すべきではなく」として、多様な要素を示した後、「前記のような刑法36条の趣旨に照らし許容されるものとはいえない場合には、侵害の急迫性の要件を充たさないものというべきである」と述べており、趣旨を確定することとは同項の規定の解釈に大きな影響を与える。そこで検討すると、同項に「自己又は他人の権利を防衛するため」という文言があることから考えて、同項は、権利を防衛する権利の行使である正当防衛行為を不可罰としたものであると解する。憲法13条が「生命、自由及び幸福追求に対する国民の権利」の尊重につき規定していることをも考慮して、正当防衛は自然権といってもよい基本的な権利の行使であるといわなければならない。そうはいっても、権利の行使も濫用されて不要に他人の権利を害してはならないので、36条1項は、正当防衛の一応の要件を規定したのである。そして、正当防衛権の行使か否か（あるいは、防衛権の濫用か否か）は、防衛行為によって害される利益αと防衛される利益βとを比較してαがβを著しく上回り、防衛行為に社会的相当性が欠けるか否かによって判断されなければならないと考える[26]。

以上のことから、36条1項の「急迫」とは、文言通り、不正の侵害が現に存在しているか間近に迫っていることをいい、「不正の侵害」とは、防衛者において防衛行為をすることを妨げられない、換言するなら被侵害者（防衛者・第三者）において甘受するいわれのない、権利を害する行為をいい、「防衛するため」とは、防衛行為が侵害を防ぐためのものであることをいい、「やむを得

26　目的と解釈64～65頁参照。

ずにした行為」とは、αがβを著しく上回るようにしない行為か、防衛行為として社会的相当性のある行為をいうと解する[27]。

２　「急迫不正の侵害」と予期された侵害、自ら招いた侵害

前に述べた解釈によると、侵害が予期されていたものであっても、不正の侵害が現に存在するか間近に迫っていれば、「急迫」の侵害にあたりうる。もっとも、被侵害者自身が侵害を招いた場合、とりわけ、あえて侵害を惹起した場合は、被侵害者において甘受するいわれのない権利を害する行為とはいえないから「不正の侵害」にあたらず、これが現に存在するか間近に迫っているともいえないから、結局、「急迫」ともいえないことになる。例えば、Xは、Aが自分を木刀で攻撃しようと準備しているのを知り、自ら棍棒を用意してA宅前まで赴いて「勝負しろ」といってAを呼び出し、木刀で殴りかかってきたAを棍棒で殴打して傷を負わせたという場合は、X自らが侵害を迫らせたのであり、Xにおいて甘受するいわれのない権利を害する行為があったともいえないから、「急迫不正の侵害」は存在しない。また、XがAの所へ赴かなくても、自宅で棍棒を用意してAの到着を待ち、Aから呼び出されるや、待ってましたとばかりに闘争の誘いに応じた場合も同様である。これに対して、Xが「闘争に応じる気はないけれど、殴りかかってくるかも知れないから棍棒を持って行こう」と思って、Aの呼出しに応じたところ、Aが木刀で殴りかかってきたので棍棒で応戦した場合は、急迫不正の侵害は存在するということになる。前掲の最決平成29・4・26刑集71・4・275は、Aから身に覚えのない因縁をつけられたりして立腹していたXが、午前４時２分頃、AからX宅マンションの前に来ているから降りて来るようにと電話で呼び出され、自宅にあった包丁を携帯して同マンション前の路上に赴き、Aのハンマーで殴りかかる攻撃を防ぎながら、左側胸部を包丁で刺突して殺害したという事案につき、本件行為全般の状況に照らすとXの行為は急迫性の要件を充たさないと判断している。Aのハンマーによる攻撃はXにおいて甘受するいわれのないものであり、急迫不正の侵害は存在するといえる。もっとも、刺突行為は「やむを得ずにした行為」にはあたらず、結局、この事案では正当防衛の成立は否定される（36条

27　目的と解釈65～66頁参照。

2項の適用はありうる)。同決定の急迫性に欠けるとして正当防衛不成立とした点は支持できない。最決平成20・5・20刑集62・6・1786は、Xが、Aといい争いをしてAのほおを手拳で殴打し走り去ったところ、自転車で追いかけてきたAに背後から右腕で殴打されて倒されたので、起き上がってAを特殊警棒で殴打して傷を負わせたという事案につき、Xの傷害行為は何らかの反撃行為に出ることが正当とされる状況における行為とはいえない旨述べた。XはAを手拳で殴打することにより闘争状況を作出し、同状況下でAの素手による暴行を受けたのであるから、Aの暴行はXにおいて甘受するいわれのない権利を害する行為とはいえず、「不正の侵害」にはあたらない。したがって、正当防衛の成立は否定されるので、同決定は支持できる。

3　「不正の侵害」と対物防衛等

前に述べたように、「不正の侵害」とは、防衛者において防衛行為をすることを妨げられない、換言するなら被侵害者（防衛者・第三者）において甘受するいわれのない、権利を害する行為をいうから、Xは、他人の責めに帰すべからざる事情によってA所有の猛犬が自分に向かって来たので、身を守るべく、猛犬を殴打して傷を負わせたといった対物防衛の事例における猛犬の攻撃も「不正の侵害」にあたるといえる。したがって、この事例のXの所為は、261条の罪に該当するものの、36条1項により違法性が阻却され、不可罰となると解する。Aは侵害者ではないので、37条1項本文の要件を充たさないと違法性は阻却されないと解する見解もありうるけれど、36条1項の要件を充たす場合は37条1項の適用は排除されると考える。

また、①AがB所有の猛犬をXに対しけしかけたために猛犬がXに向かって来たので、Xが、身を守るべく、猛犬を殴打して傷を負わせた場合、②AがXに木刀で殴りかかって来たので、Xが、身を守るべく、B所有の花瓶をAに投げつけて、花瓶を壊した場合、③AがXに木刀で殴りかかって来たので、Xが、身を守るべく、Aめがけて石を投げつけたところ、狙いがはずれて石がBに当たり、Bが負傷した場合も、Xの行為が36条1項の要件を充たすものである以上、正当防衛になり、Aを被害者とする犯罪はもとより、Bを被害者とする犯罪も成立しないと解する。なお、Bを負傷させる蓋然性が高いにもかかわらず、あえて石を投げつけた場合は、「やむを得ずにした行為」にあたらず、A、B を被害者とする犯罪が成立すると解する。

４　「侵害に対して〔…〕防衛するため」

前に述べたように、「防衛するため」とは防衛行為が侵害を防ぐためのものであることをいうところ、そのような防衛行為であるというためには、行為者の主観、すなわち、防衛の意思の有無を含めて、当該行為が侵害を防ぐためのものと認められることが必要である。したがって、偶然防衛といわれる事例における行為者の所為は、「侵害に対して〔…〕防衛するため」にあたらないと解する。

５　複数の反撃行為と正当防衛、過剰防衛

急迫不正の侵害にあたる攻撃に対し第１反撃行為をして攻撃が終了した後、第２反撃行為をした場合、第１反撃行為、第２反撃行為に、36 条１項、２項は適用されるかという問題がある。侵害終了後の反撃行為は、正当防衛はもとより過剰防衛にもならないものの、第１反撃行為と第２反撃行為を一連の（あるいは、一体の）反撃行為と見ることができる場合は、一連の反撃行為の一部である第１反撃行為の時点では侵害が継続している以上、36 条２項の適用を肯定できるとする見解もある（判例の考えはこのようなものである）。しかし、この見解に対しては、一連の反撃行為が正当防衛にはならず過剰防衛にのみなるというのでは、第１反撃行為が正当防衛の要件を充たしている場合、その後第２反撃行為をしたために第１反撃行為は正当防衛にならないということになって不当であるから、第１反撃行為は除いて、第２反撃行為について過剰防衛になるかを判断するべきではないかといった疑問を提示しうる。また、この見解は、36 条２項は、36 条１項の要件のうち「やむを得ずにした行為」にあたらない場合に限り適用があるのであって、侵害終了後の反撃行為については適用しえないという考えを前提にしているところ、36 条２項は「防衛の程度を超えた行為」を要件としているだけであり、これを１項の「やむを得ずにした行為」にあたらない行為に限定する理由はない。さらに、２項が過剰防衛を刑の任意的減免事由にしているのは、被侵害者の精神的動揺による責任の減少を考慮したからであると考えられることから、同項の「防衛の程度を超えた行為」とは、防衛のために、侵害による精神的動揺の下でおこなった、正当防衛とならない行為をいうと解する。このように解すれば、この見解のような一

連の反撃行為と見て36条２項の適用を肯定する理論は不要となる。36条１項、２項が適用されるか否かは、第１反撃行為と第２反撃行為が一連の実行行為と考えられるか否かにかかわらず、また、侵害が継続しているか否かにかかわらず、個別に評価すれば足りる[28]。

最決平成20・6・25刑集62・6・1859は、Xが、いきなり攻撃して来たAに対し第１暴行を加え、そのため負傷して仰向けに倒れたまま意識を失ったように動かなくなったAに対し、その状況を十分に認識しながら、「おれを甘く見ているな。おれに勝てるつもりでいるのか」などといって、第２暴行を加えて傷害を負わせたところ、Aは、第１暴行によって生じた傷害により、死亡したという事案につき、両暴行を全体的に考察して、１個の過剰防衛の成立を認めるのは相当でなく、正当防衛にあたる第１暴行については、罪に問うことはできないが、第２暴行については、正当防衛はもとより過剰防衛を論ずる余地もないとした。第２暴行は、防衛のために侵害による精神的動揺の下でおこなった行為とは認め難いから、同決定は支持できる。最決平成21・2・24刑集63・2・1は、Xが、Aが折り畳み机を押し倒してきたのに対し、同机を押し返して（第１暴行）Aの中指を負傷させるとともにAを転倒させ、さらに、転倒したAの顔面を手拳で数回殴打した（第２暴行）という事案につき、XがAに対して加えた暴行は、急迫不正の侵害に対する一連一体のものであり、同一の防衛の意思に基づく１個の行為と認めることができるから、全体的に考察して１個の過剰防衛として傷害罪の成立を認めるのが相当であるとした。しかし、第１暴行は正当防衛に該当するのであるから、これを不可罰にして、第２暴行につき36条１項、２項の適用の可否を検討するべきであり、第２暴行は、この事案の事実関係を考えると、やはり正当防衛に該当し不可罰とされるべきであろう。同決定は支持できない[29]。

6　共犯と正当防衛、過剰防衛

正当防衛・過剰防衛の要件を充たすか否かは、各罪の規定に該当する個々の行為（教唆、幇助といった共犯行為を含む）について検討・判断されるべきものであるから、共犯の場合は、各自の各行為につき検討・判断されることになると

28　目的と解釈69～71頁参照。

29　目的と解釈71～73頁参照。

解する（最決平成４・６・５刑集46・4・245は、共同正犯が成立する場合における過剰防衛の成否は共同正犯者の各人につきそれぞれその要件を充たすかどうかを検討して決するべきであるとする）。したがって、例えば、Ｘが、Ａと電話で口論して激昂し、Ａに対し決闘を申し込み、事情を知らせることなくＹに同行を求めてともに決闘の場所に赴き、待ち構えていたＡが日本刀で斬りかかって来たので、２人がかりでＡを殴って負傷させたという場合、Ｘ、Ｙの所為は傷害罪の共同正犯になるものの、Ｙについては正当防衛が成立し不可罰になると解する。また、①Ｘ、Ｙが決闘の場所に赴いたところＡが先にＹに襲いかかって来たのでＹがＡを殴打して負傷させた場合や、②ＸがＹのみを決闘の場所に赴かせ、Ｙが襲いかかって来たＡを殴打して負傷させた場合は、Ｙは正当防衛で不可罰であり、Ｘは、その行為が共同実行・教唆・幇助のいずれかにあたるときは、正当防衛の要件を充たさない以上、傷害罪の共同正犯・教唆犯・従犯の罪責を負うことになると解する。

第４款　緊急避難（37条１項本文）

１　37条１項本文の趣旨と解釈

37条１項本文は、避難行為によって害される利益αと同行為によって保持される利益βとを比較してαがβを上回らず、また、避難行為に社会的相当性があるといえる場合に避難行為を不可罰としたものであると考える。36条１項と異なり、「やむを得ずにした行為」にあたるためには、αがβを上回るようにしない行為で、かつ、社会的相当性のある行為であることを要する（他に方法がないという補充性は、社会的相当性を認めるための不可欠の要素である）と解する。

２　予期された危難、自ら招いた危難

「現在の危難」とは、文理から、文言通りの現に存在する危難及び間近に迫っている危難をいうと解する。危難が予期されている場合は、正当防衛と異なり、予め回避すべきであって、これせずに間近に迫ってから他人に害を及ぼす避難行為をすることは、補充性を充たさず、「やむを得ずにした行為」にあたらないことになると解する。また、自ら招いた危難については、それが自己の生命等に対する危難なのか第三者の生命等に対する危難なのか、重大な利益を害する危難なのか、危難により利益を害される者が甘受すべき危難なのか、

といったことを考慮して、「現在の危難」、あるいは、「やむを得ずにした行為」にあたるかを検討し、緊急避難の成否を決するべきである。例えば、Ｘが自動車を運転中、自己の過失により自車が歩行者Ａに衝突する危険が生じたので、進路を変更して自車をＢに衝突させて死亡させた場合は、進路を変更した行為は緊急避難に該当するものの、これに先行する過失行為は現在の危難を避けるためのものではないので緊急避難には該当せず、結局、Ｘは過失運転致死罪の刑責を免れないと解する（このような事案につき、大判大正13・12・12刑集3・867は、緊急避難の規定は危難が行為者の有責行為により自ら招いたもので社会通念に照らしやむをえざるものとしてその避難行為を是認できない場合に適用することができないものと解すべきである旨述べて、業務上過失致死罪の成立を肯定している）。

３　「危難を避けるため」

「危難を避けるため」とは、文理から、避難行為が危難を避けるためのものであることをいうと解する。そのような行為であるというためには、行為者の主観、すなわち、避難の意思の有無を含めて、当該行為が危難を避けるためのものと認められることが必要であると解する。

４　「これによって生じた害が避けようとした害の程度を超えなかった場合」

文理から、「これによって生じた害」とは避難行為をすることによって現実に生じた害をいい、「避けようとした害」とは避難行為をすることによって避けられたと認められる害をいうと解する。害の均衡を判断する際には、「生命、身体、自由又は財産」という文言があるので、大枠としては、生命に対する害が最も深刻な害であり、身体、自由、財産と進んで行くに従って、深刻度が低下するとはいえる。もっとも、例えば、時価１億円の絵画を火災から守るために通行人を押し倒して軽傷を負わせた場合、緊急避難になりえないと断ずることもできないので、慎重に利益衡量をおこなわなければならない。利益を害される者の危難との関係なども考慮して、害の均衡について判断する必要がある。大判昭和12・11・6大審院判決全集4・1151は、Ｘが、その所有する猟犬（価格600円相当）がＡ所有の番犬（価格150円相当）に咬み伏せられ、Ａ方家人に番犬の制止を求めたのにこれに応じないので、猟銃で番犬を狙撃して負傷させた事案につき、Ｘの狙撃行為は猟犬に対する現在の危難を避けるためにやむをえないものであり、番犬、猟犬の当時の価格から考えてＸの生じさせた害は避けようとした害の程度を超えないものであると認めて、緊急避難の成立を肯定している。600円の猟犬が咬み殺されないようにするため150円の番犬を傷害したのであるから、この事案では害の均衡が保たれているといえるけれど、Xに落ち度のないことやA方家人が求められたのに番犬を制止しなかったことを考えると、仮に番犬の方が猟犬より高価であったとしても害の均衡は保たれているといってよいように思う（なお、筆者は対物防衛事例で正当防衛を認めうると解するし、A方家人が番犬を制止しなかったのは不作為による番犬を利用した不正の侵害とも評価できるので、本件では正当防衛の成立が肯定されてよかったように思う）。

第５款　その他の規定

１　過剰防衛（36条２項）、過剰避難（37条１項ただし書）

36条２項、37条１項ただし書は、急迫不正の侵害又は現在の危難に遭遇した者が、精神的動揺のために、適切な対応をすることができないと考えられるため、情状により、刑を減免しうるとした規定であると解する（責任減少説）。36条２項については同条１項の「やむを得ずにした行為」の要件のみに該当しない場合に適用され、37条１項ただし書については同項本文の「これによって生じた害が避けようとした害の程度を超えなかった場合」の要件、「やむを得ずにした行為」の要件に該当しない場合に適用され、急迫不正の侵害が終了したり危難が去ってからなした行為については、36条２項、37条１項ただし書は、それぞれ適用されないという見解がある。しかし、第３款の５で述べたように、侵害の終了直後や危難の去った直後になされた防衛の意思・避難の意思をもってなされる行為で精神的動揺のために適切になされなかったと認められるものについては、なお、36条２項、37条１項ただし書の適用がありうると解する。

２　業務上特別の義務がある者についての特例（37条２項）

「業務上特別の義務がある者」とは、文理から、37条１項の危難に対処する義務を業務上負っている者をいうと解する。「前項の規定は、〔…〕適用しない」は、文理から、業務上特別の義務がある者が、同義務に反して緊急避難の要件を充たすような行為をしても緊急避難として違法性を阻却することを認めないということを意味すると解する。したがって、同義務に反しない行為は緊急避難として許容されることになる（例えば、消防士が延焼を防ぐために他人の家を破壊するとか、消火作業中に火に囲まれたので他人の家の塀を壊して避難するといったことは37条1項により違法性が阻却されうる）。

第５節　有責性阻却事由に関する諸規定の解釈

第１款　概　観

（故意）38条

罪を犯す意思のない行為は、罰しない。ただし、法律に特別の規定がある場合は、この限りでない。

重い罪に当たるべき行為をしたのに、行為の時にその重い罪に当たることとなる事実を知らなかった者は、その重い罪によって処断することはできない。

法律を知らなかったとしても、そのことによって、罪を犯す意思がなかったとすることはできない。ただし、情状により、その刑を減軽することができる。

（心神喪失及び心神耗弱）39条

心神喪失者の行為は、罰しない。

心神耗弱者の行為は、その刑を減軽する。

（責任年齢）41条

14歳に満たない者の行為は、罰しない。

刑法典1編（総則）7章（犯罪の不成立及び刑の減免）の規定のうち、有責性阻却事由に関する規定は、ここに掲げたもののうち、「罰しない」としている規定である。38条は見出しの通り、故意に関する規定であり、その1項本文の「罪を犯す意思」が本来の故意である。同項ただし書きは、法律に特別の規定がある場合、すなわち、故意のない行為であっても過失のある行為を処罰する規定がある場合は過失犯として罰することができることを規定している。1項がこのような規定になっていることから、各罪についての規定で、特に過失犯であることを示す規定になっていないものは故意犯であると考えてよいということになる（故意犯処罰の原則）。38条2項は、重い罪にあたる行為をした場合でも行為時に重い罪にあたることとなる事実を知らなかった者はその重い罪によって処罰できないことを規定しており、ここから、故意の基礎となるものは、犯罪にあたるべき行為をおこなう時点で犯罪にあたることとなる事実を知っていることであるといえる。さらに、38条３項が、法律を知らなかったとしてもそのことによって罪を犯す意思がなかったとすることはできないと規定していることから、法律を知っているか否かは故意と関係がないということがいえる。これらのことを考慮して、故意の内実を解釈により明らかにする必要がある。

39条１項は心神喪失者の行為は不可罰であるとしており、故意・過失がない場合とは別の有責性阻却事由を定めた規定であるといえる。「心神喪失者の行為」の内実を解釈により明らかにする必要がある。

41条は、単純に、14歳に満たない者の行為は不可罰である旨規定している。38条１項、39条１項とも異なる有責性阻却事由を定めた規定であるものの、「14歳に満たない者の行為」の意義は明確であり、解釈によって確定すべき点はさほどない。

第２款　故意、過失（38条）

１　故意の内実

前に述べたように、38条を読んだだけで、故意は、同条１項本文の「罪を犯す意思」であり、故意の基礎となるものは、犯罪にあたる行為に出る時点の犯罪行為にあたる事実を知っていることであり、法律を知っているか否かは故意とは関係がないということが分かる。ここから、故意の内実を探求すると、故意は、犯罪行為を構成する客観的事実、すなわち、（ａ）各罪について定めた規定の要件を充たす客観的事実（客観的構成要件該当事実といわれるもの）が存在すること及び（ｂ）違法性阻却事由に該当する事実が存在しないことを行為のときに認識・予見しながら、あえて行為に出る意思であるということができる。故意の成立には、（ａ）の事実の存在を認識・予見しているだけではなく、結果の発生を認容していることを要するとする見解（認容説）もあるものの、（ａ）の事実の存在と（ｂ）の事実の不存在を認識・予見しながら行為に出る意思があれば故意の成立には十分であり、あえて認容といった情緒的要素を導入する必要はないと考える。

38条３項本文が定めているように、法律を知っているか否かは故意の成立に関係がないので、（ａ）の事実の存在と（ｂ）の事実の不存在を認識・予見しつつ、法律的評価により認識・予見している犯罪事実は法律的には罪にならないと思っていたという場合（違法性の錯誤又は法律の錯誤といわれる場合）、故意は成立することになる。

（ａ）の事実の存在の認識・予見について、さらに考察すると、このような事実の認識・予見があるというためには、物理的な“生の事実”を認識・予見しているだけでは足りない。例えば、Ｘが、Ａそっくりのロボットを破壊しようと思ってロボットの設置されている場所に行き、偶然そこにいたＡをロボットだと思って、その外見や動作を認識しつつ攻撃を加えてＡを負傷させた場合、Ｘには261条の罪を犯す意思しかなかったのであるから、傷害罪は成立しないと解する。この場合、攻撃時のＸには、「他人の物を壊すために攻撃する」という意思はあっても、「他人の身体を攻撃する」という意思はなかったのである。もとより、38条３項が法律を知らなくても故意がないとすることはできない旨規定している以上、Ｘが「自分のやることは刑法261条に該当することになるな」ということまで認識・予見していなくても故意は成立すると解すべきであるものの、「自分のやることはＡの物を壊すことだから、何かの罪になるかも知れないな」という程度の認識・予見では傷害罪の故意を認めるには足りず、「自分のやることは人の身体に攻撃を加えることだから、罪になるかも知れないな」という程度の認識・予見は最小限必要である。いわば〈当該犯罪の違法性の基礎となっている事実〉の認識・予見があることが（ａ）の事実の存在の認識・予見があるというためには必要であると解する。最判昭和24・2・22刑集3・2・206は、これを飲用に供すると身体に有害であると思っただけでは、有毒飲食物等取締令１条に規定したメタノール又は４エチル鉛以外にも有害な物質は沢山あるので、同令１条違反の罪の未必の故意があるとはいいえない旨述べている。「飲用に供すると身体に有害なもの」という程度の認識では、同罪の違法性の基礎となっている事実の認識があるとはいえないから、故意が認められないとした同判決は支持できる。東京地判平成3・12・19判タ795・269は、トルエンを含有するシンナーを吸入目的で所持する所為を処罰する毒物及び劇物取締法24条の３の罪の故意について、故意の成立を認めるには、その事実を認識していることが、当該行為が違法であり、してはならない行為であると認識する契機となりうることが必要である旨述べて、被告人が当該シンナーにはトルエンが含有されていないと思っていたとすれば故意がないことになり同罪は成立しないとしている。同罪の違法性の基礎となっている事実の認識は、吸入すると身体に有害な物質を含有するシンナーを所持することの認識であるから、当該シンナーが有害な物質を含有するものではないと思っていたときは、同罪の違法性の基礎となっている事実の認識がなく、同罪の故意は認められないことになる。同判決は支持できる。最決平成２・２・９判時1341・157は、被告人が覚醒剤を含む身体に有害な薬物類であると認識しつつ覚醒剤を輸入し所持した事案につき、被告人には覚醒剤かも知れないし、その他の身体に有害な薬物かも知れないとの認識はあったので、覚醒剤輸入罪、同所持罪の故意に欠けるところはないとした。この事案の被告人には、輸入、所持の禁止される、覚醒剤を含む身体に有害な薬物を輸入、所持することの認識があり、覚醒剤輸入罪、同所持罪の違法性の基礎となっている事実の認識があったといえ、故意は認められる。同決定は支持できる。

２　事実の錯誤と故意

事実の錯誤により、行為時に、（１）（ａ）の事実の存在を認識・予見していなかったか、（２）（ｂ）の事実の不存在を認識・予見していなかった（換言するなら、（ｂ）の事実の存在を誤って認識・予見していた）場合は、当該犯罪の故意は成立しないということになる。従来の用語によるなら、（１）が構成要件該当事実の錯誤、（２）が違法性阻却事由該当事実の錯誤ということになる。

（１）の方から検討する[30]。

例えば、Ｘが、Ａの犬を射殺しようと思って猟銃で狙撃したところ、狙いがはずれて弾丸はＡに当たり、Ａは死亡したという場合（抽象的事実の方法の錯誤）、Ｘには「ここで射撃することにより、射撃の目標にしているその人（Ａ）を死亡させる」という、現実的・具体的に存在し又は存在しうる殺人罪の違法性の

30　目的と解釈76～79頁参照。なお、（１）により構成要件的故意ないし行為意思が否定される場合は、構成要件該当性乃至条文要件該当性が否定されることになる。

基礎となっている客観的事実の認識・予見がないので、同罪の故意は成立しないことになる。Xが、Aの犬を射殺しようと思って、犬小屋の中で寝そべっている者を猟銃で狙撃したところ、寝そべっていたのはAで、弾丸が当たってAは死亡したという場合（抽象的事実の客体の錯誤）でも同様である。これに対し、Xは、Aを射殺しようと思って、Aと人相風体のよく似たBを猟銃で狙撃し、弾丸がBに当たってBは死亡したという場合（具体的事実の客体の錯誤）は、前述した殺人罪の違法性の基礎となっている客観的事実の認識・予見があるので、同罪の故意は成立することになる。Xが、Aを射殺しようと思って猟銃で狙撃したところ、狙いがはずれて弾丸はBに当たり、Bは死亡したという場合（具体的事実の方法の錯誤）になると、B殺害に関しては、Xに前述した殺人罪の違法性の基礎となっている客観的事実の認識・予見がないので、同罪の故意は成立せず、殺人罪は成立しない（B殺害についてXに過失があれば過失致死罪が成立する。Aを射殺しようとして遂げなかったことについては殺人未遂罪が成立し、過失致死罪とは観念的競合になる）と解する。最判昭和53・7・28刑集32・5・1068は、Xが、巡査Aを殺害して拳銃を強取しようと思い、建設用びょう打銃を改造した手製装薬銃でAを狙撃したところ、発射されたびょうがAの右側胸部を貫通した後、約30m離れた所を歩いていたBの腹部を貫通し、A、Bを負傷させたという事案につき、XのAに対する所為についてはもちろんのこと、Bに対する所為についても強盗殺人未遂罪が成立するとした。Bを負傷させた所為についてはXに強盗殺人罪の違法性の基礎となっている客観的事実の認識・予見があるとはいえない。したがって、Bに対する所為につき強盗殺人未遂罪が成立するとした同判決は支持できない。

犯罪αの（a）の事実が犯罪βの（a）の事実に含まれているときは、行為者が犯罪αの（a）の事実の存在を認識・予見しつつ行為に出て、犯罪βを実現したとき、犯罪αの（a）の事実も存在し、それについては認識・予見があるので故意も成立し、行為者は犯罪αの刑責を負うことになると解する。例えば、窃盗罪の事実は強盗罪の事実に含まれているので、①XがYに窃盗を教唆したところYが強盗を実行した場合や、②XがYに強盗を教唆したところYが窃盗を実行した場合、Xについて窃盗罪の教唆犯の故意は成立するということになる（最判昭和25・7・11刑集4・7・1261は、①のような事案について、Xには窃盗罪の教唆犯の故意があるといえる旨述べている）。

Ｘが Ａを射殺しようと思って猟銃で Ａを狙撃したところ、狙いがはずれて、弾丸は Ａに当たらなかったものの、逃げようとして駆け出した Ａが階段で足を滑らせて転倒し、頭を打って死亡したという場合（因果関係の錯誤）、Ｘの狙撃行為と Ａの死亡との間に因果関係があることを前提にすると、Ｘには、「ここで射撃することにより、射撃の目標にしているその人（Ａ）を死亡させる」という、現実的・具体的に存在し又は存在しうる殺人罪の違法性の基礎となっている客観的事実の認識・予見があり、故意も成立するので、Ｘは殺人罪の刑責を負うことになると解する。

（２）の方を検討する[31]。

行為者において、違法性阻却事由該当事実が存在し又は存在しうると（誤って）認識・予見しているときは、（ａ）の事実の存在を認識・予見していても（ｂ）の事実の不存在を認識・予見していたとはいえないので、故意は成立しないということになる。例えば、Ｘは、Ａと Ｂが小道具の模擬刀を用いて演劇の練習をしているのを目撃して、Ａに Ｂが斬殺されかけているものと誤信し、Ｂの生命・身体を守るために、傷害の意思をもって Ａに石を投げつけ、Ａを負傷させたという場合（誤想防衛の事例）、Ｘの所為は 204 条に該当するものの、36 条１項に該当する事実が存在し又は存在しうると認識・予見して行為に出ているので、傷害罪の故意は成立せず、同罪は成立しないということになる。これに対し、Ｘは、Ａが Ｂの腕を摑んで「君はどうして僕のいうことを理解してくれないんだ」と叱りつける、演劇の練習をしているのを目撃して、Ｂが Ａに暴行を加えられているものと誤信して、Ｂを守るために、傷害の意思をもって木刀で Ａの頭部を殴打し、Ａを負傷させたという場合（誤想過剰防衛で行為者に過剰性の認識がある事例）は、36 条１項に該当する事実が存在し又は存在しうると認識・予見して行為に出ているとはいえないので、傷害罪の故意は成立し、同罪が成立することになる。最決昭和 62・3・26 刑集 41・2・182 は、Ｘ（男性、身長約 180 cm、体重約 80 kg、空手三段）が、Ａ（男性、身長約 160 cm、体重約 60 kg）が酩酊したＢ（女性）をなだめようとしてＢと揉み合いＢが尻もちをつく

31　目的と解釈 77 ～ 79 頁参照。

のを目撃し、AがBに暴行を加えているものと誤解して、両者の間に割って入り、Aが手を握って胸の前あたりに挙げたことからAが殴りかかって来るものと誤信し、自己及びBの身体を防衛しようと考えて、とっさに回し蹴りをしてAを転倒させ、頭蓋骨骨折等の傷害を負わせて死亡させたという事案につき、傷害致死罪の成立を肯定し、いわゆる誤想過剰防衛にあたるとして36条２項により刑を減軽した原判決の判断は正当であるとした。Xは36条１項に該当する事実を認識・予見していたとはいえず、故意の成立は否定できないから、同決定は支持できる。

３　過失の内実

過失の内実については、過失犯の規定を解釈して導出することになる。例えば、211条前段の「業務上必要な注意を怠り、よって人を死傷させた」を文理解釈すれば、業務上必要な注意を怠った行為により人の死傷結果を発生させたことが211条前段の罪が予定している所為であり、同罪の実行行為は、業務上必要な注意を怠ってなす人の死傷結果を発生させうる行為であるということができる。そして、結果回避行為をすれば、人の死傷結果を発生させる危険は減少し、同結果を発生させうる行為にはあたらなくなるので、ここにおける「必要な注意を怠」るとは、結果回避行為をすることを怠るということであるといえる。したがって、同罪の実行行為は、業務上必要な結果回避行為を怠ってなす人の死傷結果を発生させうる行為であるということになる。これと実行行為によって発生する結果が同罪の（ａ）の事実になる。業務上必要な結果回避行為を怠っていないときは、自己のなした行為により人が死傷しても、（ａ）の事実が存在しない以上、主観的要素を検討するまでもなく、同罪は成立しない。例えば、崖の上から石を落とす作業に従事しているXが、崖下を点検し、「石を落とすぞ」と警告を発して石を落としたところ、崖下付近にいたAが、石の落下地点に携帯電話を置き忘れて来たのに気づいて、Xの警告を無視して落下地点に戻ったために、石に当たって負傷したという場合は、Xの行為は同罪の実行行為に該当しないので、同罪は成立しないということになる。

過失犯の主観的要素である過失について考える[32]。故意の内実との対比から、

32　目的と解釈75～76頁参照。

過失犯の（ａ）の事実を認識・予見しながら行為に出る意思が過失犯の主観的要素としての過失であると解する。例えば、Ｘが、車道を横断する者が出現しうる状況下で速度を落とすとか前方を注視するとかいった結果回避行為をしないまま自動車を走行させて歩行者Ａに衝突させ負傷させたときは、過失運転致傷罪の（ａ）の事実が存在し又は存在しうることを認識・予見しつつ自動車を走行させる意思が認められ同罪が成立することになる（もとより、故意犯、例えば傷害罪の（ａ）の事実の認識・予見はない）。裁判実務においては予見義務違反の前提となる予見可能性の有無で過失犯の成否についての判断が左右されることが多いものの、重要なのは結果回避行為をしたか否かである。予見可能性はどのような結果回避行為が要求されるかを認定するための一要素に過ぎないと解する。具体的な予見可能性が認められなくても、例えば関係法令により要求されている結果回避行為をせずに危険な行為をおこなって結果を発生させた場合は過失犯の成立が肯定されてしかるべきであり、また、要求されている結果回避行為をして危険が減少している行為をおこない、それにより結果を発生させたときは、予見可能性を認めうる場合であっても過失犯の成立は否定されるべきである。

第３款　心神喪失者の行為（39条１項）

本項の「心神喪失者」とは、文理から、是非善悪を区別する精神作用又は同区別に基づいて行動を制御する精神作用を失っている者をいうと解する。大判昭和６・12・３刑集10・682は、心神喪失とは「精神の障礙に因り事物の理非善悪を弁識するの能力なく又は此の弁識に従て行動する能力なき状態」をいうとしている。この定義は是認できる。

心神喪失者の「行為」とは、本項が各罪の規定に該当する行為についての有責性阻却事由を定めた規定であることから考えて、各罪の実行行為をいうと解する。したがって、原因において自由な行為の問題については、構成要件モデルといわれるものに従い、原因行為が実行行為にあたり同行為開始時に心神喪失状態でなかったときに、行為者の行為は「心神喪失者の行為」にあたらず本項は適用されないことになると解する。最大判昭和26・１・17刑集５・１・20は、被告人が多量に飲酒して病的酩酊に陥り被害者を包丁で刺殺した事案につき、被害者を殺害した所為が心神喪失時の所為であったとしても、被告人は心神喪失の原因となる飲酒を抑止又は制限する等他人に犯罪の害悪を及ぼす危険の発生を未然に防止するよう注意する義務を怠ったのであるなら過失致死の罪責を免れえない旨述べている。同判決は、原因行為にあたる飲酒行為が（傷害罪や殺人罪の実行行為にはあたらないものの）過失致死罪の実行行為にあたるとし、被告人は同行為開始時には心神喪失状態ではなかったと考えて、同罪の成立を肯定できるとしたものと理解できる。同判決の認定に特に問題もないので、同判決は支持できる。

第4款　刑事未成年（41条）

本条は、38条、39条1項とは別に「14歳に満たない者の行為」を一律に不可罰としたものであると解する。「行為」とは、本条が各罪の規定に該当する行為についての有責性阻却事由を定めた規定であることから考えて、各罪の実行行為をいうと解する。したがって、実行行為の開始から終了までの間「14歳に満たない者」であれば、結果発生時に14歳に達していても、本条により不可罰となると解する。

第6節　科刑に関する諸規定の解釈

第1款　概　観

ある所為が各罪について定めた規定、共犯について定めた規定に該当し、違法性阻却事由について定めた規定（35条、36条1項、37条1項本文）、有責性阻却事由について定めた規定（38条、39条1項、41条）に該当しないときは犯罪が成立することになり、刑事裁判における当該所為の評価は、科刑の段階に入る。科刑は、成立した犯罪についての規定の法定刑に法定の一定の処理を施して、いい渡しうる刑の範囲、すなわち、処断刑を確定し、その上で情状を考慮して、宣告刑を決定する作業である。処断刑の確定は、科刑上一罪の処理（54条）をした上、刑種を選択し、72条所定の順序に従って、再犯加重（57条）、法律上の減軽（68条）、併合罪（45条）の加重（47条）、酌量減軽（66条、68条、

71条）という具合に刑を加重減軽しておこなう。

本節では、以下、科刑上一罪の規定（54条）と併合罪の規定（45条）について解釈をおこなう。

第２款　科刑上一罪

（１個の行為が２個以上の罪名に触れる場合等の処理）54条

１個の行為が２個以上の罪名に触れ、又は犯罪の手段若しくは結果である行為が他の罪名に触れるときは、その最も重い刑により処断する。

第49条第２項の規定は、前項の場合にも、適用する。

１　１項前段（観念的競合）

「１個の行為が２個以上の罪名に触れ〔…〕るとき」とは、文理から、２個以上の罪が成立し、それらの所為が自然的に観察すると１個の行為でなされているときをいうと解する。科刑上一罪が問題になる段階では、既に法条競合、包括一罪の評価を終え、成立する犯罪の個数が複数であることが確定されていると考えるので、１個の行為とは法条競合、包括一罪として１個の犯罪行為と認められないものをいうと解することになる。最大判昭和49・5・29刑集28・4・114は、被告人が酒に酔って正常な運転ができないおそれがある状態で自動車を運転し、運転中に過失によって人身事故を発生させて人を死亡させた事案につき、54条１項前段の１個の行為とは法的評価を離れ構成要件的観点を捨象した自然的観察の下で行為者の動態が社会的見解上１個のものとの評価を受ける場合をいうと解すべきであり、自動車を運転する行為が通常時間的継続と場所的移動を伴うものであるのに対し、その過程において人身事故を発生させる行為は、運転継続中における一時点一場所における事象であって、自然的観察からするならば、両者は、酒に酔った状態で運転したことが事故を惹起した過失の内容をなすものかどうかに関わりなく、社会的見解上別個のものと評価すべきであって、これを１個のものと見ることはできない旨述べて、酒酔運転の罪とその運転中におこなわれた業務上過失致死罪とは、観念的競合ではなく併合罪の関係にあるとした。酒酔運転の罪の行為が直ちに業務上過失致死傷罪の行為になるというわけではないことを考えると、観念的競合にならないとした同判決は支持できる。これに対し、同一の日時・場所で、無免許で、かつ、酒に酔った状態で自動車を運転した場合は、自然的に観察すると１個の運転行為によって無免許運転罪の所為と酒酔運転罪の所為がなされているといえるから、両罪は観念的競合になると解する（最大判昭和 49・5・29 刑集 28・4・151 参照)。

最大判昭和 51・9・22 刑集 30・8・1640 は、自動車を運転していた被告人が過失により人身事故を起こして被害者に重傷を負わせたのに、救護等をせず逃走した事案につき、道路交通法 72 条１項前段、後段の義務は、いずれも交通事故の際「直ちに」履行されるべきものとされており、運転者等がふたつの義務に違反して逃げ去るなどした場合は、社会生活上、しばしばひき逃げというひとつの社会的出来事として認められるから、この事案のような場合は、前段の不救護罪と後段の不報告罪は観念的競合になる旨述べた。しかし、道路交通法 72 条１項を見ると、前段の不救護罪の義務が「交通事故があつたときは、当該交通事故に係る車両等の運転者その他の乗務員〔…〕は、直ちに車両等の運転を停止して、負傷者を救護し、道路における危険を防止する等必要な措置を講じなければならない」と規定されているのに対し、後段の不報告罪の義務は「この場合において、当該車両等の運転者」は、「警察官が現場にいないときは直ちに最寄りの警察署〔…〕の警察官に当該交通事故が発生した日時及び場所〔…〕当該交通事故について講じた措置を報告しなければならない」と規定されているので、両方に「直ちに」という文言が出てくるからといって各義務に違反する不作為が重なり合っているとはいい難い。端的にいって、救護義務は交通事故があったときは直ちに負傷者に対し果たさなければならないものであるのに対し、報告義務は、その後、速やかに警察官に対し果たせばよいものであると解釈できる。また、社会生活上、「ひき逃げ」というのは人身事故を起こしながら救護せずに走り去ってしまうことをいうのであって、救護した後、警察官に報告しなかったとしても「ひき逃げをした」とはいわない。このように、理由に容認し難い点が多いので、同判決は支持できない。

成立する２個以上の罪の所為が１個の行為でなされているといえれば「1個の行為が２個以上の罪名に触れ」る場合にあたり観念的競合になることから、α 罪の所為が、β 罪の所為、γ 罪の所為とそれぞれ１個の行為でなされているといえるときもこれにあたると解する（かすがい現象の承認）。最決平成21・7・7刑集63・6・507は、児童ポルノであり175条のわいせつ物である物を、不特定又は多数の者に販売して提供するとともに不特定又は多数の者に販売して提供する目的で所持した事案について、175条のわいせつ物販売と同販売目的所持が包括して一罪を構成するところ、その一部であるわいせつ物販売と児童ポルノ提供、同じくわいせつ物販売目的所持と児童ポルノ提供目的所持は、それぞれ観念的競合の関係に立つから、結局全体が一罪になる旨述べている。かすがいにあたる175条の罪が法的な罪数評価による包括一罪であり、全体が、自然的観察上１個の行為でなされているといえるかやや疑問はあるものの、同決定は一応支持できる。

「２個以上の罪名に触れ」とあるものの、これは、前述のように、２個以上の罪が成立することを意味するので、同一の罪名の罪であってもそれが複数成立するときは、「２個以上の罪名に触れ」にあたると解する（大判明治42・3・11刑録15・205参照）。

２　１項後段（牽連犯）

「犯罪の手段若しくは結果である行為が他の罪名に触れるとき」とは、文理から、いずれも成立した、ある犯罪と他の犯罪との間に、〈手段－目的〉の関係又は〈結果－原因〉の関係が認められる場合をいうと解する。このような牽連関係の有無は、その犯罪の一般的な形態として、〈手段－目的〉の関係又は〈結果－原因〉の関係が認められるかによって決定されると解する（最判平成17・4・14刑集59・3・283は、被告人らが、恐喝の手段として被害者を監禁して負傷させ、現金等を喝取した事案につき、恐喝の手段として監禁がおこなわれた場合であっても、両罪は、犯罪の通常の形態として手段又は結果の関係にあるものとは認められず牽連犯の関係にはないと解するのが相当であり、監禁致傷罪と恐喝罪の併合罪になるとした原判決は維持すべきである旨述べている）。

ある犯罪と他の犯罪との間に牽連関係が認められれば牽連犯になるのであるから、α罪とβ罪、γ罪との間にそれぞれ牽連関係があれば、牽連犯となると解する（かすがい現象の承認）。例えば、Xが住居に侵入して、A、B、Cを順次殺害した場合、各殺害につき殺人罪が成立し、各殺人罪がそれぞれ住居侵入罪と牽連犯になる以上、全体を牽連犯として科刑することになる（最決昭和29・5・

27 刑集８・５・741 参照)。

「他の罪名に触れ」とあるものの、これは、前述のように、他の犯罪が成立することを意味するので、同一の罪名の罪であってもそれが複数成立し、牽連関係が認められるときは、「他の罪名に触れ」にあたると解する。

３　「その最も重い刑により処断する」

「その最も重い刑により処断する」とは、文理から、科刑上一罪の関係になる数個の罪の法定刑を比較して、上限、下限ともに最も重いものによって科刑するということであると解する（最判昭和 28・4・14 刑集７・4・850 は、「その最も重い刑により処断する」と定めているのは、その数個の罪名中最も重い刑を定めている法条によって処断するという趣旨とともに他の法条の最下限の刑よりも軽く処断することはできないという趣旨を含む旨述べている)。最も重い罪の規定の刑は懲役のみであるものの、その他の罪の規定が懲役に罰金を併科できるとしている場合、例えば、α罪の法定刑が 10 年以下の懲役、β罪の法定刑が５年以下の懲役若しくは 300 万円以下の罰金又はこれの併科である場合は、最も重い刑の下限はβ罪の罰金を併科しうる１月の懲役であると考えることができるものの、β罪の規定は、５年以下の懲役について罰金を併科できるとしているのであるから、５年を超える懲役を科すときは罰金の併科は許されないと解する。最決平成 19・12・3 刑集 61・9・821 は、このような事案につき、54 条１項の規定の趣旨等に鑑み、最も重い罪の懲役刑にその他の罪の罰金刑を併科することができる旨述べている。同決定は支持できない。

なお、本条２項により没収は併科される。

第３款　併　合　罪

> （併合罪）45 条
>
> 確定裁判を経ていない２個以上の罪を併合罪とする。ある罪について禁錮以上の刑に処する確定裁判があったときは、その罪とその裁判が確定する前に犯した罪とに限り、併合罪とする。

１　前　段

「確定裁判を経ていない２個以上の罪」とは、文理から、科刑上一罪とならないない複数の罪が、いずれも、裁判を受けて、その裁判が同一手続において争うことができない状態（一事不再理効が生じた状態）になっていないことをいうと解する。

２　後　段

「ある罪について禁錮以上の刑に処する確定裁判があったとき」とは、文理から、科刑上一罪とならない複数の罪のうち、ある罪について禁錮以上の刑に処する裁判を受け、その裁判が同一手続において争うことができない状態になったときをいうと解する。

「その罪」とは、禁錮以上の刑に処する確定裁判があった「ある罪」のことである。「その裁判が確定する前に犯した罪」とは、文理から、「ある罪」、すなわち、「その罪」について禁錮以上の刑に処する裁判がなされ、その裁判が同一手続において争うことができない状態になる前に各罪の規定が予定する所為が終了した罪をいうと解する。「裁判が確定する前に」という文言になっている以上、裁判の宣告前をいうと解することはできない（東京高判昭和 28・2・26 高刑判特 38・48 参照）。同時訴追・審判により合理的な科刑をすることが併合罪を認める理由であることを考えると、「犯した罪」は所為が終了した罪の意味であると解するべきであって、実行行為を開始した罪の意味であると解することはできない（最決昭和 35・2・9 刑集 14・1・82 は、継続犯である刀剣不法所持罪は不法所持の終了の時点が犯罪終了時であり、不法所持の継続中に他の犯罪につき確定裁判があっても、その罪と併合罪になることはないとした）。

第７節　刑及びその執行に関する諸規定の解釈

第１款　概　観

刑の種類は９条に定められている通りである。それぞれの刑の内容は、死刑については 11 条、懲役については 12 条、禁錮については 13 条、罰金については 15 条、拘留については 16 条、科料については 17 条、没収については 19 条、197 条の５前段に規定されている。

宣告刑が決定されて宣告され、裁判が確定すると実際に刑を執行する段階に移る。本来は、宣告刑通りの刑の執行がなされるべきであるけれど、未決勾留日数が算入（21条）・法定通算（刑事訴訟法495条）された分は執行されない。また、刑の執行が猶予されたときは、猶予期間が経過すれば刑の全部又は一部が執行されることはなくなる（27条、27条の7）。５条により刑の執行の減軽・免除がされたときもその分の刑は執行されないことになる。刑の時効が完成したときは刑の執行が免除される（31条）。刑の執行がなされても仮釈放（28条）となり取り消されることなく残刑期間が経過したとき、仮出場（30条）となったときは、残刑の執行は免除される。他に、恩赦により有罪のいい渡しが失効したり、刑・刑の執行の減軽、刑の執行の免除がなされたときも全部又は一部の刑が執行されないことになる（恩赦法３条、５条、７条、８条）。

本節では、以下、没収の基本規定である19条と執行猶予の基本規定である25条の解釈をおこなう。

第２款　没収の基本規定（19条）

（没収）19条
次に掲げる物は、没収することができる。
１　犯罪行為を組成した物
２　犯罪行為の用に供し、又は供しようとした物
３　犯罪行為によって生じ、若しくはこれによって得た物又は犯罪行為の報酬として得た物
４　前号に掲げる物の対価として得た物
没収は、犯人以外の者に属しない物に限り、これをすることができる。ただし、犯人以外の者に属する物であっても、犯罪の後にその者が情を知って取得したものであるときは、これを没収することができる。

（1）１　項

「次に掲げる物」とは、文理から、各号に掲げられた有体物をいうと解する。債権や財産上の利益は没収の対象物にならない（最決昭和55・12・22刑集34・7・747は、197条の5の没収に関し、ゴルフ倶楽部会員権は債権的法律関係であって没収できないとした）。

物の形状に多少の変更を加えても没収対象物であることに変わりはない（大

判大正6・3・2刑録23・139は、賄賂の目的物である反物で作った単衣は同一性を失っていないので没収できるとする)。もっとも、付合・混和・加工により分離が困難になったときは（民法243条乃至248条参照)、没収することができなくなったとして19条の2により価額を追徴するべきであると解する（大判大正6・6・28刑録23・737は、賄賂として収受した反物を着物の表とした場合は加工により別個の衣類に変更されたので、没収できないとする)。没収対象物を売却して得た金銭については、4号に3号物件の対価として得た物が没収対象物になると規定されていることから、4号の「前号に掲げる物の対価として得た物」にあたる限りで没収できると解する（最判昭和23・11・18刑集2・12・1597は、盗品は犯罪取得物件に該当するものの犯人以外の者に属せざるときという条件を具備しないから現実にはほとんど没収できないものの、これを売却して得た代金は、対価物件として没収できるとする)。したがって、1・2号の物件を売却して得た金銭は没収できない。両替によって得た金銭についても、同様に、3号物件、4号物件にあたる限りで没収できると解する。もっとも、刑事訴訟法122条による押収物売却の代価については、法が換価処分につき定めている以上、押収物に代えて代価を没収できると解する（最決昭和25・10・26刑集4・10・2170は、同条による1号物件の換価代金は、法律上は被換価物そのものであるから没収できるとする)。

「犯罪行為を組成した物」(1号）とは、文理から、各罪の規定が予定する所為に不可欠のものとして定めている物をいうと解する（大判明治44・2・16刑録17・83は、法律上犯罪行為の構成要素となるべき物件をいうとする)。例えば、偽造私文書行使罪における偽造私文書がこれにあたる（大判明治43・11・22刑録16・2110参照)。賭博罪における賭金も同様である（大判大正3・4・21刑録20・596参照)。

「犯罪行為の用に供し、又は供しようとした物」(2号）とは、文理から、各罪の規定が予定する実行行為を容易化又は促進するのに用いうる物で、現に、そのように用いられるか、用いられようとした物をいうと解する。例えば、強盗を実行する際に脅迫に使用したナイフは「用に供し〔…〕た物」にあたるのに対し、その際に履いていた靴はこれにあたらない（名古屋高判昭和30・7・14高刑集8・6・805は、犯罪供用物件にあたるためには犯人が犯行の用に供する意思をもって直接犯行の用に供するか供しようとした物件であることが必要であり、被害者を足蹴にしたときにたまたま履いていた靴はこれにあたらないとする)。

「犯罪行為によって生じ〔…〕た物」(3号）とは、文理から、各罪の規定が予定する所為によって直接生じた物をいうと解する。例えば、通貨偽造罪における偽造通貨がこれにあたる（大判明治42・4・19刑録15・458参照)。

「これによって得た物」(3号）とは、文理から、各罪の規定が予定する所為によって直接得た物をいうと解する。例えば、公務員が金融の利益を賄賂とする趣旨で現金の貸与を受けた場合、同現金は「これによって得た物」として没収できる（最決昭和33・2・27刑集12・2・342参照)。

「犯罪行為の報酬として得た物」とは、文理から、各罪の規定が予定する所為をすること又はしたことの対価として他人から供与された物をいうと解する。例えば、売春防止法違反の罪がそこで犯されることを知りながら建物を提供した対価として受け取った家賃がこれにあたる（最決昭和40・5・20判時414・47参照)。

「前号に掲げる物の対価として得た物」(4号）とは、文理から、3号に掲げた物件を他人に譲渡したことの対価として得た物をいうと解する。例えば、窃取した財物を売却して得た代金がこれにあたる。

（2）2　項

「犯人」とは、文理から、1項の1号乃至3号に掲げられた「犯罪行為」の正犯・共犯をいうと解する（大判明治44・2・13刑録17・75参照)。犯人以外の者に「属しない」物とは、文理から、それを排他的に支配する権利が犯人以外の者に属していない物をいうと解する。犯人以外の者がその物に対し単に債権を有しているに過ぎない場合は、これにあたる（最判昭和40・6・29刑集19・4・490参照)。所有者が返還請求権を放棄した物も、これにあたる（最判昭和24・5・28刑集3・6・878参照)。大判明治41・12・21刑録14・1136は、偽造印や偽造委任状は法律が製作・所持を禁じ何人の所有にも帰属すべからざるものとして没収できる旨述べているけれど、偽造印であるから所有権を有しえないとはいえないから、直ちに「犯人以外の者に属しない物」にあたるとすることはできないと解する。

「犯人以外の者に属する物であっても、犯罪の後にその者が情を知って取得したものであるとき」とは、文理から、各犯罪の所為が終了した後に、犯人以外の者が、その物が没収されうるものであることを知りながら、排他的に支配できる権利を得た場合をいうと解する。したがって、Xが、犯罪の実行に着手する前に、Yから報酬として現金を受け取ってこれを情を知っているZに譲渡し、その後で犯罪を実行した場合は、Zの譲り受けた現金は没収できないので、Xに対し同額を追徴することになると解する。

第３款　執行猶予の基本規定（25条）

（刑の全部の執行猶予）25条
　次に掲げる者が３年以下の懲役若しくは禁錮又は50万円以下の罰金の言渡しを受けたときは、情状により、裁判が確定した日から１年以上５年以下の期間、その刑の全部の執行を猶予することができる。
１　前に禁錮以上の刑に処せられたことがない者
２　前に禁錮以上の刑に処せられたことがあっても、その執行を終わった日又はその執行の免除を得た日から５年以内に禁錮以上の刑に処せられたことがない者
　前に禁錮以上の刑に処せられたことがあってもその刑の全部の執行を猶予された者が１年以下の懲役又は禁錮の言渡しを受け、情状に特に酌量すべきものがあるときも、前項と同様とする。ただし、次条第１項の規定により保護観察に付せられ、その期間内に更に罪を犯した者については、この限りでない。

「前に禁錮以上の刑に処せられたことがない者」（1号）とは、本条の他の文言と対比して、今回の刑をいい渡す裁判以前に、①禁錮以上の刑に処する旨の裁判を受けていない者、②禁錮以上の刑に処する裁判を受けたものの同裁判が確定していない者、③禁錮以上の刑に処する裁判を受け、同裁判は確定しているものの、同裁判で刑の全部の執行が猶予された者をいうと解する。すなわち、「前に禁錮以上の刑に処せられたことのない者」にあたらないのは、禁錮以上の刑に処し刑の全部の執行を猶予しない裁判を受け、同裁判が確定している者ということになる。

①②については特に問題はない。第１審判決で禁錮以上の刑に処せられたのに控訴審判決で無罪になったとか刑が罰金に変更された者は、「前に禁錮以上の刑に処せられたことがない者」にあたる（最判昭和31・4・13刑集10・4・

567は、前に禁錮以上の刑に処せられたことなき者とは、現に審判すべき犯罪につき刑のいい渡しをする以前に他の罪につき確定判決により禁錮以上の刑に処せられたことのない者を指し、既に刑に処せられた罪が現に審判すべき犯罪の前に犯されたと後に犯されたとを問わない旨の原審の判断は正当であるとした)。

③について考える。今回の刑をいい渡す裁判以前に執行猶予期間が経過していれば刑のいい渡しが失効するので（27条）、「前に禁錮以上の刑に処せられたことがない者」にあたることになる。問題なのは、執行猶予期間が経過していないときである。1項2号に「前に禁錮以上の刑に処せられたことがあっても、その執行を終わった日又はその執行の免除を得た日から」とあることを考えると、1号の「前に禁錮以上の刑に処せられたことがない者」には刑の執行がされていない者が含まれると解してよいように思う。ただ、2項には「前に禁錮以上の刑に処せられたことがあってもその刑の全部の執行を猶予された者が」という文言があるので、刑の全部の執行を猶予された者は1項1号の「前に禁錮以上の刑に処せられたことがない者」にはあたらないと解するべきではないかという疑問が生じる。しかし、2項を、執行猶予中である被告人にさらに執行猶予の裁判をいい渡すためには1年以下の懲役又は禁錮のいい渡しを受けたこと、情状に特に酌量すべきものがあること、保護観察期間内に罪を犯した者でなかったことといった加重要件を充たすことが必要である旨を規定したものと解すれば、執行猶予中の者は「前に禁錮以上の刑に処せられたことがない者」にあたるものの、猶予期間中の裁判で刑の執行を猶予するには2項の要件を充たすことが必要になるという解釈が可能である。最大判昭和28・6・10刑集7・6・1404は、併合罪である数罪が前後して起訴され裁判されるために、前の判決で執行猶予がいい渡されていて、後の判決でも執行猶予にするべき情状があるにもかかわらず、後の判決では執行猶予を付せないという解釈では、両罪が同時審判されていたら一括して執行猶予がいい渡されたであろう場合と均衡を失するので、かかる不合理な結果を生ずる場合に限り、1項の「刑に処せられた」とは実刑をいい渡された場合を指すものと解するを相当とする旨述べている。私見のような解釈によれば、不合理な結果を生ずる場合に限りといった複雑な解釈をすることは不要になる。なお、最大判昭和31・5・30刑集10・5・760は、確定裁判のあったときの余罪は起訴手続上の都

合等によってたまたま別個に審判されるに過ぎず、裁判を経た罪と裁判を経ない余罪との間に刑の執行猶予の条件を別意にすべき合理的な理由は認められないので、25 条 2 項は、猶予の期間内にさらに罪を犯した場合に執行猶予をいい渡すときの条件のみを規定したものであって、余罪について刑の執行猶予ができるかどうかは 25 条 1 項の定める条件を充たすかどうかによって定まるものと解するのが相当である旨述べている。

「前に禁錮以上の刑に処せられたことがあってもその刑の全部の執行を猶予された者」（2 項）とは、文理から、前に禁錮以上の刑に処し、刑の全部の執行を猶予する裁判を受けて、同裁判が確定し、現在、執行猶予期間中である者をいうと解する。執行猶予期間内に罪を犯した者かどうかは関係がないし、また猶予期間が経過している者は、刑のいい渡しが失効する以上、「前に禁錮以上の刑に処せられたことがあっても」にあたらないと解する（福岡高判昭和 29・3・23 高刑集 7・2・202 参照）。

第３章

２編（罪）の諸規定の解釈

第１節　２章 -4 章の諸規定の解釈

第１款　２章：内乱に関する罪（77 条 -80 条）

１　概　観

本章には、内乱に関する罪として、内乱の要件を定めた基本規定の他に、付和随行者を除いた未遂犯、予備又は陰謀をした者、内乱又は内乱の予備・陰謀を幇助した者をも処罰する規定が置かれている。さらに、自首による刑免除規定も置かれている。こうしたことから、内乱が重大犯罪と評価され、その発生をできるだけ防ごうとする立法者の意思を推知することができる。翻って、そのような重大犯罪についての規定であるが故に、厳格解釈の要請に応えられない解釈がなされやすい領域ともいえる。

２　（内乱）77 条

国の統治機構を破壊し、又はその領土において国権を排除して権力を行使し、その他憲法の定める統治の基本秩序を壊乱することを目的として暴動をした者は、内乱の罪とし、次の区別に従って処断する。

１　首謀者は、死刑又は無期禁錮に処する。

２　謀議に参与し、又は群衆を指揮した者は無期又は３年以上の禁錮に処し、その他諸般の職務に従事した者は１年以上 10 年以下の禁錮に処する。

３　付和随行し、その他単に暴動に参加した者は、３年以下の禁錮に処する。

前項の罪の未遂は、罰する。ただし、同項第３号に規定する者については、この限りでない。

「国の統治機構を破壊し、又はその領土において国権を排除して権力を行使し、その他憲法の定める統治の基本秩序を壊乱することを目的として」とは、文理から、暴動により現行憲法の定める統治の基本秩序の全部又は一部を破壊することを目的としてということであると解する。したがって、憲法の定める統治の基本秩序の壊乱の例示である「国の統治機構を破壊し」は、例えば、憲法の定める議会制度や内閣制度を破壊することを意味するのであって、個々の内閣を打倒するといったことはこれにあたらないということになる。同じく「その領土において国権を排除して権力を行使し」は、例えば、日本国の領土の一部を占拠して独立国にすることを意味する。また、「目的として暴動をした」とある以上、当該暴動により憲法の定める統治の基本秩序を壊乱する目的でなければ「目的」にはあたらないと解する。当該暴動を縁由として起こる新たな暴動により壊乱しようとする目的は「目的」にあたらない（大判昭和 10・10・24 刑集 14・1267 参照）。

「暴動をした」とは、１項１号乃至３号に首謀者等が掲げられていることや１項所定の目的でなされるものであることから考えて、多数の者が結合して、一地方の平穏を害する程度の暴行（不法な有形力の行使）又は脅迫（危害を加える旨の告知）をしたことをいうと解する。例えば、群衆のうち数名が自動車を破壊した段階で制圧された場合は、「暴動をした」とはいえないので、本罪は未遂に止まるということになると考える。

３　（予備及び陰謀）78 条

内乱の予備又は陰謀をした者は、１年以上 10 年以下の禁錮に処する。

文理から、「内乱の予備」とは内乱を計画してその具体的実行に必要な準備をすることをいい、「内乱の〔…〕陰謀」とは二人以上の者が内乱を具体的に計画して合意することをいうと解する。抽象的にいつか来る内乱のときに備えて準備をするとか計画するとかいった程度では本条の「予備」・「陰謀」にはあたらない。「前条の罪を犯す目的で」といった文言がないことから、他人の内乱罪実行につき準備・合意をすることも本条の「予備」・「陰謀」にあたると解する。

４　（内乱等幇助）79 条

兵器、資金若しくは食糧を供給し、又はその他の行為により、前二条の罪を幇助した者は、７年以下の禁錮に処する。

「その他の行為」とは、文理から、兵器・資金・食糧の供給以外のもので、これに準じる行為をいうと解する。例えば、兵器等の隠匿場所の提供や重要な情報の提供がこれにあたると考える。「幇助した」とは、文理から、兵器・資金・食糧の供給又は「その他の行為」をして「前二条の罪」を実行させたことをいうと解する。例えば、内乱実行を計画している者が供給された兵器等を受領すれば、供給者は 78 条の罪を幇助したということになる。

５　（自首による刑の免除）80 条

前二条の罪を犯した者であっても、暴動に至る前に自首したときは、その刑を免除する。

「暴動に至る前」とは、文理から、77 条１項の暴動を開始する前をいうと解する。同暴動を開始する直前であっても、暴動自体が開始されていない段階であれば「暴動に至る前」にあたると解する。

第２款　３章：外患に関する罪（81 条 -89 条）

１　概　観

本章には、外患に関する罪として、外患誘致罪、外患援助罪の規定の他に、未遂処罰規定、予備・陰謀の処罰規定が置かれている。内乱に関する罪に比して法定刑は重く、自首による刑免除規定も置かれていない。こうしたことから、外患に関する罪は、内乱に関する罪を上回る重大犯罪であり、厳しく対応すべきものであるとする立法者の意思を推知することができる。外患に関する罪の規定も厳格解釈の要請に応えられない解釈がなされやすい領域といえる。

２　（外患誘致）81 条

外国と通謀して日本国に対し武力を行使させた者は、死刑に処する。

「外国」とは、文理から、日本国以外の国の武力行使をなす権限のある機関をいうと解する。例えば、武力行使をなす権限のない裁判官と通謀しても「外国と通謀」したとはいえない。国家として事実上存立しているものの武力行使をなす権限のある機関であれば「外国」にあたる。国際法上国家として承認されているものの機関であるか否かは問わない。「通謀」とは、文理から、武力行使に寄与する事項につき意思を通じることであると解する。武力行使に関係のない情報を伝えただけでは「通謀」したとはいえない。「日本国に対し武力を行使させた」とは、文理から、通謀に基づき、外国の軍事力によって日本国の安全を侵害させたことをいうと解する。

３　（外患援助）82条

日本国に対して外国から武力の行使があったときに、これに加担して、その軍務に服し、その他これに軍事上の利益を与えた者は、死刑又は無期若しくは２年以上の懲役に処する。

「日本国に対して外国から武力の行使があったとき」とは、文理から、外国の軍事力によって日本国の安全が侵害されたときをいうと解する。「これに加担して」とは、文理から、武力を行使している外国に協力して利益になるようにしてということであると解する。「その軍務に服し」とは、文理から、当該外国の軍隊の軍令に従って活動（戦闘に限らない）することをいうと解する。「その他これに軍事上の利益を与えた」とは、文理から、武力行使に寄与する利益を与えたことをいうと解する。武器弾薬の供給・運搬はもとより軍事情報の提供もこれにあたる。

４　（未遂罪）87条

第81条及び第82条の罪の未遂は、罰する。

81条の罪の実行の着手は、実行行為を開始して切迫した危険を発生させたときに実行の着手が認められると考えることから、通謀による武力行使が開始直前の状態になったときに認められると解する[33]。通謀をしただけの段階では、88条の予備・陰謀罪が成立することはあっても、外患誘致未遂罪は成立しな

33　実行の着手の一般的意義については、目的と解釈29～30頁を参照。

いと解する。

5　（予備及び陰謀）88条

> 第81条又は第82条の罪の予備又は陰謀をした者は、1年以上10年以下の懲役に処する。

文理から、81条、82条の罪の「予備」とはこれらの罪の具体的実行に必要な準備をすることをいい、同じく「陰謀」とは二人以上の者がこれらの罪を具体的に計画して合意することをいうと解する。「第81条又は第82条の罪を犯す目的で」といった文言がないことから、他人の犯罪実行につき準備・合意をすることも本条の「予備」・「陰謀」にあたると解する。

第３款　４章：国交に関する罪（90条－94条）

1　概　観

本章には、国交に関する罪として、外国国章損壊等罪、私戦予備・陰謀罪、中立命令違反罪の規定が設けられている（90条、91条は削除）。「国交に関する罪」という本章の題名から考えて、これらの規定は日本国の外交上の利益を害する所為を処罰するために設けられたものであると解する。法定刑は比較的軽いものの、なお厳格解釈の要請に反する解釈がなされがちな領域であるとはいえる。

2　（外国国章損壊等）92条

> 外国に対して侮辱を加える目的で、その国の国旗その他の国章を損壊し、除去し、又は汚損した者は、２年以下の懲役又は20万円以下の罰金に処する。
> 前項の罪は、外国政府の請求がなければ公訴を提起することができない。

「外国」とは、文理から、日本国以外の国で、日本国と少なくとも事実上の交流のあるものをいうと解する。未承認国や正式の外交関係を結んでいない国でも「外国」にあたるものの、本条２項で「外国政府の請求」がなければ公訴提起ができないとしていることから考えて、政府といえるような機関を有しない組織やおよそ日本国と交渉のない国はこれにあたらないと解する。「外国に対して侮辱を加える目的」とは、文理から、国章を損壊・除去・汚損することによってその外国の権威を損なう目的をいうと解する。「その国の国旗その他の国章」とは、文理から、当該外国を象徴する旗その他の物件で、そのようなものとして製造され使用されているものをいうと解する。例えば、外国のサッカーチームを応援するために用いられている国旗様の旗は「国旗」にはあたらず、外国の大使館が掲揚するために保管している国旗は掲揚前であっても「国旗」にあたると解する。

文理から、「損壊」とは国章自体を破壊して外国の権威表徴の効用を害することをいい、「除去」とは国章自体を破壊することなく目に触れないようにして外国の権威表徴の効用を害することをいい、「汚損」とは国章に物を付着させて外国の権威表徴の効用を害することをいうと解する。最決昭和40・4・16刑集19・3・143は、「除去」とは遮蔽により国章が現に存在する場所において果たしている外国の威信尊厳表徴の効用を滅失又は減少させることをいう旨述べて、外国の領事館の出入口上部に掲げられた国章を刻した額をベニヤ板製の看板を掲げて遮蔽した所為につき本罪の成立を肯定している。この解釈自体は支持できないではないものの、遮蔽が「除去」にあたるためには場所的移動による除去と同程度に回復困難な状態にすることが必要であると考えるので、看板による遮蔽が「除去」にあたるためには、国章に接着させて簡単にははずせない状態にすることが必要であると考える。

3　（私戦予備及び陰謀）93条

> 外国に対して私的に戦闘行為をする目的で、その予備又は陰謀をした者は、3月以上5年以下の禁錮に処する。ただし、自首した者は、その刑を免除する。

「私的に戦闘行為をする目的」とは、文理から、日本国の国権の発動によらずに武力を行使することをいうと解する。文理から、「その予備」とは私戦の具体的実行に必要な準備をすることをいい、「その〔…〕陰謀」とは二人以上の者が私戦の具体的実行を計画して合意することをいうと解する。「私的に戦闘行為をする目的で、その」という文言がある以上、「予備」・「陰謀」は自ら私戦を実行するための予備・陰謀に限られると解する。

４　（中立命令違反）94 条

外国が交戦している際に、局外中立に関する命令に違反した者は、３年以下の禁錮又は 50 万円以下の罰金に処する。

「外国が交戦している際」とは、文理から、複数の外国の間で現に戦争がなされている際をいうと解する。「局外中立に関する命令」とは、文理から、日本国が、外国間の戦争に介入せず、交戦中の外国のいずれにも加担しないことを宣言し、日本国内にいる者に交戦中の外国のいずれの側にも便益を与えることを禁じて発する命令をいうと解する。どのような「違反」が処罰されるのかは命令の内容によって決定されるので、本条は白地刑罰法規と呼ばれるものに該当する。憲法 73 条６号が「特にその法律の委任がある場合」に限って政令に罰則を設けることができるとしていることを考えて、本条の「命令」も法律による委任があることを要すると解する。

第２節　5 章 -7 章の諸規定の解釈

第１款　5 章：公務の執行を妨害する罪（95 条 -96 条の 6）

１　概　観

本章には、公務の執行を妨害する罪が規定されているところ、95 条の罪と 96 条乃至 96 条の 6 の罪とでは性格を異にする。95 条が、公務一般に関し、公務員に対し暴行・脅迫を加える所為を処罰する規定であるのに対し、96 条乃至 96 条の 6 は、公務員のなす強制処分等に関し、その適正乃至公正を害する所為を処罰する規定である。後者の諸規定は、強制執行を免れようとする行為に対処するために近年相当な改正がなされており、解釈も困難化している。

２　（公務執行妨害及び職務強要）95 条

公務員が職務を執行するに当たり、これに対して暴行又は脅迫を加えた者は、３年以下の懲役若しくは禁錮又は 50 万円以下の罰金に処する。

公務員に、ある処分をさせ、若しくはさせないため、又はその職を辞させるために、暴行又は脅迫を加えた者も、前項と同様とする。

(1) 1　項

「公務員」については７条１項に定義規定がある。

「職務」とは、文理から、公務員が法令により公務として取り扱う事務をいうと解する（最判昭和53・6・29刑集32・4・816は、本罪の「職務」には広く公務員が取り扱う各種各様の事務の全てが含まれるとする）。「職務を執行するに当たり」とは、文理から、職務として具体的な行為（職務行為）をなすに際してということであると解する（最判昭和45・12・22刑集24・13・1812は、職務行為は、具体的・個別的に特定された職務の執行を開始してからこれを終了するまでの時間的範囲内の行為、及び、当該職務の執行と時間的に接着しこれと切り離しえない一体関係にあると見ることができる範囲内の行為に限定される旨述べている）。継続して同一の職務行為を執行していると見られる場合は、中断や休憩が入っても、職務執行は継続しているということになる（最決平成元・3・10刑集43・3・188参照）。

職務執行は適法なものでなければならないところ、公務員の抽象的職務権限に属するものであれば直ちに適法な職務執行であるといえるか。大判昭和７・３・24刑集11・296は、公務員はその抽象的職務権限に属する事項については具体的事実の存否や法規の解釈適用を決定する権能を有するが故に、職務執行の原因たるべき具体的事実を誤認したり法規の解釈を誤って適用すべからざる法規を適用したとしても、一応適法な職務執行と認められる旨述べている。しかし、適法性が問題になるのは、具体的な職務執行についてであるから、それが公務員の抽象的職務権限内のものであっても、執行に際して遵守すべき法令に違反しているなら適法性に欠けることになるはずである。また、公務執行妨害罪の成否に関して職務執行の適法性を判断するのは裁判所であって、公務員に抽象的職務権限に属する事項について法規を解釈適用する権能があることは適法性の判断に影響を及ぼすものではない。このようなことから、職務執行が適法であるためには、それが抽象的職務権限内のものであるのみならず当該職務執行に際して遵守すべき法令に従っていることを要すると解する。東京高判昭和34・4・30高刑集12・5・486は、警察官が逮捕状の緊急執行に際して被疑事実の要旨を告げなかった事案につき、被疑事実の要旨を告げることは基本的人権と重大な関係を有し緊急執行手続上欠くことのできない重要な方式であり、また、警察官が逮捕手続を誤解して本件逮捕を適法と信じたとしても、職務行為が適法要件を備えているか否かは客観的見地から判断すべきものであるから、本件逮捕手続は不適法であって公務員の職務の執行に該当しない旨述べている。同判決は支持できる。

職務執行が適法か否かの判断は、客観的な違法性の判断であるから、本罪の成否を判断する裁判所が行為時の事情を基礎に客観的になすべきである。最決昭和41・4・14判時449・64は、ＸとＹが、現行犯人として逮捕しようとする警察官に暴行を加え、後にＹは現行犯逮捕の基礎となった事実について無罪となった事案につき、適法性は「行為当時の状況に基づいて客観的合理的に判断されるべき」であり、その当時の状況としてはＹの挙動は客観的に見て「現行犯人と認められる十分な理由があるものと認められるから、右両巡査がＹを逮捕しようとした職務執行は適法である」とした原判決の判断は相当であるとしている。刑事訴訟法212条１項によれば、現行犯人は、「現に罪を行い、又は現に罪を行い終つた者」であって、Ｙは、このような者と認められる者ではないから、Ｙが現行犯人にあたることを理由に、逮捕しようとする行為が適法であるとするのは無理である。もっとも、同条２項の準現行犯の要件を充たせばＹは現行犯人とみなされるから結局本件逮捕行為は適法であったということになる（おそらく同項２号の「兇器その他の物を所持しているとき」にあたるか否かを検討することになろう）。なお、大阪地判昭和47・9・6判タ306・298は、被告人が、傷害の準現行犯として警察官らに逮捕される際に、何の説明もなく立ち向かってくる巡査の職務行為を違法と考えて抵抗した事案につき、本件における職務行為の適法性についての錯誤は事実の錯誤にあたり、被告人は本罪の犯意を欠いていた旨述べているところ、警察官らが何の説明もなく被告人を連行しようとしたのなら、そもそも適法な準現行犯逮捕とはいえず、客観的に「職務を執行するに当たり」に該当しないように思う。

「これに対して暴行又は脅迫を加えた」とは、文理から、職務執行をする者に対し、円滑な執行を妨げるに足りる、不法な有形力の行使又は危害を加える旨の告知をしたことをいうと解する。公務員の指揮に従って職務執行に関与する補助者に対し暴行・脅迫を加えた場合もこれにあたる（最判昭和41・3・24刑集20・3・129）。これに対し、物を破壊する所為は、それが職務執行をする者に対する暴行・脅迫と評価できるものでない限り、「これに対して暴行又は脅迫を加えた」にはあたらないと解する。最決昭和 34・8・27 刑集 13・10・2769 は、巡査が差し押さえた覚醒剤注射液のアンプルを踏みつけて損壊した行為が間接暴行として本罪の暴行にあたる旨判示しているけれど、支持できない。

（2）2　項

「ある処分」には、公務員の職務権限内の処分のほか職務に関しなしうる処分が含まれるか。文言としては「ある処分」としか記されていず、行為者が職務と関係のある事実上なしうる処分を強要した場合に本罪の成立を否定すべき理由もない。「ある処分」には職務に関しなしうる処分が含まれると解する（最判昭和 28・1・22 刑集 7・1・8 参照）。

処分は適法なものでなければならない。ただし、当該処分が関係法令に従ってなされている場合は、処分は一応適法と考えられ、問題のあるときは不服申立の手続により是正を図るべきであるから、例えば、課税方法が不当である場合は税法所定の審査訴願等によって是正すべきであって、課税処分を変更させるべく税務署長を脅迫すれば本罪が成立することになる（最判昭和 25・3・28 刑集 4・3・425 参照）。

「その職を辞させ」とは、文理から、当該公務員自らに辞職させることをいうと解する。もっとも、部下の公務員を辞職させるべく暴行・脅迫を加えた場合は、「ある処分をさせ」るために暴行・脅迫を加えたものとして本罪が成立することになると思う。

「ある処分をさせ、若しくはさせないため、又はその職を辞させるために」とは、文理から、このようなことをさせ・させないという目的でということであると解する。「暴行又は脅迫を加えた」とは、冒頭に「公務員に」とあることから、処分をさせ・させない又は辞職をさせる公務員に対し、公務員の意思に影響力を及ぼして目的を達成するのに足りる不法な有形力の行使又は危害を加える旨の告知をしたことをいうと解する。

3　（封印等破棄）96 条

公務員が施した封印若しくは差押えの表示を損壊し、又はその他の方法によりその封印若しくは差押えの表示に係る命令若しくは処分を無効にした者は、３

年以下の懲役若しくは250万円以下の罰金に処し、又はこれを併科する。

文理から、「公務員が施した封印」とは、物に対する任意の処分を禁止するために、開披その他現状の変更を禁止する意思を表示して、その外装に、公務員によって、その職務上、施された封緘その他の物的設備をいい、「公務員が施した〔…〕差押えの表示」とは、公務員が、その職務上、保全すべき物を自己の占有に移す強制処分（差押え）をしたことを明白にするものをいうと解する。

封印・差押えの表示は適法なものでなければならない。ただし、封印・差押えの表示が関係法令に従って施されているときは一応適法なものといえ、問題のあるときは不服申立の手続により是正を図るべきであって、本条のような方法で無効化することは許されないと考える。最決昭和42・12・19刑集21・10・1407は、仮処分執行の際に執行吏代理が被告人の占有する家屋を債務者の占有するものと誤解して執行吏の占有保管に移した事案につき、執行吏代理に故意に第三者の権利を侵害する目的があったとは認められず、その執行の瑕疵が重大かつ明白で執行そのものが無効あるいは不存在と認められる場合でもなかったことから、執行方法の異議又は第三者異議の訴えによってその取消を求めない限り、家屋に入居することは許されなくなり、被告人が取消を得ないうちに家屋に入居したことは封印破棄罪にあたるとしている。

「損壊し〔…〕無効にした」とは、文理から、有形力により封印・差押えの表示の効力を事実上失わせて、命令・処分の効力を滅失又は減殺したことをいうと解する。剥がして移動させるのも「損壊」にあたりうる（大判大正3・11・17刑録20・2142参照）。「その他の方法」とは、文理から、封印・差押えの表示を損壊せずに、命令・処分の効力を滅失又は減殺する行為をすることをいうと解する。例えば、仮処分の執行を受けた建物を改装し第三者に賃貸する行為がこれにあたる（最判昭和31・4・13刑集10・4・554参照）。

4　（強制執行妨害目的財産損壊等）96条の2

強制執行を妨害する目的で、次の各号のいずれかに該当する行為をした者は、３年以下の懲役若しくは250万円以下の罰金に処し、又はこれを併科する。情を知って、第３号に規定する譲渡又は権利の設定の相手方となった者も、同様とする。
１　強制執行を受け、若しくは受けるべき財産を隠匿し、損壊し、若しくはその譲渡を仮装し、又は債務の負担を仮装する行為
２　強制執行を受け、又は受けるべき財産について、その現状を改変して、価格を減損し、又は強制執行の費用を増大させる行為
３　金銭執行を受けるべき財産について、無償その他の不利益な条件で、譲渡をし、又は権利の設定をする行為

（1）目　的

「強制執行を妨害する目的で」とは、文理から、一時的であっても、具体的な強制執行の進行に支障を生じさせる目的をもってということであると解する。最判昭和35・6・24刑集14・8・1103は、当時の96条の２の「強制執行ヲ免ルル目的」について、「その目的たるや、単に犯人の主観的認識若しくは意図だけでは足らず、客観的に、その目的実現の可能性の存することが必要であって、同条の罪の成立するがためには現実に強制執行を受けるおそれのある客観的な状況の下において、強制執行を免れる目的をもって同条所定の行為を為すことを要するものと解すべきである。そして、いかなる場合に強制執行を受けるおそれありとみとめるべきかは具体的な事案について個々に決するの外はないのであるが、本件のように、何らの執行名義も存在せず単に債権者がその債権の履行請求の訴訟を提起したというだけの事実をもっては足らず、かくのごとき場合に本条の罪の成立を肯定するがためには、かならず、刑事訴訟の審理過程において、その基本たる債権の存在が肯定されなければならないものと解すべきである」と述べている。およそ強制執行を受ける可能性がない場合は本条の目的があるとはいえず、具体的な債権に基づく強制執行がなされる可能性のあることが必要であると思う。具体的な債権債務が存在しても、順調に債務が履行されうるような場合は強制執行がなされる可能性はないといってよい。

（2）各号の所為

文理から、１号の「隠匿し」とは、財産の発見を不可能又は困難にすることをいい、「損壊し」とは、有形力を用いて財産の価値を消滅又は減少させるこ

とをいい、「その譲渡を仮装し」とは、財産を譲渡する意思がないのに相手方と通謀して譲渡したかのように装うことをいい、「債務の負担を仮装する」とは、真実は債務がないのにあるように装うことをいうと解する。また、２号の「その現状を改変して、価格を減損し、又は強制執行の費用を増大させる行為」とは、文理から、財産の現状に改変を加えて、価格を低下させるか、現状回復費用等を支出させて強制執行により目的を達成するために余計な費用を支出しなければならないようにすることをいうと解する。３号の「金銭執行」は、金銭債権の強制執行を意味する。「無償その他の不利益な条件で」譲渡又は権利の設定をした場合、情を知っていた相手方も処罰されるとされていることから考えて、相手方が情を知らないときでも、譲渡又は権利の設定をした者は処罰されると解する。

５　（強制執行行為妨害等）96条の３

　偽計又は威力を用いて、立入り、占有者の確認その他の強制執行の行為を妨害した者は、３年以下の懲役若しくは250万円以下の罰金に処し、又はこれを併科する。
　強制執行の申立てをさせず又はその申立てを取り下げさせる目的で、申立権者又はその代理人に対して暴行又は脅迫を加えた者も、前項と同様とする。

（1）１　項

　文理から、「偽計」とは、人の判断を誤らせる術策をいい、「威力」とは、人の意思を制圧する力をいうと解する。「立入り、占有者の確認」が例示されていることから、本項の「強制執行の行為を妨害した」とは、強制執行の現場において執行官が強制執行としてなす行為の進行に支障を生じさせることをいうと解する。

（2）２　項

「申立権者」とは、文理から、強制執行の申立又はその取下げにつき権限を有する者をいうと解する。もっとも、「その代理人」という文言があるので代理人は「申立権者」から除かれる。法人を申立人とする申立の場合は、法人の代表者がこれにあたることになる。法人自体が「申立権者」に含まれるとする解釈は、法人自体に対して暴行・脅迫を加えるということが考えられない以上、無理がある。「その代理人」とは、文理から、強制執行の申立又はその取下げについての代理権を有する者をいうと解する。任意代理人か法定代理人かは問わない。また、復代理人であってもよい。

6　（強制執行関係売却妨害）96条の4

> 偽計又は威力を用いて、強制執行において行われ、又は行われるべき売却の公正を害すべき行為をした者は、３年以下の懲役若しくは250万円以下の罰金に処し、又はこれを併科する。

「偽計」、「威力」の意義は、96条の３の同一文言のそれと同様である。

「強制執行において行われ、又は行われるべき売却の公正を害すべき行為」とは、文理から、このような売却（例えば、民事執行法64条２項の入札や競り売りの方法による売却）が正常になされることを阻害する行為をいうと解する。「行われるべき売却」という文言があるので、競売開始決定以前の行為であっても、「売却の公正を害すべき行為」にあたりうる。また、不動産の入札による売却で最高価買受申出人となった者に対し、威力を用いて入札に基づく不動産の取得を断念するよう要求することも「売却の公正を害すべき行為」にあたりうる（最決平成10・11・4刑集52・8・542参照）。なお、強制執行に関しておこなわれる談合は、「偽計」による公正を害すべき行為に該当しうる。

7　（加重封印等破棄等）96条の5

> 報酬を得、又は得させる目的で、人の債務に関して、第96条から前条までの罪を犯した者は、５年以下の懲役若しくは500万円以下の罰金に処し、又はこれを併科する。

「報酬を得、又は得させる目的で」とは、文理から、96条から96条の４までの罪を犯したことの対価として、行為者又は他人に利益を取得させる目的をもってということであると解する。「人の債務に関して」とある以上、行為者が債務者である場合は本条の適用はない。

8　（公契約関係競売等妨害）96条の6

> 偽計又は威力を用いて、公の競売又は入札で契約を締結するためのものの公

正を害すべき行為をした者は、３年以下の懲役若しくは250万円以下の罰金に処し、又はこれを併科する。
　公正な価格を害し又は不正な利益を得る目的で、談合した者も、前項と同様とする。

（1）1　項

「偽計」、「威力」の意義は、96条の３の同一文言のそれと同様である。

「公の競売又は入札で契約を締結するためのものの公正を害すべき行為」とは、文理から、こうしたもの（96条の４に規定された強制執行に関する売却は除かれるので、例えば、公共工事の請負や公有物の売渡に関する入札が本条の「もの」にあたることになる）が正常になされることを阻害する行為をいうと解する。

（2）2　項

「公正な価格」とは、談合によって害される価格であるから、談合がなされなければ形成されたと認められる価格をいうと解する（最判昭和32・1・22刑集11・1・50参照）。これを談合によって引き上げるか引き下げる目的が「害」する目的ということになる。「不正な利益を得る目的」とは、文理から、談合したことの対価として利益を得る目的をいうと解する。談合金を得る目的はもとより、下請工事を回してもらって工事代金を得る目的もこれにあたる。

「談合」とは、文理から、参加者が通謀して、特定の者に契約を締結させるため、他の者がより劣る契約内容の申出をする旨の協定をすることをいうと解する。このような協定がなされれば本罪は成立し、その後、参加者が協定に従って行動したか否かは本罪の成否に影響しない（最決昭和28・12・10刑集7・12・2418参照）。

第２款　６章：逃走の罪（97条-102条）

１　概　観

本章には、国の拘禁作用を害する逃走の罪に関する規定が置かれている。97条、98条のように、被拘禁者が逃走する罪の規定では、主体の範囲が制限され、法定刑は軽くなっている。これに対し、99条以下の被拘禁者を拘禁から離脱させる罪の規定では、法令により拘禁された者が対象とされ、法定刑も重くなっている。

２　（逃走）97 条

裁判の執行により拘禁された既決又は未決の者が逃走したときは、１年以下の懲役に処する。

文理から、「裁判の執行により拘禁された既決〔…〕の者」とは、刑をいい渡した確定判決によって刑事施設に拘禁されている者をいい、「裁判の執行により拘禁された〔…〕未決の者」とは、裁判確定前に勾留状（刑事訴訟法 62 条、207 条）、あるいは、鑑定留置状（刑事訴訟法 167 条２項、224 条）によって拘禁されている者をいうと解する。

「逃走した」とは、文理から、拘禁から離脱したことをいうと解する。逃走を開始しても追跡されて間もなく逮捕されたときは、「逃走した」にあたらず未遂になると考える。

３　（加重逃走）98 条

前条に規定する者又は勾引状の執行を受けた者が拘禁場若しくは拘束のための器具を損壊し、暴行若しくは脅迫をし、又は二人以上通謀して、逃走したときは、３月以上５年以下の懲役に処する。

「勾引状の執行を受けた者」とは、一定の場所に引致・拘禁をすることを許す令状によって身柄を拘束された者をいうと解する。「拘禁場若しくは拘束のための器具を損壊し」とは、文理から、逃走の妨げになっている拘禁場・拘束器具を物理的に破壊することをいうと解する。例えば、物理的に破壊することなく手錠をはずした場合は「損壊し」にはあたらない（広島高判昭和 31・12・25 高刑集 9・12・1336 参照）。文理から、「暴行若しくは脅迫をし」とは、逃走の妨げとなる看守者乃至その協力者に逃走を容易にするように不法な有形力を行使するか危害を加える旨告知することをいい、「二人以上通謀し」とは、通謀者が逃走することにつき二人以上の者が意思を連絡することをいうと解する。「逃走した」の意義は、97 条の同一文言のそれと同様である。

本罪の実行の着手は、拘禁場・拘束器具を損壊して逃走する場合は損壊行為を開始したときに（最判昭和 54・12・25 刑集 33・7・1105 参照）、暴行・脅迫を加えて逃走する場合は、暴行・脅迫を開始したときに、認められる。これに対し、二人以上通謀して逃走する場合は、通謀を逃走行為の一部と見ることには無理があるので、通謀した上、逃走を開始したときに実行の着手が認められると解する（佐賀地判昭和 35・6・27 下刑集 2・5=6・938 参照）。

４　（被拘禁者奪取）99 条

> 法令により拘禁された者を奪取した者は、３月以上５年以下の懲役に処する。

「法令により拘禁された者」とは、文理から、法令に基づいて公的に身体の自由を拘束されている者をいうと解する。「奪取した」とは、文理から、被拘禁者を従来の拘禁から離脱させて自己又は第三者の実力支配下に移すことをいうと解する。被拘禁者の同意の有無を問わない。

５　（逃走援助）100 条

> 法令により拘禁された者を逃走させる目的で、器具を提供し、その他逃走を容易にすべき行為をした者は、３年以下の懲役に処する。
>
> 前項の目的で、暴行又は脅迫をした者は、３月以上５年以下の懲役に処する。

「法令により拘禁された者」の意義は、99 条の同一文言のそれと同様である。文理から、被拘禁者を逃走させる目的をもって器具の提供その他逃走を容易にすべき行為をするか、暴行・脅迫をすれば、本罪は既遂に達し、被拘禁者が逃走に着手したか否かは本罪の成否に影響しないと解する。

６　（看守者等による逃走援助）101 条

> 法令により拘禁された者を看守し又は護送する者がその拘禁された者を逃走させたときは、１年以上 10 年以下の懲役に処する。

「法令により拘禁された者」の意義は、99 条の同一文言のそれと同様である。「看守し又は護送する者」とは、文理から、法令に基づいて看守・護送の任務についている者をいうと解する。「逃走させた」とは、逃走を容易にする行為（不作為を含む）により逃走の事実（被拘禁者による逃走行為の開始で足りるであろう）を発生させたことをいうと解する。逃走を容易にする行為を看守・護送の任務についている間になせば、逃走の事実が任務解除後に発生しても本罪は成立する（大判大正 2・5・22 刑録 19・626 参照）。

7　（未遂罪）102条

> この章の罪の未遂は、罰する。

国の拘禁作用の重要性に鑑みて、本章の罪を全て未遂段階で処罰するものとした規定である。加重逃走罪の実行の着手については先述した。

第３款　７章：犯人蔵匿及び証拠隠滅の罪（103条-105条の2）

1　概　観

本章には、刑事司法乃至捜査に関係する、犯人蔵匿等罪、証拠隠滅等罪、証人等威迫罪の規定が置かれている。犯人蔵匿等罪、証拠隠滅等罪に関しては、親族による犯罪に関する特例の規定が置かれている。未遂処罰規定はなく、法定刑も比較的軽いので、本章の罪は重大犯罪とはいい難い。それでも、犯人蔵匿等罪の規定については処罰範囲を広げる解釈がなされる傾向があり、容易に支持し難い判例も散見される。

2　（犯人蔵匿等）103条

> 罰金以上の刑に当たる罪を犯した者又は拘禁中に逃走した者を蔵匿し、又は隠避させた者は、３年以下の懲役又は30万円以下の罰金に処する。

（1）客　体

「罪を犯した者」の解釈については、真実罪を犯した者をいうのか、嫌疑を受けて捜査中の者を含めるのか（最判昭和24・8・9刑集3・9・1440参照）、といった争いがある。文言の日常用語的語義に徴すれば、真実罪を犯した者をいうと解釈すべきであるけれど、真犯人であれば嫌疑の有無程度を問わず客体になるとするのは妥当とはいい難い。したがって、真犯人であり、かつ、身柄拘束直前の客観的嫌疑が認められる者が「罪を犯した者」にあたると解する[34]。

「拘禁中に逃走した者」とは、文理から、法令による公的な拘禁を逃れた者をいうと解する。逃走が逃走罪に該当することは不要である。また、逃走の意思がないのに被拘禁者奪取罪の実行により奪取されたために拘禁作用が及ばな

34　目的と解釈184頁参照。

くなった者は、文理から、「逃走した者」にはあたらないと解する。

（2）所　為

文理から、「蔵匿し〔た〕」とは、捜査機関に発見・逮捕されないように、一定の場所に匿うことをいい、「隠避させた」とは、犯人に対し、蔵匿と同程度の援助をして捜査機関による発見・逮捕を免れさせることをいうと解する[35]。大判昭和５・９・18 刑集９・668 は、蔵匿とは官憲の発見・逮捕を免れるべき隠匿場を供給することをいい、隠避とは蔵匿以外の方法により官憲の発見・逮捕を免れしむる一切の行為をいう旨判示しているけれど、蔵匿はともかく隠避についてはより文言に合致した解釈がなされてしかるべきである。

既に捜査機関に発見されて身柄を拘束されている者を拘束から免れさせるために、捜査機関に虚偽の情報を与える所為は、捜査機関による発見・逮捕を免れさせる所為ではないから、「隠避させた」にはあたらないと解する[36]。このような場合も「隠避させた」にあたるとする、最決平成元・５・１刑集 43・５・405、最決平成 29・３・27 刑集 71・３・183 は、支持し難い。

（3）共犯及び間接正犯

犯人自身が他人に自己を蔵匿・隠避させた場合、犯人自身は本罪の共犯となるか。本条も含めて、蔵匿・隠避の相手方となった犯人を処罰する規定が刑法典２編に置かれていないことからすると、蔵匿・隠避に関わった犯人自身は処罰しないというのが法の趣旨であるといえる。したがって、犯人自身は本罪の共犯にはならないと解する。61 条１項が人を教唆して犯罪を実行させた者を教唆犯として処罰するとしていることから、被教唆者に本罪を実行させている以上、犯人といえども教唆犯の刑責を免れないという考えはありうるものの、私見は、103 条を 61 条、62 条の適用を排除する規定であると解するものである。教唆犯の成立を肯定する判例（最決昭和 40・２・26 刑集 19・１・59 など）は支持し難い。

犯人自身が本罪を実行しえない以上、間接正犯も考え難い。例えば、犯人ＸがＡに「暴力団員に追われているから匿ってくれ」と嘘をいって匿わせた場合、（本罪の行為意思乃至故意を欠く）Ａはもとより Ｘも本罪に問われない。

35　目的と解釈 185 頁参照。

36　目的と解釈 187 頁参照。

３　（証拠隠滅等）104 条

> 他人の刑事事件に関する証拠を隠滅し、偽造し、若しくは変造し、又は偽造若しくは変造の証拠を使用した者は、３年以下の懲役又は 30 万円以下の罰金に処する。

（1）客　体

「他人の刑事事件に関する証拠」とは、文理から、行為者以外の者の刑事事件に関する証拠をいうと解する。行為者の刑事事件に関する証拠であれば、同時に共犯者の刑事事件に関する証拠であっても、「他人の刑事事件に関する証拠」にはあたらない。もっとも、共犯事件において共犯者に関する事項の証明にのみ使用される証拠は「他人の刑事事件に関する証拠」にあたるといえる。裁判例には、専ら他の共犯者のために隠滅した場合は本罪が成立するとするものや（広島高判昭和 30・6・4 高刑集 8・4・585）自己の利益のために隠滅するときは本罪は成立しないとするものがある（東京地判昭和 36・4・4 判時 274・34)。共犯者に関する事項の証明のみに使用されるような証拠を隠滅したとき、共犯者のために隠滅したとして本罪の成立を肯定し、そうでないときは自己のために隠滅したとして本罪の成立を否定するということであれば、これらの裁判例の結論は一応支持できる。

（2）所　為

文理から、「隠滅」とは、証拠を証拠として使用できないように滅失させることをいい（大判明治 43・3・25 刑録 16・470 は、顕出を妨げ、若しくはその効力を滅失・減少させるような行為をいうとする)、「偽造」とは、事実に反する証拠を新たに作り出すことをいい、「変造」とは、既存の証拠に変更を加えて証拠としての効力を変化させることをいい、「偽造若しくは変造の証拠を使用した」とは、偽造・変造の証拠を偽造・変造されていない証拠として用いることをいうと解する。

捜査機関に対し参考人が虚偽供述をすることは証拠の「偽造」にあたるか。まず、単に虚偽供述をしただけであって、捜査機関による録音・録画・書面化がされないときは、新たに証拠を作り出したとはいえないので、「偽造し」たとはいえない。つぎに、捜査機関により録音・録画・書面化がされた場合も、現実になされた（虚偽内容の）供述を記録した証拠を作り出させたのであって、事実に反する証拠を作り出したとはいえないので、やはり証拠を「偽造し」たとはいえない。この意味で、参考人が、検察官に対し虚偽の事実を供述して内容虚偽の検察官調書を作成させた事案につき、供述調書は参考人の捜査官に対する供述を録取したに過ぎないものであるから証拠偽造罪を構成しないと判示した千葉地判平成７・６・２判時1535・144は支持できる。これに対して、参考人がした供述とは異なる内容の供述調書を捜査機関が作成することは、事実に反する証拠を作り出したといえるので「偽造」にあたる。最決平成28・3・31刑集70・3・58が、被告人が、参考人A、警部補B、巡査部長Cと共謀して、Cにおいて、Aの供述調書の形式で虚偽内容の書面を作成し、末尾にAの署名指印を得たという事案につき、「本件行為は、単に参考人として捜査官に対して虚偽の供述をし、それが供述調書に録取されたという事案とは異なり、作成名義人であるC巡査部長を含む被告人ら４名が共同して虚偽の内容が記載された証拠を新たに作り出したものといえ、刑法104条の証拠を偽造した罪に当たる」と述べて、被告人について、A、B、Cと同罪の共同正犯が成立するとしているのは、妥当である。

（３）共　犯

XがYを教唆してXの刑事事件の証拠を隠滅させた場合、Xは証拠隠滅罪の教唆犯となるか。犯人蔵匿等罪と異なり、本罪については、他人（Y）の関与を予定し、他人が関与した場合、他人のみを処罰するというのが刑法の趣旨であるとはいえない。しかし、Xにとって、隠滅させたのは自己の刑事事件の証拠であって「他人の」刑事事件の証拠ではないから、やはり教唆犯の成立は否定されると解する。すなわち、本条は、自ら実行すると他人に実行させるとを問わず、他人の刑事事件に関する証拠を偽造等した場合のみを処罰する規定であると解するのである。最決昭和40・9・16刑集19・6・679は、他人を教唆して自己の刑事事件の証拠を偽造させた場合、証拠偽造罪の教唆犯が成立するとする。この決定は支持し難い。

４　（親族による犯罪に関する特例）105条

前二条の罪については、犯人又は逃走した者の親族がこれらの者の利益のために犯したときは、その刑を免除することができる。

親族が他人を教唆して「前二条の罪」を実行させた場合、親族は教唆犯になるところ、本条により刑を免除することができるか。本条の「犯した」を正犯として犯す場合に限定する理由はないから、親族については本条により刑を免除することができると解する。犯人隠避の事案につき、庇護権の濫用であるとして本条の適用を否定した大判昭和８・10・18 刑集 12・1820 は、支持できない。また、他人が親族を教唆して「前二条の罪」を実行させた場合、教唆犯を「犯した」のは他人であるから、他人について本条により刑を免除することはできないと解する。

５　（証人等威迫）105 条の２

自己若しくは他人の刑事事件の捜査若しくは審判に必要な知識を有すると認められる者又はその親族に対し、当該事件に関して、正当な理由がないのに面会を強請し、又は強談威迫の行為をした者は、２年以下の懲役又は 30 万円以下の罰金に処する。

（1）客　体

「刑事事件の捜査若しくは審判に必要な知識を有すると認められる者」とは、文理から、当該刑事事件とその者の関係から合理的に判断して、捜査・審判に必要な知識を有している可能性が高い者をいうと解する。したがって、例えば、具体的状況下で犯行を目撃している可能性が高い者であれば、実際には目撃していなかったとしても、「知識を有すると認められる者」にあたる。

（2）所　為

「面会を強請」とは、文理から、面会を強要することをいうと解する。また、「強談威迫の行為」は、文理から、強談行為（言語を用いて要求に応じるよう強いる行為）乃至威迫行為（威かして従わせようとする行為）という意味であり、どちらかの行為をすれば、「強談威迫の行為をした」にあたると解する。

第３節　８章-11章の諸規定の解釈

第１款　８章：騒乱の罪（106条、107条）

１　概　観

本章には、騒乱の罪として、騒乱罪、多衆不解散罪の規定が置かれている。騒乱罪は、多衆の暴行・脅迫により公共の平穏を害する重大犯罪と見られるものであるのに、法定刑は比較的軽く、未遂処罰規定もない。暴行・脅迫の前段階になる集合については、解散命令を受けて解散しなかったときに多衆不解散罪として処罰することにしている。このような規定になっているのは、群集による集団犯罪という騒乱罪の特質を考慮したためであるとすると、規定の解釈においても、このような特質を考慮した解釈がなされやすいと予測できる。

２　（騒乱）106条

多衆で集合して暴行又は脅迫をした者は、騒乱の罪とし、次の区別に従って処断する。
１　首謀者は、１年以上10年以下の懲役又は禁錮に処する。
２　他人を指揮し、又は他人に率先して勢いを助けた者は、６月以上７年以下の懲役又は禁錮に処する。
３　付和随行した者は、10万円以下の罰金に処する。

「多衆」とは、文理から、暴行・脅迫をなした場合、一地方の平穏を害することになる程度の多数の者をいうと解する（最判昭和35・12・8刑集14・13・1818は、多衆であるためには一地方における公共の平穏、静謐を害するに足る暴行・脅迫をなすに適当な多人数であることを要する旨の原判決の見解を是認している）。「多衆で集合して暴行又は脅迫をした」とは、文理（特に、率先助勢者や付和随行者まで処罰していること）から、多衆の全部又は一部の者が、群集として（すなわち、首謀者・指揮者・率先助勢者・付和随行者という関係になって）、暴行（不法な有形力の行使）・脅迫（危害を加える旨の告知）をしたことをいうと解する。前掲の最判昭和35・12・8は、暴行・脅迫は多衆の共同意思に出たものであることを要し、共同意思は多衆の合同力を恃んで自ら暴行・脅迫をなす意思乃至多衆をしてこれをなさしめる意思とかかる暴行・脅迫に同意を表わしその合同力に加わる意思とに分かたれ、多衆が前者の意思を有する者と後者の意思を有する者とで構成されているときは多衆の共同意思があることになる旨の原判決の見解を是認している。ただ、「多衆で集合して暴行又は脅迫をした」といえるかについては、前述したような関係になって暴行・脅迫を加えたといえるかを、より客観的に検討して判断するべきである。

３　（多衆不解散）107条

> 暴行又は脅迫をするため多衆が集合した場合において、権限のある公務員から解散の命令を３回以上受けたにもかかわらず、なお解散しなかったときは、首謀者は３年以下の懲役又は禁錮に処し、その他の者は10万円以下の罰金に処する。

「暴行又は脅迫をするため多衆が集合した場合」とは、これを106条にいう「多衆で集合して暴行又は脅迫を」加える前段階と見うることから、多衆の全部又は一部の者が群集として暴行・脅迫をするために多衆が集合した場合をいうと解する。「集合した」という文言になっていて「集合している」という文言にはなっていないことから考えて、群集として暴行・脅迫をする目的で集合した場合であることを要し、別の目的で集合していた者が本条の目的を意識したとしても、「暴行又は脅迫をするため多衆が集合した場合」にはあたらないと解する。

「権限のある公務員」からの「解散の命令」とは、文言通り、解散を命じる権限のある公務員によって発せられた命令をいうと解する。警察官が警察官職務執行法５条に基づいて解散を要求した場合なら、同条所定の要件を充たしていなければ、同要求は「権限のある公務員」からの「解散の命令」にあたらないことになる。

第２款　９章：放火及び失火の罪（108条-118条）

１　概　観

本章には、放火及び失火の罪として、現住建造物等放火罪、非現住建造物等放火罪、建造物等以外放火罪、延焼罪、現住建造物等放火・非現住建造物等放火予備罪、消火妨害罪、失火罪、激発物破裂・過失激発物破裂罪、業務上失火・重失火罪、ガス漏出等罪・同致死傷罪の規定が置かれている。これらの罪は公共危険罪であるといわれている。しかし、109条が自己の所有する非現住建造物等に放火した場合の法定刑を軽いものにしていることや115条が差押え等がされている物についての特例を規定していることを考えると、放火罪に財産罪の性格があることも否定できず、単純に公共危険罪であると割り切ることはできない。

108条、109条１項の罪は、抽象的公共危険罪であるといわれ、法定刑は重く、未遂はもとより予備も処罰する。これに対し、109条２項、110条の罪は、「公共の危険」の発生を要する具体的公共危険罪であるといわれ、法定刑も比較的軽い。こうしたことから、立法者意思は108条、109条１項の罪を重大犯罪と評価していると推知しうる。ただ、不燃性の材料を使用した建造物が増えているといった実状を考えると、108条、109条１項の罪の成立を簡単に認めてよいかは問題であり、限定的な解釈が必要になると考える。

２　（現住建造物等放火）108条

放火して、現に人が住居に使用し又は現に人がいる建造物、汽車、電車、艦船又は鉱坑を焼損した者は、死刑又は無期若しくは５年以上の懲役に処する。

（1）客　体

「現に人が住居に使用し」とは、文理から、行為者（共犯者を含む）以外の自然人が現実に住居（生活の場）として使用していることをいうと解する（大判大正２・12・24刑録19・1517は、現に人が住居として使用する建造物とは現に人が起臥寝食の場として日常使用する建造物をいう旨判示している）。後に、「現に人がいる」という文言がある以上、放火の時点で人が現在しなくても「現に人が住居に使用し」にあたると解する。ただ、「現に〔…〕使用し」という文言になっていること、「現に人が住居に使用し」ていれば人が現在しているものと同等に扱っていることを考えると、人が継続的に住居として使用し、使用者が現在する蓋然性が高いものでなければ、現実に住居として使用しているとはいえず、「現に人が住居に使用し」にあたらないと解する。居住者が一時的に旅行に出ている建物は現住建造物にあたるものの（最決平成 9・10・21 刑集 51・9・755 参照）、立ち退いた後の建物や長期間不在にする意図で出て行った後の建物はこれにあたらないと解する。

建造物の一部分に現住性が認められれば、現住性の認められない他の部分に放火したとしても、現住建造物に放火したことになる。最判平成元・7・7 判時 1326・157 は、マンション内のエレベータのかご内で火を放った所為について現住建造物放火罪の成立を肯定している。同判決がエレベータのかごが現住建造物の一部にあたるとした点は支持できる。これに対し、宿直室が庁舎から独立した建物内にあるのに、宿直員が庁舎内を巡視するのが通例であることから、庁舎が現住建造物にあたる旨判示した大判大正 3・6・9 刑録 20・1147 は、支持できない。少なくとも、回廊等で接続されている、1 個の建造物と見うるものであることが必要であろう（最決平成元・7・14 刑集 43・7・641 参照）。

（2）所　為

「放火して」とは、文理から、火を放つこと、すなわち、客体が燃焼するように火を向けることをいうと解する。「焼損した」とは、文理から、放った火によって客体を燃焼させそのままでは使用できない状態にしたことをいうと解する。「焼損」という文言は 260 条の「損壊」と類似しており、放火罪の財産罪的性格を考慮してこのような文言が採用されていると考えることができる上、いくら抽象的公共危険罪であるといっても客体を僅かでも燃焼させれば公共の危険が発生し既遂に達したとしてよいとはいい難い。客体の重要部分の焼失までは不要であるものの、住居なら住居としてそのままでは使用を継続するのに差し支える状態にしなければ「焼損した」とはいえないと考える。もっとも、放火罪が既遂に達するには火が目的物に移って独立して燃焼力を継続する状態になれば足りるとする判例の考え（独立燃焼説）によって既遂に達したとされている、屋根の横 4 尺縦 1 間、桁木 4 尺を焼いたり（大判明治 43・3・4 刑録 16・384）、三畳間の床板約 1 尺四方及び押入れの床板と上段の各約 3 尺四方を焼いたり（最判昭和 25・5・25 刑集 4・5・854）した場合は、住居としてそのままでは使用を継続するのに差し支える状態にしたと考えられるから、私見によっても「焼損した」といえる。また、畳は家屋と一体となってこれを構成する建造物の一部とはいえないとして、畳を焼いたに止まるときは放火未遂罪が成立するとした最判昭和25・12・14刑集4・12・2548の結論も、畳を焼いた程度では客体たる建物を燃焼させてそのままでは使用できない状態にしたとはいえないことから、支持できる。

3　（非現住建造物等放火）109条

> 放火して、現に人が住居に使用せず、かつ、現に人がいない建造物、艦船又は鉱坑を焼損した者は、２年以上の有期懲役に処する。
>
> 前項の物が自己の所有に係るときは、６月以上７年以下の懲役に処する。ただし、公共の危険を生じなかったときは、罰しない。

「現に人が住居に使用せず、かつ、現に人がいない」とは、文理から、行為者（共犯者を含む）以外の自然人が現実に住居として使用していず、かつ、同様の人が現在していないということであると解する。要は、108条の現住性、現在性がともに認められないことである。「放火して」や「焼損した」の解釈は、108条の同一文言の解釈と同様である。「公共の危険」とは、文理から、放火行為によって生じた火による行為者（共犯者を含む）以外の者の生命・身体・財産に対する具体的危険をいうと解する。また、公共の危険の発生が2項の所為の可罰性を基礎づけるものである以上、公共の危険の発生を認識・予見することなく自己所有の建造物等に火を放つ行為は、類型性評価、危険性評価により、本罪の実行行為に該当しないと解する。

4　（建造物等以外放火）110条

> 放火して、前二条に規定する物以外の物を焼損し、よって公共の危険を生じさせた者は、１年以上10年以下の懲役に処する。
>
> 前項の物が自己の所有に係るときは、１年以下の懲役又は10万円以下の罰金に処する。

「公共の危険」に関する解釈は、109条２項の同一文言の解釈と同様である。本条の「公共の危険」につき108条、109条１項に規定する建造物等に対する延焼の危険のみに限らず、不特定又は多数の人の生命・身体、同建造物等以外の財産に対する危険も含まれるとした最決平成15・4・14刑集57・4・445は、支持できる。

また、109 条２項の罪と同様に、「公共の危険」の発生を認識・予見していないときは、本条の罪は成立しないと解する。本条１項の放火罪が成立するためには「公共の危険」を発生させることまで認識する必要はないとした最判昭和 60・3・28 刑集 39・2・75 は、支持できない。自己の所有に係らない建造物等以外の物に放火して焼損する所為自体は器物損壊等罪程度の可罰性しか有しないものであり、これが自己の所有に係る建造物等以外の物を客体とする所為になると、その程度の可罰性さえなく、処罰を基礎づけるのは公共の危険の発生のみである。さらに、行為者が自己の所有物を焼くことにより公共の危険が発生することを予見することなく焼いて、他人の建造物等を類焼させた場合は失火罪の要件を充たす限りで同罪に問われてしかるべきであるところ、本罪が成立するためには公共の危険の発生の認識は不要であるとすると、このような場合、およそ公共の危険の発生が予見できなかった場合でも類焼させた点につき延焼罪が成立しうるということになる。これは妥当な結論とはいい難いであろう。

5　（延焼）111 条

> 第 109 条第２項又は前条第２項の罪を犯し、よって第 108 条又は第 109 条第１項に規定する物に延焼させたときは、３月以上 10 年以下の懲役に処する。
>
> 前条第２項の罪を犯し、よって同条第１項に規定する物に延焼させたときは、３年以下の懲役に処する。

「延焼させた」とは、文理から、109 条２項又は 110 条２項の放火行為により生じた火が予期しなかった客体に燃え移り、焼損に至ったことをいうと解する。108 条、109 条１項、110 条１項に規定する物に延焼することを認識・予見していた場合は、これらの規定の放火罪に問われることがある。

6　（未遂罪）112 条

> 第 108 条及び第 109 条第１項の罪の未遂は、罰する。

108 条、109 条１項の罪が重大犯罪であることから、未遂段階で処罰した規定である。火を放つことにより焼損させるに至ったといえないときに未遂となる。

7　（予備）113条

> 第108条又は第109条第1項の罪を犯す目的で、その予備をした者は、2年以下の懲役に処する。ただし、情状により、その刑を免除することができる。

「第108条又は第109条第1項の罪を犯す目的」とは、文理から、予備をした者がこれらの罪を実行する目的をいうと解する。他人予備行為は本罪の実行行為に該当しない。

8　（消火妨害）114条

> 火災の際に、消火用の物を隠匿し、若しくは損壊し、又はその他の方法により、消火を妨害した者は、1年以上10年以下の懲役に処する。

「火災の際に」とは、文理から、消火する必要がある程度の火災が発生している際にということであると解する。もっとも、火災の規模は問わないので、小規模のものでも消火させず放置しておくと危険なものは「火災」にあたることになる。

「消火用の物」とは、文理から、火災を消火するために用意された物をいうと解する。例えば、消火器や消火用ホース、防火用水がこれにあたる。

文理から、「隠匿」とは発見を困難又は不可能にすることをいい、「損壊」とは物理的に毀損して消火用の物としての機能を害することをいうと解する。「その他の方法」とは、文理から、消火用の物の隠匿・損壊以外で、これに匹敵する消火を妨害するに足りる方法をいうと解する。例えば、火災報知機や119番通報に用いうる電話を破壊する所為や消火しようとする者に暴行を加える所為、消防車の接近を困難にする所為がこれにあたる。通報義務を負う警備員が通報しないといった不作為による妨害も考えられる。

9　（差押え等に係る自己の物に関する特例）115条

> 第109条第1項及び第110条第1項に規定する物が自己の所有に係る物であっても、差押えを受け、物権を負担し、賃貸し、配偶者居住権が設定され、又は保険に付したものである場合において、これを焼損したときは、他人の物を焼損した者の例による。

客体が行為者の所有物であっても焼損により他人の権利が害されるときは、他人の物を焼損したものとして109条１項、110条１項に従って処罰するとした規定である。本章の罪が刑事司法作用をも保護していると考えることは困難であるから、「差押え」に刑事訴訟法上の差押え（同法218条等）は含まれないと解する。

10　（失火）116条

> 失火により、第108条に規定する物又は他人の所有に係る第109条に規定する物を焼損した者は、50万円以下の罰金に処する。
> 失火により、第109条に規定する物であって自己の所有に係るもの又は第110条に規定する物を焼損し、よって公共の危険を生じさせた者も、前項と同様とする。

「失火」とは、文理から、過失により出火させることをいうと解する。「焼損」や「公共の危険」の意義は、108条、109条の同一文言のそれと同様である。本罪は過失犯であるから、その成立のために公共の危険の発生の予見は不要である。

11　（激発物破裂）117条

> 火薬、ボイラーその他の激発すべき物を破裂させて、第108条に規定する物又は他人の所有に係る第109条に規定する物を損壊した者は、放火の例による。第109条に規定する物であって自己の所有に係るもの又は110条に規定する物を損壊し、よって公共の危険を生じさせた者も、同様とする。
> 前項の行為が過失によるときは、失火の例による。

「激発すべき物」とは、文理から、急激に破裂させると物を損壊する力を発生させる物をいうと解する。火薬やボイラーは例示であり、これら以外の激発物としては、例えば、石油タンク、ガスタンク、一定の場所に充満しているガスといったものが考えられる。「損壊した」とは、文理から、激発物破裂により発生した力により物理的に破壊したことをいうと解する。「放火の例による」とは、文理から、108条、109条１項の規定に従って処罰することをいうと解する。「公共の危険」の意義は、109条２項の同一文言のそれと同様である。また、109条２項の場合と同様に、公共の危険の発生の認識・予見がないときは、これを要件とする本罪は成立しないと解する。文理から、「同様とする」（１項後段）とは109条２項、110条の規定に従って処罰することをいい、「失火の例による」（２項）とは116条の規定に従って処罰することをいうと解する。

12　（業務上失火等）117条の２

> 第116条又は前条第１項の行為が業務上必要な注意を怠ったことによるとき、又は重大な過失によるときは、３年以下の禁錮又は150万円以下の罰金に処する。

「業務」とは、文理から、火気・激発物の安全に配慮する必要がある社会的地位をいうと解する（最決昭和60・10・21刑集39・6・362参照）。「重大な過失」とは、文理から、注意義務違反の程度が著しいことをいうと解する（最判昭和23・6・8裁判集刑事2・329は、ガソリン給油所のガソリン罐から１尺５寸乃至２尺離れた所でライターに点火した事案について重失火罪の成立を肯定している）。

13　（ガス漏出等及び同致死傷）118条

> ガス、電気又は蒸気を漏出させ、流出させ、又は遮断し、よって人の生命、身体又は財産に危険を生じさせた者は、３年以下の懲役又は10万円以下の罰金に処する。
>
> ガス、電気又は蒸気を漏出させ、流出させ、又は遮断し、よって人を死傷させた者は、傷害の罪と比較して、重い刑により処断する。

「人の生命、身体又は財産に危険を生じさせた」とは、文理から、ガス漏出等の行為により、行為者以外の人の生命・身体・財産に対する具体的な危険を発生させたことをいうと解する。このような危険の発生が本罪の所為の可罰性を基礎づけていると考えるので、同危険の発生につき行為者に認識・予見がないときは、本罪は成立しないと解する。２項の規定は結果的加重犯を定めたものであり、「傷害の罪と比較して、重い刑により処断する」とは、文理から、傷害罪、傷害致死罪の法定刑と比較して、上限下限とも重いものによるということであると解する。

第３款　10章：出水及び水利に関する罪（119条-123条）

１　概　観

本章には、出水及び水利に関する罪として、現住建造物等浸害罪、非現住建造物等浸害罪、水防妨害罪、過失建造物等浸害罪、水利妨害・出水危険罪の規定が置かれている。これらの罪は、放火及び失火の罪と同様に公共危険罪であり、また、財産罪の性格ももっている。中でも、水利妨害罪の規定は水利権を保護するために置かれているものであって、公共危険罪というより財産罪であると思えなくもない。ただ、堤防を決壊させるといった行為が不特定・多数の者に危険を及ぼすものであることを考えると、なお水利妨害罪の公共危険罪的性格は失われていないといえる。

２（現住建造物等浸害）119条

> 出水させて、現に人が住居に使用し又は現に人がいる建造物、汽車、電車又は鉱坑を浸害した者は、死刑又は無期若しくは３年以上の懲役に処する。

「現に人が住居に使用し又は現に人がいる」の解釈は、108条の同一文言の解釈と同様である。「出水させて」とは、文理から、客体を浸害するように、水を解放して氾濫させることをいうと解する。「浸害した」とは、文理から、出水させた水の力によって客体を損壊してそのままでは使用できない状態にしたことをいうと解する。

３　（非現住建造物等浸害）120条

> 出水させて、前条に規定する物以外の物を浸害し、よって公共の危険を生じさせた者は、１年以上10年以下の懲役に処する。
>
> 浸害した物が自己の所有に係るときは、その物が差押えを受け、物権を負担し、賃貸し、配偶者居住権が設定され、又は保険に付したものである場合に限り、前項の例による。

「出水させて」や「浸害した」の解釈は、119条の同一文言の解釈と同様である。

「公共の危険」とは、文理から、出水行為によって生じた水力による行為者以外の者の生命・身体・財産に対する具体的危険をいうと解する。また、公共の危険の発生が本条の所為の可罰性を基礎づけるものであることから、公共の危険の発生の認識・予見がないときは、出水させる行為は、類型性評価、危険性評価により、本罪の実行行為に該当しないと解する。

４　（水防妨害）121 条

水害の際に、水防用の物を隠匿し、若しくは損壊し、又はその他の方法により、水防を妨害した者は、１年以上 10 年以下の懲役に処する。

「水害の際に」とは、文理から、水防の必要がある程度の水害が発生している際にということであると解する。もっとも、水害の規模は問わないので、小規模であっても放置しておくと危険なものは「水害」にあたることになる。

「水防用の物」とは、文理から、水防のために用意された物をいうと解する。例えば、土嚢、石材、材木がこれにあたる。

文理から、「隠匿」とは発見を困難又は不可能にすることをいい、「損壊」とは物理的に毀損して水防用の物としての機能を害することをいうと解する。「その他の方法」とは、文理から、水防用の物の隠匿・損壊以外で、これに匹敵する水防を妨害するに足りる方法をいうと解する。

５　（過失建造物等浸害）122 条

過失により出水させて、第 119 条に規定する物を浸害した者又は第 120 条に規定する物を浸害し、よって公共の危険を生じさせた者は、20 万円以下の罰金に処する。

「出水させて」や「浸害した」の解釈は 119 条の同一文言の解釈と同様であり、「公共の危険」の意義は、120 条の同一文言のそれと同様である。ただし、本罪は過失犯であるから、その成立のために公共の危険の発生の予見は不要である。

６　（水利妨害及び出水危険）123 条

堤防を決壊させ、水門を破壊し、その他水利の妨害となるべき行為又は出水させるべき行為をした者は、２年以下の懲役若しくは禁錮又は 20 万円以下の罰金に処する。

「水利」とは、文理から、水の利用による利益を得ることをいうと解する。河川法等の法令による水利権に基づくもののほか契約や慣習による水利権に基づくものであっても、「水利」にあたると解する（大判昭和4・6・3刑集8・302は慣行に基づく水利権の侵害につき、大判昭和7・4・11刑集11・337は契約上の水利権の侵害につき、水利妨害罪の成立を肯定している）。

「その他水利の妨害となるべき行為」とは、文理から、堤防を決壊させる行為、水門を破壊する行為以外のこれらの行為に匹敵する水利の妨害となる行為をいうと解する。例えば、水路を変更する行為がこれにあたる。「その他〔…〕出水させるべき行為」とは、文理から、堤防を決壊させる行為、水門を破壊する行為以外のこれらの行為に匹敵する出水の危険のある行為をいうと解する。例えば、水路を塞いで水を溢れさせようとする行為がこれにあたる。

第4款　11章：往来を妨害する罪（124条-129条）

1　概　観

本章には、往来を妨害する罪として、往来妨害罪・同致死傷罪、往来危険罪、汽車転覆等罪・同致死罪、往来危険による汽車転覆等罪、過失往来危険罪・業務上過失往来危険罪の規定が置かれている。往来危険罪の法定刑は重く、さらに、汽車転覆等に至れば、汽車転覆等罪・同致死罪と同様に処罰される。ここから、往来危険行為に対して厳罰をもって臨もうとする立法者の意思を推知できる。とはいえ、例えば、線路上に小石を置いたところ電車が転覆し付近の者が死亡すれば126条3項に従って死刑又は無期懲役に処されるという結論を直ちに受容できるかは疑問である。往来危険罪等の解釈には慎重な判断を要する。

また、往来を妨害する罪の領域において厳格解釈の姿勢が揺るぎがちであることも看過できない。例えば、129条の「汽車」は、文理解釈をすれば、蒸気機関によって軌道上を走行する車両を意味することになる。したがって、ガソリンカーが129条の「汽車」にあたるとした大判昭和15・8・22刑集19・540は、支持できないということになる[37]。私見のように解するとディーゼルカーを転覆させる所為を126条等により処罰できないことになって不当ではないかといった批判が予想されるものの、特別法で対応すべきである（ガソリンカーやディーゼルカーは気動車であって、汽車や電車とは異なる）。

２　（往来妨害及び同致死傷）124 条

陸路、水路又は橋を損壊し、又は閉塞して往来の妨害を生じさせた者は、２年以下の懲役又は 20 万円以下の罰金に処する。
前項の罪を犯し、よって人を死傷させた者は、傷害の罪と比較して、重い刑により処断する。

文理から、「陸路」とは公衆の通行に使用される陸上の通路をいい、「水路」とは公衆の航行に使用される水上の通路をいい、「橋」とは河川などの上に架設された公衆の通行に使用される通路をいうと解する。鉄道を損壊した場合は 125 条が適用されることになる。文理から、「損壊」とは、物理的に破壊して通常の通行ができないようにすることをいい、「閉塞」とは障害物を置いて通常の通行ができないようにすることをいうと解する。部分的に遮断した場合でも、「閉塞」にあたりうる（最決昭和 59・4・12 刑集 38・6・2107 参照）。「往来の妨害を生じさせた」とは、文理から、通行を不可能又は著しく困難にしたことをいうと解する。

２項の罪は結果的加重犯である。「傷害の罪と比較して、重い刑により処断する」とは、文理から、傷害罪、傷害致死罪と比較して上限下限とも重い刑によるということであると解する。

３　（往来危険）125 条

鉄道若しくはその標識を損壊し、又はその他の方法により、汽車又は電車の往来の危険を生じさせた者は、２年以上の有期懲役に処する。
灯台若しくは浮標を損壊し、又はその他の方法により、艦船の往来の危険を生じさせた者も、前項と同様とする。

「鉄道」とは、文理から、汽車・電車の運行のために使用される施設・設備をいうと解する。レールや枕木はもとより、架線やトンネルも鉄道の一部であ

37　目的と解釈４頁参照。

る。「その標識」とは、文理から、鉄道における汽車・電車の運行に必要な目印をいうと解する。「灯台」とは、文理から、艦船の航行に利便を与えるため灯火（発光）を用いて表示する陸上の標識をいうと解する。「浮標」とは、文理から、艦船の航行に利便を与えるために備え付けられた水上の標示物をいうと解する。

「損壊」とは、文理から、物理的に破壊して用をなさないようにすることをいうと解する。文理から、１項の「その他の方法」とは鉄道・その標識の損壊に匹敵する汽車・電車の往来に危険を生じさせる行為をいい、２項の「その他の方法」とは灯台・浮標の損壊に匹敵する艦船の往来に危険を生じさせる行為をいうと解する。判例は、①無人電車を暴走させること（最大判昭和 30・6・22 刑集 9・8・1189）、②鉄道用地と境界を接する自己の所有地を掘削して電柱の倒壊等が起きかねない状態にすること（最決平成 15・6・2 刑集 57・6・749）、③業務命令に服することなく電車を運行させること（最大判昭和 36・12・1 刑集 15・11・1807）、④最大の厚さ約５分（約 1.51cm）の小石を線路上の継目の間に挿入したこと（大判大正 13・10・23 刑集 3・711）を、その他の方法による往来危険行為にあたるとしているところ、③④については鉄道・その標識の損壊に匹敵する汽車・電車の往来に危険を生じさせる行為といえるか疑問といえなくもない。これに対し、職場放棄により信号操作をしなかった事案につき、信号操作を放置すれば自動的に停止信号になるので電車に危険が発生するおそれがないこと等を指摘して往来危険罪の成立を否定した最判昭和 35・2・18 刑集 14・2・138 の結論は、支持できる。

文理から、「汽車又は電車の往来の危険を生じさせた」とは往来する汽車・電車が脱線等するような具体的な危険を生じさせたことをいい、「艦船の往来の危険を生じさせた」とは往来する艦船が転覆等するような具体的な危険を生じさせたことをいうと解する。前掲の最決平成 15・6・2 は、往来の危険とは、汽車又は電車の脱線・転覆・衝突・破壊など、これらの交通機関の往来に危険な結果を生ずるおそれのある状態をいい、単に交通の妨害を生じさせただけでは足りないが、脱線等の実害の発生が必然的乃至蓋然的であることまで必要とするものではなく実害発生の可能性があれば足りる旨述べている。同決定が単に交通妨害を生じさせただけでは足りないとした点は支持できるものの、実害発生の可能性についてはもう少し高度のものを要求してよいように思う。これに対し、信号操作をしなかったことにより往来に危険な結果を生じさせるおそれのある状態を生じさせたとはいえない旨述べて、本罪の成立を否定した、前掲の最判昭和35・2・18の判断は、支持できる。

４　（汽車転覆等及び同致死）126条

> 現に人がいる汽車又は電車を転覆させ、又は破壊した者は、無期又は３年以上の懲役に処する。
> 現に人がいる艦船を転覆させ、沈没させ、又は破壊した者も、前項と同様とする。
> 前二項の罪を犯し、よって人を死亡させた者は、死刑又は無期懲役に処する。

（1）1・2項

「現に人がいる」とは、文理から、行為者以外の自然人が、汽車又は電車（1項）、艦船（2項）に現在していることをいうと解する。実行行為開始時に人が現在していることを要し、また、それで足りる（大判大正12・3・15刑集2・210参照）。文理から、汽車・電車を「転覆させ〔た〕」とは転倒・横転・墜落させたことをいい、同じく「破壊した」とは物理的に壊して汽車・電車の運行機能の全部又は一部を喪失させたことをいうと解する（最判昭和46・4・22刑集25・3・530は、「破壊」とは、汽車又は電車の実質を害して、その交通機関としての機能の全部又は一部を失わせる程度の損壊をいうとする）。文理から、艦船を「転覆させ〔た〕」とは横転させるなどにより艦船の本来水に浸かっていない部分を水に浸かっている状態にさせたことをいい、同じく「沈没させ〔た〕」とは艦船の主要な部分を水没させたことをいい、同じく「破壊した」とは物理的に壊して艦船の航行機能の全部又は一部を喪失させたことをいうと解する。最決昭和55・12・9刑集34・7・513は、漁船を座礁させて機関室内に海水約19.4トンを取り入れ自力離礁を不可能にした事案につき、船体自体に破損が生じていなくても「破壊」にあたるとしている。機関室内に大量の海水を取り入れれば物理的に壊して航行機能の全部を喪失させたといえるから、同決定は支持できる。

（2）3　項

「前二項の罪を犯し、よって人を死亡させた」とは、文理から、現に人がいる汽車・電車を転覆させ又は破壊して、あるいは、現に人がいる艦船を転覆・沈没させ又は破壊して、それによって人（汽車等に現にいた人に限らない）を死亡させたことをいうと解する。「前二項の罪」の規定である１項、２項が既遂の所為を規定していることから、このような解釈が妥当であると考える。汽車・電車の転覆・破壊又は艦船の転覆・沈没・破壊と人の死亡との間に因果関係が認められれば、その人が前二項の罪の実行開始時に汽車・電車・艦船に現在していた人であるか否かを問わず、「前二項の罪を犯し、よって人を死亡させた」にあたることになる（最大判昭和30・6・22刑集9・8・1189は、126条３項にいう人は同条１・２項の車中船中に現在した人に限定されるべきではなく、汽車・電車の転覆・破壊によって死に致された人を全て包含すると解するのが相当である旨判示している）。

本項は、「よって」という文言のあることから結果的加重犯を規定したものと見られ、殺意のある場合は予定していないと解する。したがって、殺意をもって１・２項の罪を犯し人を死亡させた場合は、別に殺人罪が成立し、本項の罪とは観念的競合になると解する（大判大正7・11・25刑録24・1425参照）。

５　（往来危険による汽車転覆等）127条

> 第125条の罪を犯し、よって汽車若しくは電車を転覆させ、若しくは破壊し、又は艦船を転覆させ、沈没させ、若しくは破壊した者も、前条の例による。

「第125条の罪を犯し」とは、文理から、125条の往来危険罪の実行行為により汽車・電車・艦船の往来の危険を生じさせたことをいうと解する。「転覆させ」、「沈没させ」、「破壊した」の解釈は、126条の同一文言の解釈と同様である。

「前条の例による」とは、本条に「よって人を死亡させた」という文言がなく、126条１・２項に「現に人がいる」という文言があることから、現に人がいる汽車・電車・艦船に転覆等の結果を発生させた場合に、126条１・２項を適用するということであると解する。無人電車を暴走させて往来の危険を発生させ、同電車を破壊して付近に居合わせた人を死亡させた事案について126条３項の例による処断を肯定した最大判昭和30・6・22刑集9・8・1189は、支持できない。

6　（未遂罪）128 条

> 第 124 条第 1 項、第 125 条並びに第 126 条第 1 項及び第 2 項の罪の未遂は、罰する。

往来妨害罪、往来危険罪、汽車転覆等罪が重大犯罪であることから、未遂段階で処罰するものとした規定である。

7　（過失往来危険）129 条

> 過失により、汽車、電車若しくは艦船の往来の危険を生じさせ、又は汽車若しくは電車を転覆させ、若しくは破壊し、若しくは艦船を転覆させ、沈没させ、若しくは破壊した者は、30 万円以下の罰金に処する。
>
> その業務に従事する者が前項の罪を犯したときは、３年以下の禁錮又は 50 万円以下の罰金に処する。

「往来の危険を生じさせ」の解釈は 125 条の同一文言の解釈と同様であり、「転覆させ」、「沈没させ」、「破壊した」の解釈は 126 条の同一文言の解釈と同様である。「その業務に従事する者」とは、文理から、汽車・電車・艦船の往来の安全に配慮する事務に従事する者をいうと解する。例えば、電車の運転手や車掌はこれにあたるものの、食堂車の係員はこれにあたらない。

第４節　12 章、13 章の諸規定の解釈

第１款　12 章：住居を侵す罪（130 条 -132 条）

1　概　観

本章には、住居等侵入罪・不退去罪の規定と未遂処罰規定が置かれている（131 条は削除）。住居等に他人が立ち入ることは日常生活においてよくあることであり、130 条前段の「侵入」にあたる立入りとあたらない立入りとは外見ではなかなか区別できない。また、住居等の管理者がどのような者の立入りを許容しているかも事案によっては明瞭とはいい難く、基準設定には困難なものがある。

２　(住居侵入等) 130条

> 正当な理由がないのに、人の住居若しくは人の看守する邸宅、建造物若しくは艦船に侵入し、又は要求を受けたにもかかわらずこれらの場所から退去しなかった者は、３年以下の懲役又は10万円以下の罰金に処する。

(1) 前　段

「人の住居」とは、文理から、行為者以外の者が日常生活を営むために占有する場所をいうと解する。建造物に限定されない。「人の看守する」とは、文理から、行為者以外の邸宅・建造物・艦船につき管理権を有する者又は管理権を授与された者が管理・保守していることをいうと解する。最判昭和59・12・18刑集38・12・3026は、「人の看守する建造物」とは人が事実上管理・支配する建造物をいう旨述べているけれど、駅出入口階段付近は事実上人の出入りが自由であるとしても駅長の看守下にあると判断する上での言辞であり、無権限者が管理・支配する建造物でも「人が看守する建造物」にあたるとするものではない。文理から、「邸宅」とは住居に使用する目的で作られた家屋及びその付属地帯をいい、「建造物」とは邸宅以外の内部に人が出入りできる建物及びその付属地帯をいうと解する。住居・邸宅・建造物の付属地帯である囲繞地は住居・邸宅・建造物の一部となる（建造物の囲繞地について最判昭和51・3・4刑集30・2・79参照)。なお、最判平成20・4・11刑集62・5・1217は、自衛隊宿舎の各号棟の１階出入口から各室玄関前までの部分が「人の看守する邸宅」にあたるとしているものの、このような部分は住居に使用する目的で作られたものではなく、「邸宅」の日常用語的語義を考えても、住居の一部か、せめて建造物にあたるとする方が妥当な解釈であると思う。

「侵入し」とは、住居等につき管理・支配権を有する者が立入りを許可していないにもかかわらず立ち入ること（身体の大部分を住居等に入れること）をいうと解する。最判昭和58・4・8刑集37・3・215は、130条前段にいう「侵入し」とは、他人の看守する建造物等に管理権者の意思に反して立ち入ることをいうと解すべきであるとして、管理権者が予め立入拒否の意思を積極的に明示していない場合でも当該建物の性質等から見て立入行為を管理権者が容認していないと合理的に判断されるときは建造物侵入罪の成立を免れない旨述べている。同判決のような解釈は一応是認できるものの、管理権者が立入りを容認していないとの判断は、特に意思の明示がないときは慎重になされるべきであり、行為者が立入りが許されていると誤信したときには行為意思乃至故意の欠如を理由に犯罪の成立が否定されてしかるべきである。

（2）後　段

「要求を受けたにもかかわらずこれらの場所から退去しなかった」とは、文理から、住居等の管理権者又はその補助者が住居等の外に出るよう要求したにもかかわらず、退去に必要な合理的時間を過ぎて住居等の内に止まったことをいうと解する。例えば、建物の室内から庭に移動しても、囲繞地の外に出ていなければ「退去しなかった」にあたる。

3　（未遂罪）132 条

> 第 130 条の罪の未遂は、罰する。

130 条前段の罪は、文理から、身体の大部分を住居等に入れたときに既遂に達すると解するので、未遂は侵入に着手したのにそれにより身体の大部分を住居等に入れるに至らなかった場合に成立すると解する。

130 条後段の罪は、要求を受けた後、合理的な時間を過ぎても退去行為を開始しなかったときに実行の着手があり、その後、退去に必要な時間が経過しても住居等の中に止まっているときに既遂に達すると解するので、未遂は、実行に着手した後、直ちに強制的に住居等の外に連れ出されたとか現行犯逮捕されたような場合に成立すると解する。

第２款　13 章：秘密を侵す罪（133 条 -135 条）

1　概　観

本章には、秘密を侵す罪として、信書開封罪、秘密漏示罪の規定が置かれている。封書の開封や医師、弁護士等による情報の伝達はしばしばなされるものであり、処罰されるべき所為とそうでない所為との区別はなかなか困難である。また、秘密漏示罪における「人の秘密」の意義や範囲も明確とはいえない。慎重な解釈が必要な領域といえる。

2　（信書開封）133条

> 正当な理由がないのに、封をしてある信書を開けた者は、1年以下の懲役又は20万円以下の罰金に処する。

「封をしてある信書」とは、文理から、発信人が特定の者のみに開封することを許す意思で開封しなければ取り出して見られないように装置が付設された、発信人から受取人に宛てた文書（文字等の可読的符号を用いて一定の意思・観念を表示した物）をいうと解する。封筒に入れてあっても封が開いているとかクリップで止めているとかいった場合は「封をしてある」とはいえないと解する。個人情報保護のためにシールが貼られている葉書は、形状から考えて、「封をしてある」とはいい難いと思う。

「開けた」とは、文理から、前述の装置を壊して信書を取り出して見ることのできる状態にすることをいうと解する。開ければ、直ちに本罪は完成する。

3　（秘密漏示）134条

> 医師、薬剤師、医薬品販売業者、助産師、弁護士、弁護人、公証人又はこれらの職にあった者が、正当な理由がないのに、その業務上取り扱ったことについて知り得た人の秘密を漏らしたときは、6月以下の懲役又は10万円以下の罰金に処する。
>
> 宗教、祈禱若しくは祭祀の職にある者又はこれらの職にあった者が、正当な理由がないのに、その業務上取り扱ったことについて知り得た人の秘密を漏らしたときも、前項と同様とする。

「その業務上取り扱ったことについて知り得た」とは、文理から、医師等がその業務を遂行したために知ることとなったものであることをいうと解する。業務とは関係なく友人等から聞き知ったものはこれにあたらない。最決平成24・2・13刑集66・4・405は、少年事件について家庭裁判所から鑑定を命じられた精神科医師が鑑定資料を第三者に閲覧させたりした事案について、医師が医師としての知識、経験に基づく、診断を含む医学的判断を内容とする鑑定を命じられた場合には、その鑑定の実施は、医師がその業務としておこなうものといえるから、医師が当該鑑定をおこなう過程で知りえた人の秘密を漏示する行為は、「医師がその業務上取り扱ったことについて知り得た人の秘密を漏示」するものとなる旨述べている。この解釈は一応支持できる（ただし、本件では違法性阻却を肯定する余地があると思う[38]）。

「人の秘密」とは、文理から、行為者以外の自然人の一般に知られていない非公知の具体的事実で、一般に知られないことがその者の利益になると客観的に認められるものをいうと解する。医師や薬剤師が行為者の身分として規定されていることを考えると、法人や企業の秘密は、「人の秘密」にはあたらないと考える。また、一般に知られても特に不利益のない事実は、当人が秘密にしたいと感情的に思っていたとしても、「人の秘密」にあたらないと考える（民法上の不法行為責任を負うか否かは別の問題である）。

「漏らした」とは、文理から、秘密を知らない者にこれを告げることをいうと解する。同一の秘密を同一人に数回にわたって伝えた場合は、包括して本罪が一罪成立することになると考える。

４　（親告罪）135条

> この章の罪は、告訴がなければ公訴を提起することができない。

告訴権者は犯罪により害を被った者（刑事訴訟法230条参照）であるところ、秘密漏示罪は、秘密を漏示することにより、秘密を一般に知られないことによる利益を害する罪であるから、当該秘密の主体が告訴権者になると解する。前掲の最決平成24・2・13刑集66・4・405も、被告人は鑑定対象者である少年とその実父の秘密を漏らしたものであり、少年及びその実父が告訴権を有すると解される旨述べている。秘密の主体以外の者に告訴権を認める必要はない。

第５節　14章、15章の諸規定の解釈

第１款　14章：あへん煙に関する罪（136条-141条）

１　概　観

本章には、あへん煙に関する罪の規定が置かれている。あへん煙は、けしか

38　目的と解釈60～61頁参照。

ら採取された液汁を凝固させた生あへんに加熱等の操作を施して製造される、あへん煙膏を意味し、あへん煙膏は通常パイプ（煙管）で吸煙する方法で摂取される。このような実態に合わせて、本章の条文には、「あへん煙」、「吸食」、「吸食する器具」といった文言が使われている。現代の薬物犯罪規制法の規定を見てもこのような文言は見られず、本章の規定は時代遅れといえなくもない。ただ、本章の規定が多様な薬物犯罪規制法の基本をなしているともいえる。薬物犯罪規制法の解釈への影響も考えて、厳格解釈の要請に応える解釈が必要な領域である。

２　（あへん煙輸入等）136条

> あへん煙を輸入し、製造し、販売し、又は販売の目的で所持した者は、６月以上７年以下の懲役に処する。

「あへん煙」とは、文言通り、あへん煙膏をいうと解する。生あへんはこれにあたらない（大判大正8・3・11刑録25・314は、本章にいうあへん煙とはあへん煙として直ちに吸食に使用することのできる物体を指称し、吸食用あへん煙製造の原料に過ぎない生あへんを輸入等した者に本条を適用することはできないとする）。

文理から、「輸入」とは日本国外から同国内に搬入することをいい、「製造」とは原料を加工して作り出すことをいい、「販売」とは不特定又は多数の者に有償譲渡することをいい、「所持」とは事実上支配することをいうと解する。携帯していなくても、自己の事実上の支配下に置いていれば「所持」にあたりうる。

３　（あへん煙吸食器具輸入等）137条

> あへん煙を吸食する器具を輸入し、製造し、販売し、又は販売の目的で所持した者は、３月以上５年以下の懲役に処する。

「あへん煙を吸食する器具」とは、文理から、あへん煙の吸食に用いるために作られた器具をいうと解する。「あへん煙を吸食する」とは、文理から、あへん煙を人体内に吸い込んで摂取することをいうと解する。「吸食」という文言が使われていることから、呼吸器又は消化器による摂取に限られ、注射や塗布によるものは含まれないと解する。他の文言の解釈は、136条の同一文言の解釈と同様である。

４　（税関職員によるあへん煙輸入等）138 条

> 税関職員が、あへん煙又はあへん煙を吸食するための器具を輸入し、又はこれらの輸入を許したときは、１年以上 10 年以下の懲役に処する。

「税関職員」とは、文理から、税関において輸入に関する事務に従事する公務員をいうと解する。「これらの輸入を許した」とは、文理から、あへん煙又はあへん煙を吸食するための器具の輸入であることを知りながら輸入を許可したことをいうと解する。「あへん煙を吸食するための器具」とは、文理から、137 条の「あへん煙を吸食する器具」と同様に、あへん煙の吸食に用いるために作られた器具をいうと解する（「ための」の文言が入っているのは、税関職員自身があへん煙を「吸食する」ことを予定していないからであろう）。他の文言の解釈は 136 条の同一文言の解釈と同様である。

５　（あへん煙吸食及び場所提供）139 条

> あへん煙を吸食した者は、３年以下の懲役に処する。
>
> あへん煙の吸食のため建物又は室を提供して利益を図った者は、６月以上７年以下の懲役に処する。

「あへん煙を吸食した」とは、文理から、あへん煙を人体内に吸い込んで摂取したことをいうと解する。「あへん煙の吸食のため建物又は室を提供して」とは、文理から、あへん煙を吸食する場所として使用する建物又はその一室を提供してということであると解する。「利益を図った」とは、文理から、あへん煙吸食のための建物・室の提供により財産的利益を得ようと意図して同建物・室を提供したことをいうと解する。現実に利益を得なくても本罪は完成する。

６　（あへん煙等所持）140 条

> あへん煙又はあへん煙を吸食するための器具を所持した者は、１年以下の懲役に処する。

「所持した」とは、文理から、事実上支配下に置いたことをいうと解する。

139 条１項のあへん煙吸食罪を実行する際のあへん煙・あへん煙を吸食するための器具の所持については、同罪に吸収され、これについて別に本罪は成立しないと解する。

「あへん煙」の解釈は、136 条の同一文言の解釈と同様である。「あへん煙を吸食するための器具」とは、文理から、137 条の「あへん煙を吸食する器具」と同様に、あへん煙の吸食に用いるために作られた器具をいうと解する。「ための」の文言が入っているのは、所持者以外の者があへん煙を「吸食する」ことを予定して器具を所持した場合を包含させるためであろう。

７　（未遂罪）141 条

> この章の罪の未遂は、罰する。

本章の罪にあたる所為が組織的におこなわれて公衆の健康を害するものであることから、未遂段階で処罰することを示した規定である。

第２款　15 章：飲料水に関する罪（142 条 -147 条）

１　概　観

本章には、飲料水に関する罪として、浄水汚染罪、水道汚染罪、浄水毒物等混入罪、浄水汚染等致死傷罪、水道毒物等混入罪・同致死罪、水道損壊罪・閉塞罪の規定が置かれている。飲料の浄水を汚染したり毒物など人の健康を害すべき物を混入したりする所為は、公衆の健康を害する重大犯罪のように思えるものの、未遂処罰規定は置かれていない。殺人罪や傷害罪、傷害致死罪との関係を考慮した解釈が必要になる領域といえる。

２　（浄水汚染）142 条

> 人の飲料に供する浄水を汚染し、よって使用することができないようにした者は、６月以下の懲役又は 10 万円以下の罰金に処する。

「人の飲料に供する浄水」とは、文理から、人の飲料に供することが予定されている、飲料として用いうる程度に清浄な水をいうと解する。147 条が「公衆の飲料に供する浄水の水道」と規定しているのは未だに特定の人の飲料に供されていない浄水の水道を意味すると考えられることからも、本条の「人の飲料に供する浄水」は人の飲料に供することが予定されている浄水を意味すると解する。したがって、既に特定人の飲料に供された浄水（例えば、特定人が飲むためにコップに入れられた水）は、「人の飲料に供する浄水」にあたらないと解する。「人の飲料に供する浄水」は不特定又は多数人の用に供されるものであることを要するとして台所炊事場に備え付けた水瓶内の飲料水がこれにあたるとした大判昭和８・６・５刑集12・736の結論は、この意味において、支持できる。

「汚染し、よって使用することができないようにした」とは、文理から、水の飲料として用いうる清浄な状態を物理的に変化させて、飲料として使用できないようにしたことをいうと解する。飲んだ者の健康状態に影響を及ぼすものを混入する場合に限らない（最判昭和36・9・8刑集15・8・1309は、食用紅で薄赤色に混濁させた所為につき本罪の成立を肯定している）。なお、「毒物その他人の健康を害すべき物」を混入した場合は、144条の罪が成立し、本罪は成立しないと解する。

3　（水道汚染）143条

> 水道により公衆に供給する飲料の浄水又はその水源を汚染し、よって使用することができないようにした者は、６月以上７年以下の懲役に処する。

「水道」とは、文理から、浄水を一定の地域又は場所に引水するための人工的設備をいうと解する（大判昭和7・3・31刑集11・311は、浄水の水道とは浄水をその清浄を保たしめて一定の地点に導く設備を指すとする）。「公衆に供給する飲料の浄水」とは、文理から、不特定又は多数の人に飲料として供給される浄水をいうと解する。ここにおける浄水は供給途中のものに限られるので、蛇口から出て、供給された状態になったものは「公衆に供給する飲料の浄水」にはあたらないと解する。「その水源」とは、文理から、水道に入ることが予定されている、水道に入る前の水をいうと解する。

「汚染し、よって使用することができないようにした」の解釈は、142条の同一文言の解釈と同様である。

４　（浄水毒物等混入）144条

> 人の飲料に供する浄水に毒物その他人の健康を害すべき物を混入した者は、３年以下の懲役に処する。

「人の飲料に供する浄水」の解釈は、142条の同一文言の解釈と同様である。「毒物その他人の健康を害すべき物」とは、文理から、飲用することによって人の健康に障害を与えるに足りる有害物をいうと解する。「混入した」とは、文理から、浄水に混じらせて容易に分離できない状態にしたことをいうと解する。

５　（浄水汚染等致死傷）145条

> 前三条の罪を犯し、よって人を死傷させた者は、傷害の罪と比較して、重い刑により処断する。

文理から、本条は、結果的加重犯を規定したものであり、「傷害の罪と比較して、重い刑により処断する」とは、傷害罪、傷害致死罪の刑と比較して、上限下限とも重いものによるということであると解する。

なお、結果的加重犯と解する以上、殺意又は傷害の意思をもって「前三条の罪」を犯し人を死傷させた場合は、事案によって、「前三条の罪」のいずれかと殺人罪・傷害罪・傷害致死罪のいずれかとが成立し、観念的競合になると解する。

６　（水道毒物等混入及び同致死）146条

> 水道により公衆に供給する飲料の浄水又はその水源に毒物その他人の健康を害すべき物を混入した者は、２年以上の有期懲役に処する。よって人を死亡させた者は、死刑又は無期若しくは５年以上の懲役に処する。

「水道により公衆に供給する飲料の浄水又はその水源」の解釈は143条の同一文言の解釈と同様であり、「毒物その他人の健康を害すべき物を混入した」の解釈は144条の同一文言の解釈と同様である。殺意をもって毒物を混入し人を死亡させた場合は、結果的加重犯である水道毒物等混入致死罪は成立せず、水道毒物等混入罪と殺人罪が成立して観念的競合になると解する。

7　（水道損壊及び閉塞）147 条

> 公衆の飲料に供する浄水の水道を損壊し、又は閉塞した者は、１年以上 10 年以下の懲役に処する。

「公衆の飲料に供する浄水」とは、文理から、不特定の人の飲料に供することが予定されている、飲料として用いうる程度に清浄な水であって、水道により供給される途中にあるものをいうと解する。「水道」の解釈は、143 条の同一文言の解釈と同様である。

文理から、「損壊し〔た〕」とは、物理的に破壊して水道の浄水供給機能を喪失乃至減弱させたことをいい、「閉塞した」とは、障害物により遮断して水道の同機能を喪失乃至減弱させたことをいうと解する。「損壊」と並記されていることからも、水道施設自体を操作して送水を遮断することは「閉塞」にあたらないと解する（大阪高判昭和 41・6・18 下刑集 8・6・836 参照）。

第６節　16 章 -19 章の２の諸規定の解釈

第１款　16 章：通貨偽造の罪（148 条 -153 条）

１　概　観

（1）通貨偽造の罪と通貨発行権

本章には、通貨の信用に関わる、通貨偽造の罪の規定が設けられている。もっとも、通貨偽造の罪を通貨発行権を害する罪と考える余地もないではない。最判昭和 22・12・17 刑集 1・94 は、被告人が、新円切替の際、証紙を貼付した旧券を新券と同様に扱うという応急措置が取られている状況下で、不要の者から買い取った証紙を旧券に貼付した事案につき、通貨偽造罪は通貨発行権者の発行権を保障することによって通貨に対する社会の信用を確保するものであるから作成者が通貨発行権限をもたない者である限り通貨偽造罪が成立する旨述べている。しかし、この証紙は国が国民において旧券に貼付することを予定して発行したものであるから、証紙貼付によって作出されたのは真貨であり、通貨偽造罪の成立を肯定することはできないと考える（証紙を売買することを禁じたいのなら法令に対応する罰則を置いて対処すべきである）。

（２）頻出する文言の解釈

通貨偽造の罪の規定に頻出する文言の解釈を以下に示すことにする。

通貨偽造の罪の客体となる通貨は、通用する、貨幣・紙幣・銀行券（148条1項）又は日本国内に流通している、外国の、貨幣・紙幣・銀行券（149条1項）である。文理から、「通用する」とは、日本国内で強制通用力を有していることをいい、「日本国内に流通している」とは、日本国内で事実上通貨として使用されていることをいい、「貨幣」とは、政府その他の公的な発行権限のある者が発行し、経済的取引において一定の価値を代表して支払の手段に利用される、金属を鋳造して作った物（硬貨）をいい、「紙幣」とは、政府その他の公的な発行権限のある者が発行し、その信用によって貨幣の代用になるものをいい、「銀行券」とは、政府の認許によって特定の銀行（日本では日本銀行）が発行する貨幣の代用となる証券をいうと解する。

「偽造」とは、文理及び通貨及証券模造取締法１条の文言（「紛ハシキ外観ヲ有スルモノヲ製造シ」）との対比から、通貨の発行権限を有しない者が、これを有する者が発行した通貨（真貨）と一般人に誤信させる外観を有するものを作出することをいうと解する。紛らわしい外観を有するものを作出する所為は、模造として、同法２条により処罰されることになる。

「変造」とは、文理から、通貨の発行権限を有しない者が真貨を加工してその真価に額面額として表示されている価値を偽ることをいうと解する（百円札を五百円札様のものに加工した所為を変造にあたるとした東京高判昭和30・12・6東高刑時報6・12・440参照）。最判昭和50・6・13刑集29・6・375は、千円札２枚を切断・加工するなどして四つ折り又は八つ折りにした千円札のような外観を有するものを６個作出した所為を変造にあたるとした。６個の紙片はいずれも真貨である千円札の一部であり、かといって各々が1000円の価値を有するわけではないから、同所為は、真価を加工してその真貨に額面額として表示されている価値を偽ったとして「変造」にあたるといえる。

「行使」とは、文理から、偽造又は変造された通貨（偽貨）を真貨として流通に置くことをいうと解する。したがって、「行使の目的」とは、偽貨を真貨として流通に置く目的をいうと解する。相手に偽貨であることを知らせて、あるいは、相手が偽貨であることを知っていることを知りながら偽貨を渡す所為は、真貨として流通に置くものではないので、行使にあたらない。このような所為は、148条２項、149条２項、152条が、「行使し」と「行使の目的で人に交付し」を並記していることから考えて、「交付」にはあたると解する（大判明治43・3・10刑録16・402は、偽貨を流通に置く意思で他人に交付すれば相手方が情を知っていたと否とを問わず、行使の目的で人に交付し、にあたる旨述べている）。

２　（通貨偽造及び行使等）148条

> 行使の目的で、通用する貨幣、紙幣又は銀行券を偽造し、又は変造した者は、無期又は３年以上の懲役に処する。
> 偽造又は変造の貨幣、紙幣又は銀行券を行使し、又は行使の目的で人に交付し、若しくは輸入した者も、前項と同様とする。

行使の目的で「輸入した」とは、文理から、国外から国内に搬入したことをいうと解する。

３　（外国通貨偽造及び行使等）149条

> 行使の目的で、日本国内に流通している外国の貨幣、紙幣又は銀行券を偽造し、又は変造した者は、２年以上の有期懲役に処する。
> 偽造又は変造の外国の貨幣、紙幣又は銀行券を行使し、又は行使の目的で人に交付し、若しくは輸入した者も、前項と同様とする。

「日本国内に流通している」とは、前述したように、日本国内で事実上通貨として使用されていることをいうと解する。日本国内の制限された範囲で流通している場合でも、「日本国内に流通している」にあたりうる（最判昭和30・4・19刑集9・5・898は、日本国内の米軍施設内で流通していたドル表示軍票が本罪の客体にあたるとした）。「外国の」とは、文理から、日本国以外の政府その他の公的な通貨発行権限のある者が発行するものであることをいうと解する。

４　（偽造通貨等収得）150条

> 行使の目的で、偽造又は変造の貨幣、紙幣又は銀行券を収得した者は、３年以下の懲役に処する。

行使の目的で「収得した」とは、同目的をもって偽貨を占有（事実上、管理・支配）したことをいうと解する。相手方の意思に基づいて占有したか否かは問わない。

５ （未遂罪）151 条

> 前三条の罪の未遂は、罰する。

148 条乃至 150 条に規定された所為が経済的取引において支払手段として利用される通貨の信用性を著しく害するものであることから、未遂段階で処罰することを示した規定である。152 条の罪が対象外とされているのは、偽貨であることを知らずに収得した者が行使や行使の目的での交付をする所為であることから、その可罰性が低いと評価されたからであると考える。

６ （収得後知情行使等）152 条

> 貨幣、紙幣又は銀行券を収得した後に、それが偽造又は変造のものであることを知って、これを行使し、又は行使の目的で人に交付した者は、その額面価格の三倍以下の罰金又は科料に処する。ただし、2000 円以下にすることはできない。

「収得した」とは、「後に、それが偽造又は変造のものであることを知って」という文言があることから、偽貨を偽貨であることを知らずに占有（事実上、管理・支配）したことをいうと解する。

７ （通貨偽造等準備）153 条

> 貨幣、紙幣又は銀行券の偽造又は変造の用に供する目的で、器械又は原料を準備した者は、３月以上５年以下の懲役に処する。

「貨幣、紙幣又は銀行券の偽造又は変造の用に供する目的」とは、文理から、行使の目的でなされる偽造又は変造に使用させる目的をいうと解する。偽造・変造を器械・原料を準備する者がなすか否かは問わない（大判大正 5・12・21 刑録 22・1925 は、偽造・変造を実行する意思を有する者が器械・原料を準備する場合のほか、このような者を幇助するために他人が器械・原料を準備する場合も本罪が成立するとする）。

「器械又は原料」とは、「偽造又は変造の用に供する目的で」という文言のあることから、偽造・変造に使用する器械・原料をいうと解する。偽造・変造に直接必要なものに限らないものの（大判大正２・１・23 刑録 19・28 参照）、例えば、工場の冷暖房設備など偽造・変造以外の作業にも用いられるものは「器械」にあたらないと考える。

「器械又は原料を準備した」とは、文理から、器械・原料を占有して偽造・変造の用に供しうる状態にしたことをいうと解する。偽造・変造の作業現場に運び込む必要はないものの、単に注文しただけでは「準備した」にはあたらないと考える。なお、偽造・変造をなす者が実行に着手した場合は、準備した者が着手した者であるときは、偽造罪・変造罪に吸収されて本罪は成立せず、準備した者が着手した者でないときは、偽造罪・変造罪の共犯となって、やはり本罪は成立しないことになる。大判明治 44・2・16 刑録 17・88 が、準備とは、器械・原料を偽造・変造の目的を遂行しうべき状態に置く行為であって、未だ偽造罪・変造罪の実行に着手しないものをいう旨述べているのは、このような趣旨であると理解できる。

第２款　17 章：文書偽造の罪（154 条 -161 条の 2）

1　概　観

（1）文書偽造の罪全般

本章には、文書偽造の罪として、文書・図画の偽造・変造・行使、虚偽の文書・図画の作成、文書・図画の虚偽の文書・図画への変造、診断書等への虚偽記載、虚偽の申立により公正証書の原本に不実の記載をさせる行為及び不実の記載をさせた公正証書の原本の行使、虚偽の申立により公正証書の原本として用いられる電磁的記録に不実の記録をさせる行為及び不実の記録をさせた電磁的記録の供用、電磁的記録の不正作出・供用といったものを処罰する規定が置かれている。複雑なので、以下、客体と所為に分けてその共通する意義を明らかにする。

（2）文書偽造の罪の客体

文書とは、「文書」の語が一定の意味を有するように文字で書かれたものを意味すること、本章の規定により文書の偽造・変造・虚偽記載等が処罰されていることから考えて、文字又は文字に相当する符号を用いて、特定人の意思又は観念を、ある程度持続するように表示した物体で、しかも、偽造・変造・虚偽記載等を処罰することによって刑法上保護するに値するものをいうと解する。文書の多くは紙製のものであるものの、その他の物体に表示されているものでも文書にあたりうる（大判明治43・9・30刑録16・1572は、文書とは文字若しくはこれに代わるべき符号を用いて永続すべき状態においてある物体の上に記載した意思表示をいう旨述べて、陶器への記載が文書にあたるとしている）。

そのままでは読めなくても、光線を当てるとか器械にかけるなどの処置をすれば読み取れる物は文書にあたるといえる。もっとも、その物が文書らしい形状であることは必要である。したがって、例えば、文書がファックスで送信されて受信先のファックス器が受信し、いつでもプリント可能な状態になったとしても、ファックス器を文書であると見ることには無理があるから、ディスプレイに表示させるかプリントした段階で文書が現出したと解する（広島高岡山支判平成8・5・22高刑集49・2・246は、受信先のファックスで印字させて作成させたものが文書偽造罪の客体となる旨判示している）。

また、刑法が文書・図画とは別に「電磁的記録」の不正作出等を処罰している以上、本章の規定の文書・図画に電磁的記録は含まれないと解する。ただし、電磁的記録によってディスプレイに表示をした場合、電子的表示であるというだけで「文書」から除く理由はないから、当該ディスプレイは「文書」にあたりうると解する。

なお、162条、163条の罪の客体になる「有価証券」は本章の「文書」に含まれるといえるものの、162条、163条の罪が成立する場合は、法条競合により、本章の文書関係の罪は成立しないと解する。

電子複写機を使って現出させた写真コピーも「文書」にあたりうる。ただ、それが「公務所若しくは公務員の作成すべき文書」（155条1項）や「権利、義務若しくは事実証明に関する文書」（159条1項）にあたるかは別問題である。また、コピーに表示されている意思・観念が「このような内容の原本が存在する」というものであるときは、名義人、作成者はコピー作成者になるので有形偽造にはならないとも考えられる。最判昭和51・4・30刑集30・3・453は、供託金受領書の供託官の記名押印部分を切り取って供託書と合わせてコピーを取り供託金受領書の写しを作成した所為について、有印公文書偽造罪、同行使罪の成立を肯定しているものの、同判決は支持できない[39]。

「図画」と「文書」は、本章の規定において並記され同等に扱われていることから、象形的符号を用いるか文字を用いるかの点で相違があるに過ぎないと解する。したがって、「図画」とは、象形的符号を用いて、特定人の意思又は観念を、ある程度持続するように表示した物体で、しかも、偽造・変造・虚偽記載等を処罰することによって刑法上保護するに値するものをいうと解する。

「電磁的記録」の意義は、７条の２に規定されている通りである。

（3）文書偽造の罪の所為

（ⅰ）有形偽造（154条１項、155条１・３項、159条１・３項の偽造）　「偽造」を処罰している規定は、154条１項、155条１・３項、159条１・３項である。このうち、各１項には、行為者以外の人αの作成すべき文書（154条１項以外は加えて図画）を、αの印章・署名又は偽造したαの印章・署名を使用して「偽造し〔た〕」ことが所為として規定されている。文書・図画に押印・署名がなされるのは、通例、その文書・図画に意思・観念を表示した者、すなわち、意思・観念の主体として、文書作成に伴う法的・事実的責任を引き受けることを意味するから、〈このような責任を引き受けた者（名義人）はαであると見られる文書・図画〉を、αとは別人である行為者が、αに無断で、αの印章・署名（偽造したものを含む）を使用して作成したとき、作成された文書・図画の内容的真偽を問わず、行為者の所為は、各１項の偽造にあたるということになると解する。そして、各３項所定の各１項に「規定するもののほか」の「偽造し〔た〕」とは、αの印章・署名（偽造したものを含む）を使用する以外の方法で、名義人はαであると見られる文書・図画を、αに無断で、作成したことをいうと解する。このように、αとは別の者が、αに無断で（すなわち、作成権限を授与されることなく）、αを名義人とする文書・図画を作成することが154条１項、155条１・３項、159条１・３項の「偽造」であり、有形偽造と呼ばれるものである。したがって、有形偽造になるか否かは、第一に名義人と作成者とが同一の者であるといえるか（同一の者であるといえるときは有形偽造にならない）、第二に名義人と作成者とが同一の者であるといえないときは名義人から作成者に作

39　目的と解釈５頁参照。

成権限が授与されているか（授与されているときは有形偽造にならない）によって判断すべきであると解する[40]。

通称を使用して再入国許可申請書を作成した所為につき私文書偽造罪の成立を肯定した最判昭和 59・2・17 刑集 38・3・336、弁護士でない者が同姓同名の弁護士がいることを利用して弁護士と称して報酬請求書等を作成した所為につき同罪の成立を肯定した最決平成 5・10・5 刑集 47・8・7 は、名義人と作成者が同一の者といえるのに偽造にあたるとしている点で支持できない。また、交通事件原票の供述書欄に名義人の同意を得て署名した所為につき同罪の成立を肯定した最決昭和 56・4・8 刑集 35・3・57 は、名義人から作成権限が授与されているといえるのに偽造にあたるとしている点で支持できない。これに対し、偽名での履歴書等の作成につき同罪の成立を肯定した最決平成 11・12・20 刑集 53・9・1495、代表資格冒用による理事会決議録作成につき同罪の成立を肯定した最決昭和 45・9・4 刑集 24・10・1319、国際運転免許証に酷似した文書の作成に関し同罪の成立を肯定した最決平成 15・10・6 刑集 57・9・987 は、前述の基準に照らし、支持できる[41]。

（ii）有形変造（154 条 2 項、155 条 2・3 項、159 条 2・3 項の変造）　154 条 1 項、155 条 1・3 項、159 条 1・3 項の「偽造」を前述のような有形偽造を意味すると解すること、154 条 2 項、155 条 2 項、159 条 2 項の「変造」の客体は、名義人 α が押印・署名した文書・図画であるとされていることから考えて、同「変造」とは、α が押印・署名をして名義人となっている文書・図画に、α とは別人であり α から権限を授与されていない者が、変更を加えることをいうと解する。そして、155 条 3 項、159 条 3 項の「変造」は、α が押印・署名していない α 名義の文書・図画に同様のことをする所為を意味すると考えるので、結局、154 条 2 項、155 条 2・3 項、159 条 2・3 項の「変造」（有形変造）とは、名義人の作成した文書・図画に、名義人とは別人であり名義人から権限を授与されていない者が変更を加えることをいうと解する。ただ、元の文書・図画と同一性のないものを新たに作り出したと認められるときは、「変

40　目的と解釈 175 ～ 177 頁参照。

41　目的と解釈 177 ～ 181 頁参照。なお、このうち、最決昭和 45・9・4 は 159 条 3 項の罪にあたるとする。

造」ではなく「偽造」にあたることになると解する。

（iii）無形偽造（156条の虚偽の文書・図画の作成、157条1・2項の不実記載、160条の虚偽の記載）　156条の「虚偽の文書若しくは図画を作成し〔た〕」、157条1項、2項の「虚偽の申立てをして〔…〕に不実の記載をさせ〔た〕」、160条の「虚偽の記載をした」とは、文理から、文書等に真実とは異なる記載をすること（無形偽造）をいうと解する。ただ、名義を偽って有形偽造・変造になる場合は、154条、155条、159条の罪が成立し、156条、157条、160条の罪は成立しないと解するので、結局、無形偽造をなしたとして後者の罪が成立するのは名義を偽っていないときということになる。なお、名義人が真実と異なる自己名義の文書等を作成した場合は無形偽造になりうることは明らかであるけれど、156条の罪はその職務に関し文書・図画を作成する権限のある公務員であれば必ずしも名義人でなくても実行しうるし、157条の罪は、名義人ではなく申立人による実行を予定しているといえる。

（iv）無形変造（156条の変造）　156条の「変造した」とは、文理から、その職務に関し文書・図画を作成する権限のある公務員が既に存在する文書・図画の内容を虚偽のものに変更することをいうと解する。無形偽造と同様に、名義を偽って有形偽造・変造になる場合は154条、155条の罪が成立し、156条の変造罪は成立しないと解する。

（v）行使（158条1項、161条1項の行使）　158条1項、161条1項の「行使し〔た〕」とは、文理から、有形偽造・変造、無形偽造・変造された文書等をそのようにされていない文書等として用いること（他人に認識しうる状態に置くこと）をいうと解する。ただし、160条の罪の虚偽記載のされた診断書等の行使は、同条に「公務所に提出すべき」という文言のあることから、虚偽記載のされていないものとして公務所に提出することに限られると解する。

154条1項、155条1項、159条1項の「行使の目的」とは、文理から、有形偽造・変造した文書等をそのようにされていない文書等として用いる目的をいうと解する。

（vi）電磁的記録関係の所為（157条1項の不実記録、158条1項の供用、161条の2の不正作出・供用）　文理から、157条1項の「不実の記録をさせた」とは、真実に反する記録をさせたことをいい、158条1項の「公正証書の原本とし

ての用に供した」とは、公務所に備えて公証をなしうる状態に置いたことをいい、161条の２第１項の「不正に作った」とは、事務処理を誤らせるような電磁的記録を、作成権限なく、あるいは、同権限を濫用して作り出したこと（記録媒体上に存在させたこと）をいい、同条３項の「人の事務処理の用に供した」とは、他人の事務処理に使用される電子計算機において用いうる状態にしたことをいうと解する。

２　（詔書偽造等）154条

> 行使の目的で、御璽、国璽若しくは御名を使用して詔書その他の文書を偽造し、又は偽造した御璽、国璽若しくは御名を使用して詔書その他の文書を偽造した者は、無期又は３年以上の懲役に処する。
>
> 御璽若しくは国璽を押し又は御名を署した詔書その他の文書を変造した者も、前項と同様とする。

「御璽」は天皇の印章を、「国璽」は日本国の印章を、「御名」は天皇の署名を、「詔書」は天皇が国事に関する意思表示をするために用いる文書で詔書の形式を取るものを、それぞれ意味する。「その他の文書」とは、文理から、天皇が国事に関する意思表示をするために用いる文書で詔書の形式を取らないものをいうと解する。本条は無印無署名の文書の偽造・変造を規定していないので、客体となる文書は御璽・国璽・御名を用いるものに限られる。

３　（公文書偽造等）155条

> 行使の目的で、公務所若しくは公務員の印章若しくは署名を使用して公務所若しくは公務員の作成すべき文書若しくは図画を偽造し、又は偽造した公務所若しくは公務員の印章若しくは署名を使用して公務所若しくは公務員の作成すべき文書若しくは図画を偽造した者は、１年以上10年以下の懲役に処する。
>
> 公務所又は公務員が押印し又は署名した文書又は図画を変造した者も、前項と同様とする。
>
> 前二項に規定するもののほか、公務所若しくは公務員の作成すべき文書若しくは図画を偽造し、又は公務所若しくは公務員が作成した文書若しくは図画を変造した者は、３年以下の懲役又は20万円以下の罰金に処する。

「公務所若しくは公務員の印章若しくは署名」とは、文理から、「公務所若しくは公務員の作成すべき文書若しくは図画」に名義人として用いる印章・署名をいうと解する（大判昭和９・２・24 刑集 13・160 は、公務員が職務上公務員の印章として使用するものであれば職印か認印かを問わず公務員の印章にあたるとする）。「署名」は自己の氏名を書き記すことを意味するから、自署のみならず記名もこれにあたると解する（大判大正４・10・20 新聞 1052・27 は、作成者がいかなる者であるかを表示するものであれば記名か自署かを問わず署名にあたるとする）。

「公務所若しくは公務員の作成すべき文書若しくは図画」とは、文理から、公務所・公務員が、その名義人となって、職務上、権限に基づき所定の形式に従って作成する文書・図画（公文書・図画）をいうと解する（大判明治 45・4・15 刑録 18・464 参照）。公務員が作成したものであっても、職務上の権限に基づかないものは、これにあたらない（村役場書記の退職願は公文書にあたらないとした大判大正 10・9・24 刑録 27・589 参照）。

公務所・公務員の意義は７条に規定されている通りである。本条における公務所・公務員は、文理から、特定の公務所・公務員を意味すると解するので、例えば、公務員Ｘが公務員Ｙ名義の公文書を作成権限を授与されていないのに作成した場合、本条１項の罪に問われうることになる（最判昭和 25・2・28 刑集４・２・268 は、建築出張所勤務のＸが同出張所長Ｙの公印を用いて割当証明書を発行した所為につき、Ｘが割当証明書作成権限を有していたとは認められないとして、公文書偽造罪の成立を肯定した）。

４　（虚偽公文書作成等）156 条

公務員が、その職務に関し、行使の目的で、虚偽の文書若しくは図画を作成し、又は文書若しくは図画を変造したときは、印章又は署名の有無により区別して、前二条の例による。

「公務員が、その職務に関し」とは、文理から、当該文書・図画の作成権限を有する公務員が作成権限に基づいてということであると解する。「文書若しくは図画」とは、「前二条の例による」とあることから、154 条、155 条の罪の客体となる文書又は図画をいうと解する。当該文書・図画の名義人ではない公務員であっても、自己の作成権限に基づいて虚偽の文書・図画を作成すれば本条の虚偽公文書作成罪が成立しうる。当該公務員が自己の手で名義人の記名捺印をするか名義人を欺罔して名義人の手で記名捺印させたかを問わない。最判昭和32・10・4刑集11・10・2464は、地方事務所の建築係として建築申請書類の審査等の職務を担当していた被告人が、現場審査申請書に虚偽の記載をした上、地方事務所長に提出し、同所長に記名捺印をさせて内容虚偽の現場審査合格書を作らせた事案につき、被告人の所為を本条の罪に問擬した原判決は正当である旨判示している。所長の審査は機械的なものであり、審査合格書の作成権限が被告人にあったということならば、同判決の結論は支持しうる。

作成権限を有する公務員ではないXが、作成権限を有する公務員Yを欺罔して虚偽内容の文書・図画を作成させた場合、虚偽公文書作成罪の間接正犯が成立するか。本条は公務員が職務に関し虚偽の文書・図画を作成したことを所為として予定しており、作成権限を有する公務員ではないXの所為は、「公務員が、その職務に関し」なした所為にあたらないと解する。したがって、同罪の間接正犯は成立しないと考える。その意味で同罪は間接正犯除外犯罪である[42]。

それでは、この場合、公文書偽造罪の間接正犯は成立するか。作成権限を有する公務員Yが文書の記載事項を認識して作成している以上、情を知らないYを道具として利用し同罪の「偽造」をしたとはいえないと考える余地がないではないものの、Yが記載事項の内容が虚偽であることを認識していたら文書を作成することはなかったといえる場合には、同罪の間接正犯は成立すると考える。なお、公務員でない者が公文書の無形偽造を間接正犯的形態でなした場合は157条の罪にあたるとき以外は処罰しない趣旨であるとする考え（最判昭和27・12・25刑集6・12・1387参照）を有形偽造を処罰する155条の罪にまで及ぼせば、間接正犯的形態でなす限り、虚偽公文書作成罪はもとより公文書偽造罪も成立しないということになろう。しかし、157条は申立により記載内容が変更される登記簿等に、虚偽の申立により不実の記載をさせる所為を特に処罰するために設けられた規定であって、同規定が設けられているのは同規定に該当しない間接正犯的形態での公文書の無形偽造を処罰しない趣旨であると解することには無理がある。公文書の有形偽造については、なおさらそのよう

42　目的と解釈42頁参照。

にいえる。よって、157 条の存在は、前述の結論を左右しえない。

5 （公正証書原本不実記載等）157 条

> 公務員に対し虚偽の申立てをして、登記簿、戸籍簿その他の権利若しくは義務に関する公正証書の原本に不実の記載をさせ、又は権利若しくは義務に関する公正証書の原本として用いられる電磁的記録に不実の記録をさせた者は、5 年以下の懲役又は 50 万円以下の罰金に処する。
>
> 公務員に対し虚偽の申立てをして、免状、鑑札又は旅券に不実の記載をさせた者は、1 年以下の懲役又は 20 万円以下の罰金に処する。
>
> 前二項の罪の未遂は、罰する。

「公務員に対し虚偽の申立てをして」とは、文理から、公正証書の原本等に記載・記録をする権限を有する日本国の公務員に対し、真実に反する事実による申立をすることによりということであると解する。文理から、「権利若しくは義務に関する公正証書の原本」とは、公務員がその職務上作成する文書で、権利・義務の得喪・変更に関する事実を公に証明する効力を有するものをいい、「権利若しくは義務に関する公正証書の原本として用いられる電磁的記録」とは、公務員がその職務上作成する電磁的記録で、権利・義務の得喪・変更に関する事実を公に証明する効力を有し、公正証書の原本として用いられているものをいうと解する。

文理から、「免状」とは、特定人に対し一定の行為をする権利を付与する公務所又は公務員の作成する証明書をいい、「鑑札」とは、公務員が作成、下付し、下付を受けた者が備付け又は携帯することを要する、公務所の許可・登録があったことを証明する物をいい、「旅券」とは、旅券法に基づき、外務大臣又は領事館が外国に渡航する者に発給する、旅行を認許した旨を記した文書（パスポート）をいうと解する。

6 （偽造公文書行使等）158 条

> 第 154 条から前条までの文書若しくは図画を行使し、又は前条第 1 項の電磁的記録を公正証書の原本としての用に供した者は、その文書若しくは図画を偽造し、若しくは変造し、虚偽の文書若しくは図画を作成し、又は不実の記載若しくは記録をさせた者と同一の刑に処する。
>
> 前項の罪の未遂は、罰する。

154条から157条までの有形偽造・変造又は無形偽造・変造された文書・図画を行使した者、あるいは、157条１項の不実の記録をさせた電磁的記録を公正証書の原本として供用した者を、各規定の法定刑によって処罰するとした規定である。

7　（私文書偽造等）159条

行使の目的で、他人の印章若しくは署名を使用して権利、義務若しくは事実証明に関する文書若しくは図画を偽造し、又は偽造した他人の印章若しくは署名を使用して権利、義務若しくは事実証明に関する文書若しくは図画を偽造した者は、３月以上５年以下の懲役に処する。

他人が押印し又は署名した権利、義務又は事実証明に関する文書又は図画を変造した者も、前項と同様とする。

前二項に規定するもののほか、権利、義務又は事実証明に関する文書又は図画を偽造し、又は変造した者は、１年以下の懲役又は10万円以下の罰金に処する。

「権利、義務〔…〕に関する文書若しくは図画」とは、文理から、権利・義務の発生・変更・消滅の効果を生じさせうる文書・図画をいうと解する。「事実証明に関する文書若しくは図画」とは、文理から、社会生活に交渉を有する事項を証明しうる文書・図画をいうと解する（最決昭和33・9・16刑集12・13・3031は、政党の佐賀県委員会の機関誌に掲載された「祝発展、佐賀県労働基準局長A」という広告文を、最決平成6・11・29刑集48・7・453は、私立大学の入学選抜試験の答案を、社会生活に交渉を有する事項を証明する文書であって本条の「事実証明に関する文書」にあたる旨判示した）。

8　（虚偽診断書等作成）160条

医師が公務所に提出すべき診断書、検案書又は死亡証書に虚偽の記載をしたときは、３年以下の禁錮又は30万円以下の罰金に処する。

「医師」とは、文理から、医師法２条の免許を賦与されて医業をなす者をいうと解する。公務員である医師による診断書等への虚偽記載が156条の罪に該当するときは、同罪が成立し、本条の罪は成立しない（法条競合）と解する。

文理から、「診断書」とは医師が診察の結果に関する判断を示した、人の健康状態を証明する文書をいい、「検案書」とは医師が死体について死因、死期等に関する事実を医学的に確認した結果を記載した文書をいい、「死亡証書」とは医師が生前から診察にあたっていた患者が死亡したときに死亡の事実を確認して作成する文書をいうと解する。

「虚偽の記載をした」とは、文理から、真実と異なる記載をしたことをいうと解する。事実についての記載であれ医学的判断についての記載であれ、真実と異なるものであれば「虚偽の記載」にあたる。もっとも、本条は診断書等の内容的真実性についての社会的信用の確保を目的として「虚偽の記載」をした者を処罰した規定であると考えるので、真実と異なるか否かは客観的に判断されるべきであり、医師が真実と異なると思ってした記載が客観的に真実であった場合は、「虚偽の記載」にあたらないと解する。

本条は、医師がその職務として作成権限に基づき作成する診断書等に虚偽の記載をしたことを所為として予定しているので、作成権限を有する医師ではない者が医師を欺罔して診断書等に虚偽の記載をさせたとしても本罪には問われないと解する。その意味で、本罪も156条の罪と同様に、間接正犯除外犯罪である。

9　（偽造私文書等行使）161条

> 前二条の文書又は図画を行使した者は、その文書若しくは図画を偽造し、若しくは変造し、又は虚偽の記載をした者と同一の刑に処する。
>
> 前項の罪の未遂は、罰する。

1項は、159条、160条の有形偽造・変造又は無形偽造された文書・図画を行使した者を、各規定の法定刑によって処罰するものとした規定である。2項は、行使が文書・図画の社会的信用を直接害するものであることから、未遂段階で処罰することを示した規定である。

10　（電磁的記録不正作出及び供用）161条の2

> 人の事務処理を誤らせる目的で、その事務処理の用に供する権利、義務又は事実証明に関する電磁的記録を不正に作った者は、5年以下の懲役又は50万円以下の罰金に処する。
>
> 前項の罪が公務所又は公務員により作られるべき電磁的記録に係るときは、

10年以下の懲役又は100万円以下の罰金に処する。
　不正に作られた権利、義務又は事実証明に関する電磁的記録を、第１項の目的で、人の事務処理の用に供した者は、その電磁的記録を不正に作った者と同一の刑に処する。
　前項の罪の未遂は、罰する。

「人の事務処理を誤らせる目的」とは、文理から、不正に作られた電磁的記録を用いて電子計算機による他人の事務処理を誤らせる目的をいうと解する。
「その事務処理の用に供する権利、義務又は事実証明に関する電磁的記録」とは、文理から、電子計算機による他人の事務処理に用いられる電磁的記録で、権利・義務の発生・変更・消滅の効果を生じさせうるか社会生活に交渉を有する事項を証明しうるものをいうと解する。

「公務所又は公務員により作られるべき電磁的記録」とは、文理から、公務所・公務員が、職務上、権限に基づいて作る電磁的記録をいうと解する。

　供用罪についてのみ未遂を処罰しているのは、供用罪の所為が電磁的記録の証明機能に対する社会的信用を直接害するものであると考えられたからであろう。

第３款　18章：有価証券偽造の罪（162条、163条）

１　概　観

（1）有価証券偽造の罪全般

　本章には、有価証券偽造の罪として、有価証券の偽造・変造・虚偽記入、偽造・変造・虚偽記入された有価証券の行使・交付・輸入といった所為を処罰する規定が置かれている。有価証券は、表記された財産上の権利の行使を証券の占有者がすることを認める旨の意思を文字によって表示したものである点で文書の一種といえるものであるところ、本章において、文書偽造の罪とは別に有価証券に関わる所為を処罰しているのは、取引を含む経済活動において、有価証券が権利行使等を簡易になす手段として重要な地位を占めているからであると考える。

（2）有価証券

　前述したように考えることから、本章の各規定における「有価証券」とは、それに（文字によって）表記された財産上の権利の行使につき、その占有を必要とする物をいうと解する（最判昭和32・7・25刑集11・7・2037は、刑法にいわゆる有価証券とは、財産上の権利が証券に表示され、その表示された財産上の権利の行使につきその証券の占有が必要とされるものをいい、その証券が取引上流通性を有するかどうかは問わない旨述べて、私鉄電車の定期乗車券は有価証券にあたるとした）。162条１項に、「公債証書、官庁の証券、会社の株券その他の有価証券」という文言があり、国債証書などの「公債証書」、財務省証券などの「官庁の証券」が掲げられていることからも、商法上の有価証券より広範囲のものが本章の罪の客体になりうると考えることができる。

（3）有価証券の偽造・変造・虚偽記入

前述したように、有価証券が文書の一種であることを考えると、その偽造・変造の概念は文書偽造罪における偽造・変造と同様のものになるということになる。162条１項には、159条１項のような「他人の印章若しくは署名を使用して」といった文言はないものの、162条２項に「虚偽の記入をした」という文言があることを考えると、同項の虚偽記入とは無形偽造乃至無形変造にあたる行為をいい、そこから、162条１項の「偽造」、「変造」とは有形偽造、有形変造にあたる行為をいうと解釈することが可能である。したがって、同項の「偽造」とは、名義人とは別の者が、名義人に無断で（作成権限を授与されることなく）作成すること（後述するように、権利を証券に化体させる基本的証券行為をすること）をいい、同じく「変造」とは、名義人の作成した有価証券に、名義人とは別人で名義人から権限を授与されていない者が変更を加えることをいう（ただし、元の有価証券と同一性のないものを新たに作り出したと認められるときは、「変造」ではなく「偽造」にあたることになる）と解する。また、162条２項の「虚偽の記入」とは、文言通りに解すると、有価証券に真実とは異なる記載をすることをいうということになる。ただ、名義を偽って有形偽造・変造になる場合は、162条１項の罪が成立し、同条２項の罪は成立しないと解するので、結局、後者の罪が成立するのは名義を偽っていないときということになる。そのように考えると、例えば、名義を偽って約束手形の振出をした場合はもとより、裏書、保証をした場合も有価証券偽造罪が成立し同虚偽記入罪は成立しないことになる。ただ、振出はともかく、振出後の裏書、保証が有価証券の作成行為といえるかは疑問であるので、偽造にあたるのは振出のような権利を証券に化体させる基本的証券行為のみであり、裏書、保証のような付属的証券行為は162条１項の「偽造」にあたらないと解する。以上から、162条２項の「虚偽の記入」とは、有価証券に真実とは異なる記載をする行為で基本的証券行為以外のものをいうと解する（最決昭和32・1・17刑集11・1・23は、「虚偽の記入」とは、既成の有価証券に対すると否とを問わず有価証券に真実に反する記載をする全ての行為を指称し、手形にあっては基本的な手形行為を除いたいわゆる付属的手形行為の偽造等をいう旨判示している）。

２　（有価証券偽造等）162条

> 行使の目的で、公債証書、官庁の証券、会社の株券その他の有価証券を偽造し、又は変造した者は、３月以上10年以下の懲役に処する。
>
> 行使の目的で、有価証券に虚偽の記入をした者も、前項と同様とする。

文理から、１項の「行使の目的」とは偽造・変造した有価証券を、そのようにしていない有価証券として使用する目的をいい、２項の「行使の目的」とは虚偽の記入をした有価証券を、そのようにしていない有価証券として使用する目的をいうと解する。

３　（偽造有価証券行使等）163条

> 偽造若しくは変造の有価証券又は虚偽の記入がある有価証券を行使し、又は行使の目的で人に交付し、若しくは輸入した者は、３月以上10年以下の懲役に処する。
>
> 前項の罪の未遂は、罰する。

文理から、「行使」とは偽造・変造した有価証券を、そのようにしていない有価証券として使用すること又は虚偽の記入をした有価証券を、そのようにしていない有価証券として使用することをいうと解する。文理から、「交付」とは偽造・変造をした有価証券又は虚偽の記入をした有価証券を、情を知っている相手方に引き渡すこと又は相手方に情を告げて引き渡すことをいい、「輸入」とは偽造・変造した有価証券又は虚偽の記入をした有価証券を日本国外から同国内に搬入することをいうと解する。

第４款　18章の２：支払用カード電磁的記録に関する罪（163条の2-163条の5）

１　概　観

本章の規定は2001年に新設されたものである。新設の趣旨は、現代社会において、支払用カードや預貯金の引出用のカードが通貨に準ずる重要な機能を有していることから、161条の２の電磁的記録不正作出・供用罪（1987年の改正により新設）や有価証券偽造の罪の規定とは別に、カードの電磁的記録の不正作出・供用、不正作出された電磁的記録を構成部分とするカードの譲渡し・貸渡し・輸入・所持、不正作出の準備としての電磁的記録の情報の取得・提供・保管、器械・原料の準備を処罰して、支払用カード等への社会的信頼を確保するというものであるといってよい。文書偽造の罪や有価証券偽造の罪にも、文書・有価証券の社会的信用を確保する機能はあるものの、これらの罪の実行により信用性が害される範囲は比較的狭い。例えば、個人の契約書を偽造する場合、契約書の信用性は基本的に契約の当事者間において問題になるに過ぎない（したがって、当事者に名義人が誰か分かっていれば、変名による文書作成を偽造にあたるとするべきではない）。これに対し、電子計算機による大量処理に供されるクレジットカード等の電磁的記録が不正作出・供用された場合、多額の被害が多数の者に生じ、カードのシステムに対する信頼が損なわれることになる。不正作出・供用が組織的に反復してなされることにより、このような被害はますます巨大化する。そこで、本章に、支払用カード電磁的記録不正作出等罪、不正電磁的記録カード所持罪、支払用カード電磁的記録不正作出準備罪の規定が置かれたと考える。これらの規定は、161条の２以外の文書偽造の罪、有価証券偽造の罪の規定とは文言において甚だしく異なったものになっており、解釈も異なったものにならざるをえない。

２　（支払用カード電磁的記録不正作出等）163条の２

> 人の財産上の事務処理を誤らせる目的で、その事務処理の用に供する電磁的記録であって、クレジットカードその他の代金又は料金の支払用のカードを構成するものを不正に作った者は、10年以下の懲役又は100万円以下の罰金に

処する。預貯金の引出用のカードを構成する電磁的記録を不正に作った者も、同様とする。
　不正に作られた前項の電磁的記録を、同項の目的で、人の財産上の事務処理の用に供した者も、同項と同様とする。
　不正に作られた第１項の電磁的記録をその構成部分とするカードを、同項の目的で、譲り渡し、貸し渡し、又は輸入した者も、同項と同様とする。

（1）1　項

「人の財産上の事務処理を誤らせる目的」とは、文理から、カードを構成する不正作出された電磁的記録を、カードの使用が予定されている一定のシステムにおける財産上の事務処理の用に供して、その事務処理を誤らせる目的をいうと解する。文理から、「その事務処理の用に供する電磁的記録であって、クレジットカードその他の代金又は料金の支払用のカードを構成するもの」とは、人の事務処理の用に供する電磁的記録で、商品の購入等の対価を現金に代えて所定の支払システムにより支払うために用いるカードの構成要素となっているもの（当該システムにおける電子計算機による事務処理の用に供すべき一定の情報がカードに記録されているもの）をいい、「預貯金の引出用のカードを構成する電磁的記録」とは、銀行等の預貯金の引出し等に用いるキャッシュカードの構成要素となっている電磁的記録をいうと解する。

「不正に作った」（不正作出）とは、文理から、人の財産上の事務処理を誤らせうる、１項の電磁的記録を、権限なく、あるいは、権限を濫用して作り出したこと（1 項のカード上に記録させたこと）をいうと解する。

（2）2　項

「人の財産上の事務処理の用に供した」（供用）とは、文理から、他人の財産上の事務処理のため、これに利用される電子計算機において用いうる状態にしたことをいうと解する。

（3）3　項

文理から、「譲り渡し〔た〕」とは返還する必要がない旨約して引き渡したことをいい、「貸し渡し〔た〕」とは一定の時間使用した後で返還する旨約して引き渡したことをいい、「輸入した」とは日本国外から国内に搬入したことをいうと解する。

3　（不正電磁的記録カード所持）163条の3

> 前条第1項の目的で、同条第3項のカードを所持した者は、5年以下の懲役又は50万円以下の罰金に処する。

「所持した」とは、文理から、163条の2第3項のカードを事実上管理・支配したことをいうと解する。

4　（支払用カード電磁的記録不正作出準備）163条の4

> 第163条の2第1項の犯罪行為の用に供する目的で、同項の電磁的記録の情報を取得した者は、3年以下の懲役又は50万円以下の罰金に処する。情を知って、その情報を提供した者も、同様とする。
>
> 不正に取得された第163条の2第1項の電磁的記録の情報を、前項の目的で保管した者も、同項と同様とする。
>
> 第1項の目的で、器械又は原料を準備した者も、同項と同様とする。

「同項の電磁的記録の情報」とは、文理から、「第163条の2第1項の犯罪行為」すなわち、支払用カード又は預貯金の引出用のカードを構成する電磁的記録の不正作出に用いうる、電磁的記録の情報をいうと解する（東京高判平成16・6・17東高刑時報55・1-12・48は、「電磁的記録の情報」は、それをカード原板に印磁すれば直ちに正規のカードとして機械処理ができる状態の電磁的記録を不正作出できるだけの「ひとまとまりの情報」でなければならないとする）。

文理から、「取得」とは自己の支配下に置くことをいい、「提供」とは相手方が利用できる状態に置くことをいい、「保管」とは自己の支配下で管理することをいうと解する。

「器械又は原料」とは、「第1項の目的で」という文言のあることから、不正作出に使用する器械・原料をいうと解する。153条の同一文言と同様に、例えば、工場の冷暖房設備など不正作出以外の作業にも用いられるものは「器械」にあたらないと考える。「準備した」とは、文理から、器械・原料を占有して不正作出の用に供しうる状態にしたことをいうと解する。作業現場に運び込む必要はないものの、単に注文しただけでは「準備した」にはあたらないと考える。

5　（未遂罪）163 条の 5

> 第 163 条の２及び前条第１項の罪の未遂は、罰する。

本条は、支払用カード電磁的記録に関する罪の所為のうち、同電磁的記録の不正作出及び不正作出に不可欠な情報の取得・提供、不正作出された電磁的記録を構成部分とするカードの譲渡し・貸渡し・輸入は、組織的になされて支払用カード等への社会的信頼を害する点で、不正作出された電磁的記録の供用は、直接支払用カード等への社会的信頼を害する点で、いずれも違法性が高いので、未遂段階で処罰することにした規定である。

第５款　19 章：印章偽造の罪（164 条 -168 条）

1　概　観

（1）印章偽造の罪全般

本章には、他人の印章・署名・公記号の偽造・不正使用、偽造された印章等の使用といった所為を処罰する規定が置かれている。印章等はそれが記された物と特定人・公務所との関係（文書であれば特定人が名義人であるという関係）を明らかにするために用いられるものであり、また、そのようにして用いられる印章等でないもの（例えば、結婚披露宴の際の寄書へのサイン）は本章の規定による保護に値しない。翻って、記された物につき偽造・変造罪が成立するときは、本章の罪は成立しないと考える。その意味で本章の罪は、文書偽造罪等に対して補充的な役割を果たすものといえる。

（2）印章、署名、記号

「印章」とは、文理から、人の同一性を表示するための一定の象形をいうと解する。「印章」の語が印顆を意味すること、165 条、167 条の「印章」が「署名」と並記されていることから、「印章」には印顆及び印影が含まれると解する（大判明治 43・11・21 刑録 16・2093 は、167 条 1 項の「偽造」には影蹟を現出する場合のみならず印顆そのものを偽造した場合も含まれる旨判示している）。

「署名」とは、文理から、自己を表わす文字による氏名その他の呼称の表記をいうと解する。そのようなものである限り、自筆に限らず、代筆、印刷によったものでも「署名」にあたりうる（大判明治 45・5・30 刑録 18・790 参照）。

ただし、ゴム印など印顆の形状の物による表記は「印章」にあたるので除外され、前述の「印章」に印顆が含まれるとの解釈によりゴム印を偽造した場合は印章を偽造したことになると解する（これに対し、コンピュータに氏名を入力して印字可能な状態にしただけでは、印顆の形状の物を作ったとはいえないので、偽造したとはいえない）。また、文字を使用しないものや氏名その他の呼称の表記といえないものは、「署名」にはあたらないと考える。

166条の「記号」とは、文理から、一定の事項を証明・表記するための簡略な表示をいうと解する。人の同一性を表示するものではない点で「印章」と異なり、文字を使用しないものでもよい点や氏名その他の呼称の表記ではない点で「署名」と異なる。大判大正3・11・4刑録20・2008は、文書に押印して証明の用に供するものが印章であり産物等に押捺するものが記号である旨述べているけれど、産物に押捺するものであっても人乃至公務所の同一性を表示するものは印章にあたると考える。

（3）偽造、不正使用、使用、行使の目的

印章等の「偽造」とは、文理から、権限なく他人の印章等を作成・記載することをいうと解する。

文理から、印章等を「不正に使用し〔た〕」とは権限なく他人の偽造されたものではない印章等を第三者に対し使用したことをいい、偽造した印章等を「使用した」とは偽造された印章等を偽造された印章等ではないものとして第三者に対し使用したことをいうと解する（他人が偽造した印章を押捺した場合も偽造印章使用にあたることについて、大判大正5・12・11刑録22・1856参照）。第三者に対し使用したというためには、第三者が閲覧しうる状態に置けば足りる（大判大正7・2・26刑録24・121参照）。

「行使の目的」とは、文理から、偽造した印章等を偽造の印章等ではないものとして第三者に対し使用する目的をいうと解する。

なお、文理から、印章等の「使用」とは、その用法に従った使用、すなわち、物体上に影蹟等を顕出させることをいうと解する。偽造した印顆を示すといった行為は、これにあたらない。

２　（御璽偽造及び不正使用等）164 条

> 行使の目的で、御璽、国璽又は御名を偽造した者は、２年以上の有期懲役に処する。
>
> 御璽、国璽若しくは御名を不正に使用し、又は偽造した御璽、国璽若しくは御名を使用した者も、前項と同様とする。

154 条の同一文言と同様に、「御璽」は天皇の印章を、「国璽」は日本国の印章を、「御名」は天皇の署名を意味する。「御璽」、「国璽」は印章の一種であり、「御名」は署名の一種であるから、本条のその他の解釈については 1（概観）において述べたところがあてはまる。

３　（公印偽造及び不正使用等）165 条

> 行使の目的で、公務所又は公務員の印章又は署名を偽造した者は、３月以上５年以下の懲役に処する。
>
> 公務所若しくは公務員の印章若しくは署名を不正に使用し、又は偽造した公務所若しくは公務員の印章若しくは署名を使用した者も、前項と同様とする。

「公務所又は公務員の印章又は署名」とは、文理から、公務所・公務員が、職務上、権限に基づき使用する印章・署名をいうと解する。印章は職印でも認印でもよい。

４　（公記号偽造及び不正使用等）166 条

> 行使の目的で、公務所の記号を偽造した者は、３年以下の懲役に処する。
>
> 公務所の記号を不正に使用し、又は偽造した公務所の記号を使用した者も、前項と同様とする。

「公務所の記号」とは、文理から、公務所において、職務上、権限に基づき、一定の事項を証明・表記するためになした（あるいは、なさしめた）表示をいうと解する。

５　（私印偽造及び不正使用等）167 条

> 行使の目的で、他人の印章又は署名を偽造した者は、３年以下の懲役に処する。

他人の印章若しくは署名を不正に使用し、又は偽造した印章若しくは署名を使用した者も、前項と同様とする。

「他人」の印章・署名とは、文理から、行為者以外の者の印章・署名で、165条の公務所・公務員の印章・署名にあたらないものをいうと解する。なお、大判大正3・11・4刑録20・2008は私記号の偽造が本条の罪にあたる旨判示しているものの、記号と印章・署名とは別の概念であるから、同判決は支持できない。

6　（未遂罪）168条

第164条第２項、第165条第２項、第166条第２項及び前条第２項の罪の未遂は、罰する。

本条は、印章等の不正使用、偽造の印章等の使用が、印章等の信用性等を直接害する所為であることから、未遂段階で処罰することにした規定であると解する。

第６款　19章の2：不正指令電磁的記録に関する罪（168条の2、168条の3）

1　概　観

本章の規定は2011年に新設されたものである。新設の趣旨は、いわゆるコンピュータ・ウイルス（168条の2第1項1号の「人が電子計算機を使用するに際してその意図に沿うべき動作をさせず、又はその意図に反する動作をさせるべき不正な指令を与える電磁的記録」がこれに相当する）から電子計算機のプログラムを保護し、電子計算機の正常な動作等にする社会的信頼を確保するというものであるといえる。その意味で、本章に規定された罪は、従来の偽造の罪とは異なるものであり、むしろ電子計算機損壊等業務妨害罪（234条の2）と同質のものであるといえる。したがって、解釈も、161条の2や163条の2とは異なったものにならざるをえない。

２　（不正指令電磁的記録作成等）168条の２

> 　正当な理由がないのに、人の電子計算機における実行の用に供する目的で、次に掲げる電磁的記録その他の記録を作成し、又は提供した者は、３年以下の懲役又は50万円以下の罰金に処する。
> １　人が電子計算機を使用するに際してその意図に沿うべき動作をさせず、又はその意図に反する動作をさせるべき不正な指令を与える電磁的記録
> ２　前号に掲げるもののほか、同号の不正な指令を記述した電磁的記録その他の記録
> 　正当な理由がないのに、前項第１号に掲げる電磁的記録を人の電子計算機における実行の用に供した者も、同項と同様とする。
> 　前項の罪の未遂は、罰する。

（1）目　的

「人の電子計算機における実行の用に供する目的」とは、文理から、1号所定の電磁的記録を、電子計算機を使用している他人には実行する意思がないのに、実行されうる状態にする目的をいうと解する。

（2）客　体

1号所定の「人が電子計算機を使用するに際してその意図に沿うべき動作をさせず、又はその意図に反する動作をさせるべき不正な指令を与える電磁的記録」とは、文理から、電子計算機を使用する他人がある動作をさせようと意図して操作したのにその動作をさせないか、又は、意図したところに反する動作をさせる指令を与える電磁的記録をいうと解する（いわゆるコンピュータ・ウイルスである）。2号所定の「不正な指令を記述した電磁的記録その他の記録」とは、文理から、内容的にはコンピュータ・ウイルスとして実質的に完成しているものの、そのままでは電子計算機において動作させうる状態にない電磁的記録その他の記録をいうと解する。「その他の」とあることから、電磁的記録のみならず紙等に記載されているものも含まれる。

（3）所　為

文理から、「作成し〔た〕」とは1項各号所定の不正指令電磁的記録等を新たに記録媒体上に存在させたことをいい、「提供した」とは不正指令電磁的記録等を（その情を知った上で）取得しようとする者が事実上これを使用できる状態

に置いたことをいい、「実行の用に供した」（供用）とは、不正指令電磁的記録等を、電子計算機を使用している者には実行しようとする意思がないのに実行されうる状態に置いたことをいうと解する。

３　（不正指令電磁的記録取得等）168 条の３

> 正当な理由がないのに、前条第１項の目的で、同項各号に掲げる電磁的記録その他の記録を取得し、又は保管した者は、２年以下の懲役又は 30 万円以下の罰金に処する。

文理から、「取得し〔た〕」とは 168 条の２第１項各号所定の不正指令電磁的記録等を自己の支配下に置いたことをいい、「保管した」とは同不正指令電磁的記録等を自己の支配領域内に置いて管理したことをいうと解する。

第７節　20 章、21 章の諸規定の解釈

第１款　20 章：偽証の罪（169 条 -171 条）

１　概　観

本章には、国の適正な審判作用を確保するために、法律により宣誓した者の偽証、虚偽の鑑定・通訳・翻訳といった所為を処罰する規定が置かれている。さらに、これらの所為をした者が裁判確定又は懲戒処分がなされる前に自白したときは刑を減免しうるとする規定が置かれている。これは、自白がなされたときは審判作用の適正が害される危険を行為者自らが除去したといえるし、また、自白を促進することによって適正な審判作用が確保できると考えられることから設けられたものであろう。

２　（偽証）169 条

> 法律により宣誓した証人が虚偽の陳述をしたときは、３月以上 10 年以下の懲役に処する。

（1）法律により宣誓した証人

「法律により宣誓した」とは、法律に根拠のある、真実を述べる旨の誓いを

したことをいうと解する。宣誓について法律に直接規定されている場合はもとより、法律の委任に基づいて命令その他の下位規範に規定されている場合も、法律による宣誓にあたるといえる。宣誓は適法なものであることを要するので、宣誓をさせることができない者（刑事訴訟法155条１項、民事訴訟法201条２項）に誤って宣誓をさせた場合は、「法律により宣誓した証人」にあたらないと解する（最大判昭和27・11・5刑集6・10・1159参照)。これに対し、宣誓拒絶権のある者がこれを行使せずに宣誓した場合や（大判大正12・4・9刑集2・327参照）宣誓をさせるかどうかが裁判所の裁量に委ねられているときに（民事訴訟法201条３項）裁判所が宣誓をさせた場合は、宣誓は適法であると解する。「法律により宣誓した証人が虚偽の陳述をした」という文言になっている以上、陳述後に宣誓をした場合はこれにあたらないと解する。大判明治45・7・23刑録18・1100は、本罪が成立するには宣誓が陳述の前になされることを要しない旨述べているけれど、支持できない。「証人」とは、文理及び刑事訴訟法156条、民事訴訟規則115条２項の規定から、裁判所等の審判機関から自己の体験した事実又はこれから推測した事実を供述するよう命じられた第三者をいうと解する。被告人や原告・被告は「証人」にあたらない。

（2）虚偽の陳述

「虚偽の陳述」とは、証人が自己の体験した事実又はこれから推測した事実を供述するよう命じられた者であることから、自己の体験した事実と異なる事実又は自己の体験した事実からは推測しえない事実について裁判所等の審判機関に対し直接供述することをいうと解する。大判大正3・4・29刑録20・654は、証言の内容たる事実が真実に一致するか少なくとも不実のものであると認められない場合でも証人が殊更に記憶に反した陳述をなすにおいては偽証罪を構成する旨判示している。殊更に記憶に反する陳述をすることは内容が自己の体験した事実におよそ合致しない陳述をすることであるから「虚偽の陳述」にあたるといえる。同判決は妥当である。

（3）被告人による偽証教唆

被告人は自己の刑事裁判においては証人足りえないものの、第三者に偽証を教唆し、第三者が法律により宣誓した証人として偽証をしたときは、61条１項、65条１項により教唆犯の罪責を免れないと解する。犯人が教唆して103

条、104条の罪を実行させた場合とは異なり、169条の解釈により不可罰とすることはできない。また、被告人には黙秘権があるものの、それは供述を強要されず自己が黙秘したことにより不利益に扱われることがないという権利であって、証人に偽証をさせることを許容するものではないと考える（最決昭和28・10・19刑集7・10・1945参照）。

３　（自白による刑の減免）170条

　前条の罪を犯した者が、その証言をした事件について、その裁判が確定する前又は懲戒処分が行われる前に自白したときは、その刑を減軽し、又は免除することができる。

「自白」とは、文理から、裁判所等の審判機関に対し、偽証した事実を認めることをいうと解する。捜査機関や弁護人に対し偽証の事実を認めるだけでは足りないものの、本条に自白の相手方を限定する文言がないこと、裁判官の面前で認めなければ自白にならないとすると審理が終結しているときなど自白を認めることが極めて困難になり妥当とはいえないことを考えて、捜査機関や弁護人を通じて審判機関に伝えた場合も審判機関に対し自白したものと認めることができると解する。また、43条ただし書のような自己の意思によることを要求する文言もないので、積極的に偽証の事実を認める供述をする場合のみならず、質問等に対して事実を認めた場合も「自白した」にあたりうると解する。

４　（虚偽鑑定等）171条

　法律により宣誓した鑑定人、通訳人又は翻訳人が虚偽の鑑定、通訳又は翻訳をしたときは、前二条の例による。

「法律により宣誓した」の意義は、169条の同一文言のそれと同様である。文理及び刑事訴訟法・民事訴訟法の規定から、「鑑定人」とは審判機関から特別の知識経験により知りえた法則及びその法則を具体的事実に適用して得た意見・判断を審判機関に報告するよう命じられた者をいい（刑事訴訟法165条、民事訴訟法212条1項参照）、「通訳人」とは審判機関から日本語に通じない者・耳の聞こえない者・口のきけないものに陳述・弁論をさせる場合に通訳をするよう命じられた者をいい（刑事訴訟法175条、176条、民事訴訟法154条1項参照）、

「翻訳人」とは審判機関から日本語ではない文字又は符号を翻訳するよう命じられた者いう（刑事訴訟法 177 条参照）と解する。「虚偽の」とは、文理から、鑑定人・通訳人・翻訳人が自己の知識経験によって形成した意見・判断に反するものであることをいうと解する。「前二条の例による」は、169 条の法定刑による科刑を認めるとともに 170 条の要件を充たせば刑を減軽・免除しうることを意味する。

第２款　21 章：虚偽告訴の罪（172 条、173 条）

１　概　観

本章には、審判乃至その前提となる調査権の行使の適正を図るとともに、虚偽の告訴等により個人の名誉、信用等が害されないようにするため、虚偽告訴の罪に関する規定が置かれている。また、偽証罪、虚偽鑑定等罪の自白による刑の減免の規定と同様の規定も置かれている。

２　（虚偽告訴等）172 条

> 人に刑事又は懲戒の処分を受けさせる目的で、虚偽の告訴、告発その他の申告をした者は、３月以上 10 年以下の懲役に処する。

「人に刑事又は懲戒の処分を受けさせる目的」とは、文理から、他人に刑事・懲戒の処分を実際に受けさせる目的をいうと解する。したがって、処分を受けることのない虚無人や死者を被申告者として虚偽の申告をした場合、人に処分を受けさせる目的があったとはいえず、本罪は成立しないと解する。また、申告者に処分を受けさせるために虚偽の申告をした場合も、人に処分を受けさせる目的があったとはいえないので、本罪は成立しないと解する。被申告者の同意を得て申告した場合は、本条に該当し、申告者の所為によって害される利益ともたらされる利益を比較衡量すれば前者が後者を上回らないとは認められず、所為に社会的相当性があるとも認め難いので、35 条による違法性阻却も認められず、本罪が成立することになると解する[43]（大判大正元・12・20 刑録 18・1566 は虚偽告訴された者の同意があっても本罪が成立するとしている）。

43　判断基準につき、目的と解釈 57 ～ 58 頁参照。

「虚偽の」とは、文理から、客観的・合理的判断により、刑事・懲戒の処分の原因となる事実が存在すると認められないのになされるものであることをいうと解する。最決昭和33・7・31刑集12・12・2805は、「虚偽の」とは申告の内容をなす刑事・懲戒の処分の原因となる事実が客観的事実に反することをいう旨述べている。同決定は基本的に支持できるものの、事実関係を完璧に調査した上で申告をしないと虚偽告訴罪に問われうるとすることも妥当とはいい難いので、客観的・合理的に判断して原因事実が存在すると認められるものは「虚偽の」にあたらないと解する。

３　（自白による刑の減免）173条

> 前条の罪を犯した者が、その申告をした事件について、その裁判が確定する前又は懲戒処分が行われる前に自白したときは、その刑を減軽し、又は免除することができる。

「自白」とは、文理から、審判機関、調査機関に対し、虚偽の申告をした事実を認めることをいうと解する。申告が調査機関に対してなされるものである以上、自白の相手方には調査機関が含まれると解する。虚偽の申告をした相手に対し自白した場合のみならず、調査機関に属する他の者に対し自白した場合（例えば、告訴状を提出した警察署とは異なる警察署で自白した場合）でも、直ちに担当者に伝達されるシステムになっている以上、「自白したとき」にあたると解する。また、170条と同様に、積極的に事実を認める供述をする場合のみならず、質問等に対して事実を認めた場合も「自白した」にあたりうると解する。

第８節　22章-24章の諸規定の解釈

第１款　22章：わいせつ、強制性交等及び重婚の罪（174条-184条）

１　概　観

本章には、性乃至婚姻に関する罪の規定が設けられている（183条は削除）。これらの規定は、その罪の性格により、①公然わいせつ罪、わいせつ物頒布等罪、淫行勧誘罪の規定、②重婚罪の規定、③強制わいせつ罪、強制性交等罪、監護者わいせつ罪及び監護者性交等罪、これらの罪の未遂罪、強制わいせつ等致死傷罪の規定に分類することができる。①は性秩序乃至性風俗に関する罪についての規定であり、②は婚姻制度、特に一夫一婦制に関する罪についての規定であるといえる。これに対し、③は個人の性的自由乃至生命・身体を害する罪についての規定である。①のうちわいせつ物頒布等罪の規定は、サイバー・ポルノ対策の見地から近年改正がなされており、条文も複雑化している。③についても近年大幅な改正がなされており、旧規定とは異なる解釈が必要になっているといえる。

２　（公然わいせつ）174 条

公然とわいせつな行為をした者は、６月以下の懲役若しくは 30 万円以下の罰金又は拘留若しくは科料に処する。

「公然と」とは、「公然」が一般に知れ渡ることを意味する語であることから、一般的に人に知られるように、すなわち、不特定又は多数人が認識できるようにということであると解する（最決昭和 32・5・22 刑集 11・5・1526 は、公然とは不特定又は多数の人が認識することのできる状態をいうとする原判決の判示は正当であるとしている）。

「わいせつな行為」の意味は、文字通りに解するなら、みだらでいやらしい性的な行為といったものになる。ただ、公然となされることが本罪の要件とされていることから考えて、公然となされても通常人が嫌悪感を抱かないような性的な行為は「わいせつな行為」にあたらないと解する（逆に、特定人の前でなされる限りは問題のない行為であっても公然となされれば通常人が嫌悪感を抱くような行為は「わいせつな行為」にあたることになる）。東京高判昭和 27・12・18 高刑集 5・12・2314 は、行為者又はその他の者の性欲を刺激興奮又は満足させる動作であって、普通人の正常な性的羞恥心を害し、善良な性的道義観念に反するものが「わいせつな行為」にあたる旨判示しているところ、普通人の正常な性的羞恥心を害しということを、公然となされた場合に害するという趣旨に解すれば、この解釈は何とか是認できるように思う（「善良な性的道義観念」は極めて不確定な概念ではあるものの、限定のために付加されているので、さほど問題はないように思う）。

3 （わいせつ物頒布等）175条

> わいせつな文書、図画、電磁的記録に係る記録媒体その他の物を頒布し、又は公然と陳列した者は、2年以下の懲役若しくは250万円以下の罰金若しくは科料に処し、又は懲役及び罰金を併科する。電気通信の送信によりわいせつな電磁的記録その他の記録を頒布した者も、同様とする。
>
> 有償で頒布する目的で、前項の物を所持し、又は同項の電磁的記録を保管した者も、同項と同様とする。

（1）客　体

「わいせつな」とは、174条の「わいせつな」と同様に、性的なものであること、すなわち、行為者又はその他の者の性欲を刺激興奮又は満足させるものであって、普通人の正常な性的羞恥心を害するものであることをいうと解する。最判昭和26・5・10刑集5・6・1026は、徒に性欲を興奮又は刺激せしめ、かつ、普通人の正常な性的羞恥心を害し、善良な性的道義観念に反することが「わいせつな」にあたる旨判示しているところ、「徒に」は「その作品に必要でない程度に」という趣旨の限定を加えたものと理解できるので、同判決の定義は一応是認できる。逆に、芸術作品としてそのような表現が必要なものであるときは、わいせつ性が認められないということもありうるわけであり、最判昭和55・11・28刑集34・6・433が判示しているように、芸術作品のわいせつ性を判断するにあたっては、芸術性・思想性等による性的刺激の緩和の程度などの観点から、作品を全体として見たときに、主として、好色的興味に訴えるものと認められるか否かなどの諸点を検討することが必要になると思う。

文理から、「文書」とは、可読的符号によって内容を表示したものをいい、「図画」とは、象形的方法によって内容を表示したものをいい、「電磁的記録に係る記録媒体」とは、コンピュータによる情報処理の用に供される記録（7条の2参照）の媒体をいい、「その他の物」とは、文書等に準じる記録媒体をいうと解する（「その他の物」の例としては、彫刻や録音テープが考えられる）。「電磁的記録その他の記録」の「電磁的記録」の意義は7条の2に規定されている通りである。「その他の記録」とは、電磁的記録ではない記録であって、電気通信の送信により頒布できるものをいうと解する。音声は電話で、文書や図画の記録はファックスで、送信できるので「その他の記録」にあたることになる。

（2）所　為

文理（特に、「公然と陳列した」という文言が並記されていること）から、「頒布し〔た〕」とは、文書、図画など有体物（1項前段）については、不特定又は多数人に交付したこと（譲渡、賃貸など）をいい、電磁的記録その他の記録（1項後段）については、これを不特定又は多数人の下で記録させるべく、その記録媒体等に出現させたことをいうと解する（出現させるのに不特定又は多数人の方のダウンロード等の操作を必要とした場合であっても、「頒布し〔た〕」にあたる。最決平成26・11・25刑集68・9・1053参照）。例えば、電磁的記録であるわいせつな画像データを電子メールに添付して送るとか、その他の記録であるわいせつな図画をファックスで送信するなどの所為がこれにあたる。

「公然と陳列した」とは、不特定又は多数人が内容を認識することのできる状態に置くことをいうと解する（認識するために不特定又は多数人の方のダウンロード等の操作が必要であっても、同操作をすれば認識できる以上、「陳列した」にあたる。最決平成13・7・16刑集55・5・317参照）。最決平成24・7・9裁判集刑事308・53の法廷意見は、児童ポルノ法７条の「公然と陳列した」に関し、児童ポルノ画像を掲載しているウェブページのURLを自己のウェブページに掲載した所為が「陳列した」に該当する旨判示した原判決を支持しているけれど、同画像が既に置かれているウェブページのURLを示したことが同画像を「陳列した」にあたるとするのは行為者に不利益な類推であり、賛成できない[44]。

文理から、「所持し〔た〕」とは、わいせつ物を自己の事実上の支配下に置いたことをいい、「保管した」とは、電磁的記録を自己の事実上の支配下に置いたことをいうと解する。いずれの所為も「有償で頒布する目的」をもってなすことを要する。

4　（強制わいせつ）176条

> 13歳以上の者に対し、暴行又は脅迫を用いてわいせつな行為をした者は、６月以上10年以下の懲役に処する。13歳未満の者に対し、わいせつな行為をした者も、同様とする。

44　目的と解釈11頁参照。

（1）客　体

前段の罪の客体は「13歳以上の者」であり、後段の罪の客体は「13歳未満の者」であって、ともに文言通りの意義である。客体、主体の性別は問わない。後段の規定は、13歳未満の者はわいせつな行為の意味を十分に理解できず知慮浅薄であり、また、年少者であることから性的情操を害されやすいので、特に保護しようとして設けられたものであろう。

（2）所　為

前段の「暴行又は脅迫を用いて」とは、文理から、相手の意思に反してわいせつな行為をするのに足りる、不法な有形力の行使又は危害を加える旨の告知を用いてということであると解する。「暴行又は脅迫」は、被害者の意思に反してわいせつな行為をなしうる程度のものである必要があり、また、その程度のものであれば足りる（名古屋高判平成15・6・2判時1834・161参照）。

「わいせつな行為」とは、文理から、人の性欲を刺激・興奮・満足させる行為をいうと解する。裁判例には、徒に性欲を興奮又は刺激せしめ、かつ、普通人の正常な性的羞恥心を害し、善良な性的道義観念に反する行為がこれにあたるとするものがあるものの（名古屋高金沢支判昭和36・5・2下刑集3・5=6・339）、174条、175条の「わいせつな」と同様に解する理由はない。例えば、服を着た男女がキスをする行為は174条、175条の「わいせつな」にあたらなくても、むりやりキスをする行為は本罪の「わいせつな行為」にあたると考える。

なお、行為者自身の性欲を刺激・興奮・満足させる意図（性的意図）を要すると解する理由はないから、このような意図をもってなした所為でなくても、「わいせつな行為をした」にあたりうると解する（最大判平成29・11・29刑集71・9・467参照）。

5　（強制性交等）177条

> 13歳以上の者に対し、暴行又は脅迫を用いて性交、肛門性交又は口腔性交（以下「性交等」という。）をした者は、強制性交等の罪とし、５年以上の有期懲役に処する。13歳未満の者に対し、性交等をした者も、同様とする。

（1）客　体

176条の罪と同様に、前段の罪の客体は「13歳以上の者」であり、後段の罪の客体は「13歳未満の者」である。後段の規定を設けた趣旨は、176条のそれと同様であろう。

（2）所　為

前段の「暴行又は脅迫を用いて」とは、文理から、相手の意思に反する強制性交等をするのに足りる、不法な有形力の行使又は危害を加える旨の告知を用いてということであると解する。暴行・脅迫によってなそうとするものが強制性交等になると、「暴行又は脅迫」の程度は、176条の罪に比して高度のものになる。

文理から、「性交等」とは、陰茎を、膣・肛門・口腔に入れることをいうと解する。他のものを膣・肛門・口腔に入れた場合は、強制わいせつ罪の成否が問題になる。

6　（準強制わいせつ及び準強制性交等）178条

> 人の心神喪失若しくは抗拒不能に乗じ、又は心神を喪失させ、若しくは抗拒不能にさせて、わいせつな行為をした者は、第176条の例による。
>
> 人の心神喪失若しくは抗拒不能に乗じ、又は心神を喪失させ、若しくは抗拒不能にさせて、性交等をした者は、前条の例による。

文理から、「心神喪失」とは、精神の障害によって正常な判断能力を失っている状態をいい、「抗拒不能」とは、心神喪失以外の理由で心理的又は物理的に抵抗が不可能乃至著しく困難な状態をいい、「乗じ」とは、既存のこのような状態を利用することをいい、「させ〔て〕」とは、行為者又はその共犯者の行為によってこのような状態にすることをいうと解する。「わいせつな行為」の意義は176条のそれと、「性交等」の意義は177条のそれと同様である。

7　（監護者わいせつ及び監護者性交等）179条

> 18歳未満の者に対し、その者を現に監護する者であることによる影響力があることに乗じてわいせつな行為をした者は、第176条の例による。
>
> 18歳未満の者に対し、その者を現に監護する者であることによる影響力があることに乗じて性交等をした者は、第177条の例による。

「現に監護する者であることによる影響力があることに乗じて」とは、文理から、現実に監督保護する者であることによる影響力があることを利用してということであると解する。「現に」という文言のあることから、「現に監護する者である」ためには現実に監督保護する関係があれば足り、法律上の監護権があることを要しないと解する。「影響力があることに乗じて」とあって、「影響力を及ぼして」といった文言にはなっていないから、既に影響力が及んだ状況であることを利用してわいせつな行為又は性交等に出れば足り、積極的・明示的に影響力を利用すること（例えば、「いうことを聞かないと追い出すよ」と申し向けること）までは必要ないと解する。現に監護する者としての影響力を及ぼしつつ行為に出れば、本罪にあたりうる。「わいせつな行為」の意義は 176 条のそれと、「性交等」の意義は 177 条のそれと同様である。

8　（未遂罪）180 条

> 第 176 条から前条までの罪の未遂は、罰する。

強制わいせつ罪、強制性交等罪、準強制わいせつ罪、準強制性交等罪、監護者わいせつ罪、監護者性交等罪の未遂を罰する規定である。未遂段階で処罰していることから、これらの罪は、本章に規定された他の罪に比べて重大犯罪であると評価されていると考えられる。

9　（強制わいせつ等致死傷）181 条

> 第 176 条、第 178 条第１項若しくは第 179 条第１項の罪又はこれらの罪の未遂罪を犯し、よって人を死傷させた者は、無期又は３年以上の懲役に処する。
>
> 第 177 条、第 178 条第２項若しくは第 179 条第２項の罪又はこれらの罪の未遂罪を犯し、よって人を死傷させた者は、無期又は６年以上の懲役に処する。

本罪は、「よって」という文言のあることから、176 条から 179 条までの罪及びこれらの罪の未遂罪（180 条）を基本犯とする結果的加重犯であると解する。したがって、基本犯実行の機会にこれと因果関係のある死傷結果が発生すれば本罪が成立する（準強制わいせつ行為をした後、逃走するために被害者に暴行を加えて負傷させた場合につき、最決平成 20・1・22 刑集 62・1・1 参照）。

殺意をもって基本犯を実行し人を死亡させた場合はどうなるか。法定刑に死刑が規定されていないことから、本条の致死罪がこのような場合を予定しているとは考え難い。また、殺人罪の法定刑の下限は懲役５年であるから、殺意をもって強制性交等罪を実行し人を死亡させた場合、強制性交等罪と殺人罪の観念的競合とするのでは、刑の下限が本条２項の懲役６年より軽くなってしまう。したがって、殺人罪と本罪（致死罪）が成立して観念的競合になると解する（最判昭和31・10・25刑集10・10・1455参照）。これと平仄を合わせて、傷害の意思をもって基本犯を実行し傷害結果を発生させた場合も、傷害罪と本罪（致傷罪）が成立して観念的競合になると解する。

10　（淫行勧誘）182条

> 営利の目的で、淫行の常習のない女子を勧誘して姦淫させた者は、３年以下の懲役又は30万円以下の罰金に処する。

文理から、「営利の目的」とは、財産的利益を取得する目的をいい、「淫行の常習のない女子」とは、不特定の者と性行為をすることを常とする女性でない女性をいい、「勧誘して姦淫させた」とは、誘いかけて第三者と性交させたことをいうと解する。姦淫した女子やその相手方を処罰する規定が見当たらないことから、本条は勧誘した者のみを処罰する規定であり、女子や相手方は本罪の共犯にはならないと解する。

11　（重婚）184条

> 配偶者のある者が重ねて婚姻をしたときは、２年以下の懲役に処する。その相手方となって婚姻をした者も、同様とする。

「配偶者のある者が重ねて婚姻をしたとき」とは、民法732条の重婚禁止規定（配偶者のある者は、重ねて婚姻をすることができない）と同様に、民法上の婚姻、すなわち法律婚をしている者が、これを解消・取り消すことなく法律婚をしたことをいうと解する。例えば、偽造の離婚届により戸籍上婚姻関係が抹消された後、後婚の婚姻届を出して受理させた場合は、前婚、後婚とも有効な法律婚になるから、本罪が成立することになる（名古屋高判昭和36・11・8高刑集14・8・563参照）。

第２款　23章：賭博及び富くじに関する罪（185条-187条）

１　概　観

本章には、賭博罪、常習賭博罪、賭博場開帳等図利罪、富くじ発売等罪の規定が置かれている。これらの罪にあたる所為を処罰する理由は明らかではない。最大判昭和25・11・22刑集4・11・2380は、国民に怠惰浪費の弊風を生ぜしめて勤労の美風を害し、甚だしきは暴行その他の副次的犯罪を誘発させて国民経済の機能に重大な障害を与えるおそれのあることが、賭博を処罰する理由である旨述べている。しかし、現実には法令により正当化された競馬、宝くじの類の振興が図られており、そのために勤労の美風が害されるなどの弊害が生じている様子もないので、同判決の述べることが実態に合致しているか疑問である。結局、賭博行為を処罰することによって得られる利益はさほどのものではないということになる。185条の罪の法定刑が軽く、一時の娯楽に供する物を賭けたときは処罰しないとしていることからも、賭博行為を処罰する必要があまりないことが分かる。したがって、本章の罪については処罰範囲を拡張するような解釈は不要であるといえる。

２　（賭博）185条

> 賭博をした者は、50万円以下の罰金又は科料に処する。ただし、一時の娯楽に供する物を賭けたにとどまるときは、この限りでない。

「賭博」とは、文言通り財産を賭けること、すなわち、ある勝負の結果に対応させて、当事者間で財産の得喪を争うことをいうと解する。賭博をなすには財産の得喪を争う相手方が必要であり、一方が常に財産を取得する場合は賭博にあたらない（大判大正6・4・30刑録23・436参照）。また、勝敗が確定していて、そのことを当事者の一方が認識している場合も賭博とはいえない（大判大正3・10・7刑録20・1816は、勝敗が客観的に確定していても当事者にとって主観的に不確定であれば賭博にあたる旨判示している）。

「一時の娯楽に供する物」とは、文理から、当事者が一時的な楽しみのために消費する程度の財産的価値がある物をいうと解する。大判昭和4・2・18新聞2970・9は、即時娯楽のために消費するような物をいうとする。これによるなら、勝負に引き続いてその場で消費する飲食物などに「一時の娯楽に供する物」は限定されてしまう。しかし、当事者が持ち帰って家族と消費する物が「一時の娯楽に供する物」にあたらないとする理由はない。なお、現金は、「一時の娯楽に供する物」にあたらないものの（大判大正 13・2・9 刑集 3・95 参照）、「一時の娯楽に供する物」の購入資金としてその得喪を争った場合は、本条ただし書を類推適用して賭博罪にはあたらないと解する（大判大正 2・11・19 刑録 19・1253 は、敗者に一時の娯楽に供する物の対価を負担させるために一定金額を支払わせた場合は本罪の成立が否定される旨述べている。もっとも、判例の主流は反対である）。

３　（常習賭博及び賭博場開張等図利）186 条

> 常習として賭博をした者は、３年以下の懲役に処する。
> 賭博場を開張し、又は博徒を結合して利益を図った者は、３月以上５年以下の懲役に処する。

（1）1　項

「常習として賭博をした」とは、文理から、賭博を反復累行する習癖を有する者として賭博をしたことをいうと解する（最判昭和 26・3・15 裁判集刑事 41・871 参照）。このような習癖を有する者として賭博をすれば、賭博を 1 回した場合であっても、「常習として賭博をした」にあたる。

（2）2　項

「賭博場を開張し」は、文理から、賭博を開催すること、すなわち、主催者として賭博をする場を設定してということであると解する。参加者を場所的に集合させることは必要ない（最決昭和 48・2・28 刑集 27・1・68 は、電話により申込等を受けて野球賭博をした場合でも賭博場開張にあたる旨判示した）。「博徒を結合し」とは、文理から、職業的な賭博者との間に、行為者の支配する一定の区域内において賭博をすることにつき便宜を図り、その対価を得る関係を構築してということであると解する（大判明治 43・10・11 刑録 16・1689 参照）。「利益を図った」は、賭博場開張又は博徒結合により財産的利益を得られるようにしたことを意味すると解する。現実に利益が得られたか否かは関係がない。なお、行為者自身が賭博をして得た賭金は「利益」に含まれない。

４　（富くじ発売等）187 条

> 富くじを発売した者は、２年以下の懲役又は 150 万円以下の罰金に処する。
> 富くじ発売の取次ぎをした者は、１年以下の懲役又は 100 万円以下の罰金に処する。
> 前二項に規定するもののほか、富くじを授受した者は、20 万円以下の罰金又は科料に処する。

「富くじ」とは、文理から、抽籤その他の偶然的方法により購買者の間に不平等な利益分配をすることを予定して発売される一定のくじ（乃至くじ札）をいうと解する。

文理から、「発売した」とは、売り出したこと、すなわち購入可能な状態にしたことをいい、「発売の取次ぎをした」とは、売買を周旋することをいい、「授受した」とは、客体を引き渡して所有権を移転したことをいうと解する。3 項に「前二項に規定するもののほか」という文言のあることからも、1 項の「発売した」、2 項の「取次ぎをした」にあたるためには、くじ札の授受は不要であると解する。また、発売罪・取次罪の場合の法定刑が授受罪の法定刑より重いことから、発売者・取次者が授受に関与したとしても、発売罪・取次罪が成立するだけで授受罪は成立しないと解する。

第３款　24 章：礼拝所及び墳墓に関する罪（188 条 -192 条）

１　概　観

本章には、宗教生活上の風俗・感情、特に死者や葬送についての風俗・感情に関係する罪の規定が設けられている。もっとも、変死者密葬罪の規定（192 条）は、警察目的乃至犯罪捜査目的の行政的取締規定であって、宗教的な風俗・感情とは関係がない。また、死体損壊等罪の規定（190 条）にも犯罪捜査目的に奉仕する性格があるといえる。死体を遺棄した者を同罪で取り調べて死亡させた者に至るという捜査はしばしば実施されるところである。

２　（礼拝所不敬及び説教等妨害）188 条

> 神祠、仏堂、墓所その他の礼拝所に対し、公然と不敬な行為をした者は、６月

以下の懲役若しくは禁錮又は10万円以下の罰金に処する。
　説教、礼拝又は葬式を妨害した者は、１年以下の懲役若しくは禁錮又は10万円以下の罰金に処する。

（1）1　項

「礼拝所」とは、「礼拝」が宗教的敬意の表明を意味することから、宗教的敬意を表明されるべき場所をいうと解する。「神祠、仏堂、墓所」は例示である。「公然と不敬な行為をした」とは、文理から、不特定又は多数人の認識できる状態で不敬の意思を表明する行為をしたことをいうと解する（東京高判昭和27・8・5高刑集5・8・1364は、国民の宗教的崇敬乃至死者に対する尊敬の感情を害する行為が「不敬の行為」に該当する旨判示した）。

（2）2　項

文理から、「説教」とは、宗教上の教義を説くことをいい、「礼拝」とは、宗教的敬意の表明をすることをいい、「葬式」とは、死者を葬る儀式をいうと解する。「妨害した」とは、文理から、説教・礼拝・葬式が平穏に開始され終了するのを妨げたことをいうと解する。現実に中断、中止といった事態に至らせなくても、そのままでは平穏に進められないような状態にすれば「妨害した」にあたるといえる。

3　（墳墓発掘）189条

　墳墓を発掘した者は、２年以下の懲役に処する。

「墳墓」は、一般的には、人の死体・遺骨などが埋められた、死者に対する宗教的敬意を表明されるべき場所を意味する。ただし、本罪の所為が「発掘した」と規定されていることから、本罪の「墳墓」は人の死体などの少なくとも一部が土に埋められているものをいうと解する。

「発掘した」とは、文理から、外部から見えない部分を露出させるべく覆土を除去したり墓石などを破壊・除去する行為をしたことをいうと解する。現実に墳墓の内部を露出させなくても「発掘した」にあたるといえる。

４　（死体損壊等）190条

> 死体、遺骨、遺髪又は棺に納めてある物を損壊し、遺棄し、又は領得した者は、３年以下の懲役に処する。

文理から、「死体」とは、死亡した人の身体の全部又は一部をいい、「遺骨」、「遺髪」とは、死者の骨、髪をいい、「棺に納めてある物」とは、副葬品として棺内に入れられた物をいうと解する。

「損壊」とは、文理から、物理的に破壊することをいうと解する。例えば、死体に塗料を付着させるなど、そのままでは死体を埋葬するのに差し支えるような状態にすることを「損壊」に含めることも考えられなくはないものの、そのような拡張解釈をあえてすべき理由はない。「遺棄」とは、文理から、死体等を移動させて埋葬等と認められない方法で放置することをいうと解する。死体等を移動させず放置しておくことは通常「遺棄」にあたらないものの、葬祭義務者が放置したときは不真正不作為犯として死体遺棄罪が成立しうる。「領得」とは、文理から、占有して自分のものにすることをいうと解する。「損壊」や「遺棄」と区別するためにも、不法領得の意思をもってなす所為が「領得」にあたると解する。なお、納棺物の領得が窃盗罪の要件を充たす場合であっても、本条が特に規定されている以上、本罪のみが成立すると解する。

死亡していない者の身体を死体だと思って海中等に投じ、死体遺棄の状態に至らせた場合、死体遺棄罪は成立するか。横浜地判平成28・5・25公刊物未登載（LEX/DB25543379）は、被告人が意識喪失状態にあったＡを死亡したものと誤信し、これを海中深く沈めるべく、袋に入れてコンクリート塊付きロープで結束した上、海中に押し込み、Ａは間もなく溺水により死亡したという事案について、遺棄行為は、Ａの身体を海中に押し込んだ時点で終了したのではなく、Ａの身体が海中深く沈んで外部から容易に発見されなくなるまで続いていたものと見るべきであり、被告人は「遺棄行為の最終段階においては意図したとおり、死体遺棄の結果を生ぜしめるに至っているのであり、Ａの死亡時期に錯誤があるものの、それは因果の経過に関する錯誤にすぎないから、被告人には死体遺棄罪が成立するというべきである」とした。同罪の「遺棄」行為は、行為者が葬祭義務者でない場合は死体を移動させて放置することをいうのであるから、Ａの身体を海中に押し込んだ時点で遺棄行為は終了しているといえる（外部から発見されないような状態にしなければ遺棄行為を終了したといえないわけではない）。もっとも、海中に押し込むという死体遺棄行為を実行して、これと因果関係のある死体遺棄の結果を発生させたといえれば、同判決の述べる通り、因果経過に関する錯誤があっても同罪に問うことができるように思えないではない。しかし、遺棄行為の結果はＡの身体を海中に押し込んだ時点で発生していると見るべきである。ただし、同罪を危険犯と考え、Ａが客観的には生きていたとしても、その身体を海中に押し込む行為は類型性評価、危険性評価によって同罪の実行行為に該当し、これにより、死体が放棄された状態になる危険という結果を発生させたと考えれば、同罪の成立を肯定することができないではないと思う。

５　（墳墓発掘死体損壊等）191 条

> 第 189 条の罪を犯して、死体、遺骨、遺髪又は棺に納めてある物を損壊し、遺棄し、又は領得した者は、３月以上５年以下の懲役に処する。

本罪は、墳墓発掘罪と死体損壊等罪の結合犯である。両罪についての解釈が本罪にそのままあてはまる。

６　（変死者密葬）192 条

> 検視を経ないで変死者を葬った者は、10 万円以下の罰金又は科料に処する。

「変死者」は、文言通りに解すれば、不自然な死を遂げた者を意味することになる。しかし、刑事訴訟法の「捜査」の章にある 229 条 1 項が「変死者又は変死の疑のある死体」につき検視をしなければならないと規定していることから、本条の「変死者」とは、不自然な死を遂げ、①死因が不明であって犯罪行為により死亡した疑いのある者か、②犯罪行為により死亡したと認められる者をいうと解する。大判大正 9・12・24 刑録 26・1437 も、本条が変死者を埋葬する前に検視を受けることを必要としたのは、死因を検案して犯罪捜査の端緒を失わないようにするためであるから、「変死者」とは、不自然な死を遂げその死因が不明なる者のみを指称するものと解し、樹上より墜落して創傷を負い死亡した者は死因が明瞭なので変死者にはあたらない旨判示している。この者は、①はもとより②にもあたらないので、同判決の結論は支持できる。

「検視」には刑事訴訟法上の司法検視と行政検視があるところ、刑事訴訟法229条が変死者に対する検視につき明定していることから、本条の「検視」は司法検視に限られると解する。「葬った」とは、文理から、火葬、土葬、水葬などの方法による処置をしたことをいうと解する。

第９節　25章の諸規定の解釈

第１款　25章：汚職の罪（1）　職権濫用罪関係（193条-196条）

１　概　観

本章の汚職の罪のうち、193条乃至196条の規定は職権濫用罪に関するものである。公務員が職権の行使に仮託して違法・不当な行為をなせば、相手方となる個人の権利が侵害される上、職務の公正とこれに対する国民の信頼が害される。人の身体を拘束する権限を有する公務員がなした場合は、さらに深刻な実害が生じうることになる。そこで、一般的な公務員の職権濫用に関する規定（193条）に加えて、特別公務員の職権濫用に関する規定（194条乃至196条）を設けたのだと考える。このようなことを考えると、公務員の「その職権」や「濫用して」を限定解釈する必要は特に見出しえないように思う。

２　（公務員職権濫用）193条

> 公務員がその職権を濫用して、人に義務のないことを行わせ、又は権利の行使を妨害したときは、２年以下の懲役又は禁錮に処する。

「その職権を濫用して」とは、文理から、人に義務のないことをさせるか人の権利行使を妨げるように、一般的職務権限に属する行為に仮託してということであると解する。「職権を濫用」の意味が、職務権限の範囲内で自己の利益を図って職権を行使することであるとすると、公務員には違法な職権行使をする権限はなく、また、職務権限の範囲内でなされた職権行使であるなら違法なものとはいえず不当か否かの問題が生じるだけであるから、しかるべき手続に従って是正すればよい、と考えることもできなくはない。しかし、そのように解すると「職権を濫用して」の後に「人に義務のないことを行わせ、又は権利の行使を妨害した」という文言が続くことを説明することが難しくなる。すなわち、本条は、「人に義務のないことを行わせ、又は権利の行使を妨害した」という結果を生じさせうるものとして、「その職権を濫用」する所為を規定しているのであるから、この文言の解釈も前述のようなものになるのである（最決昭和57・1・28刑集36・1・1は、「職権の濫用」とは、公務員がその一般的職務権限に属する事項について職務の行使に仮託して実質的・具体的に違法・不当な行為をすることを指称し、一般的職務権限は必ずしも法律上の強制力を伴うものであることを要せず、濫用された場合、相手方をして事実上義務なきことをさせ又は権利を妨害するに足りる権限であればこれに含まれる旨判示している)。このように解すると、裁判官が刑務所長に対し身分帳簿の閲覧を求めることや（前掲最決昭和57・1・28参照）裁判官が担当事件の弁償の件で会いたい旨をいって被告人を喫茶店に呼び出すこと（最決昭和60・7・16刑集39・5・245参照）は「その職権を濫用して」にあたることになる。警察官が違法な電話傍受をした場合は、通話を無断で傍受されないという権利行使を妨げるように警察官の一般的職務権限に属する正当な電話傍受に仮託して違法な電話傍受をしたのであるから、本罪が成立しうると考える（このような事案につき職権濫用罪にあたらない旨述べた最決平成元・3・14刑集43・3・283は支持できない)。

3　（特別公務員職権濫用）194条

> 裁判、検察若しくは警察の職務を行う者又はこれらの職務を補助する者がその職権を濫用して、人を逮捕し、又は監禁したときは、6月以上10年以下の懲役又は禁錮に処する。

「裁判〔…〕の職務を行う者」・「検察〔…〕の職務を行う者」・「警察の職務を行う者」とは、文理から、それぞれ、裁判官・検察官・司法警察員をいうと解する。「その職権を濫用して」とは、文理から、人を理由なく逮捕・監禁するように一般的職務権限に属する行為に仮託してということであると解する。文理から、「逮捕」とは人の身体を直接拘束することをいい、「監禁」とは一定の場所から脱出できないようにすることをいうと解する。

４　（特別公務員暴行陵虐）195 条

> 裁判、検察若しくは警察の職務を行う者又はこれらの職務を補助する者が、その職権を行うに当たり、被告人、被疑者その他の者に対して暴行又は陵辱若しくは加虐の行為をしたときは、７年以下の懲役又は禁錮に処する。
> 法令により拘禁された者を看守し又は護送する者がその拘禁された者に対して暴行又は陵辱若しくは加虐の行為をしたときも、前項と同様とする。

（1）1　項

「裁判、検察若しくは警察の職務を行う者」の意義は 194 条の同一文言のそれと同様である。「職権を行うに当たり」とは、文理から、職権を行使するに際してということであると解する。およそ職務権限に含まれえない暴行や陵辱・加虐行為をするように職務権限に属する行為に仮託するといったことは考え難いので、本条は「職権を濫用して」といった文言を使用していないのだと解する。「暴行」とは人に対し不法な有形力を行使することをいい、「陵辱」とは人を精神的に痛めつけはずかしめることをいい、「加虐」とは人を身体的に痛めつけることをいうと解する。

（2）2　項

文理から、「法令により拘禁された者」とは法的根拠に基づいて公的に身体の自由を拘束されている者をいい、「看守」とは拘禁された者が逃亡や拘禁の目的を害する行為に出ることを防止するため監視することをいい、「護送」とは拘禁された者を自己の支配下に置いて場所的に移動することをいうと解する。「看守し又は護送する者」とは、文理から、任務として現に看守・護送をしている者であることを要すると解する。「暴行」・「陵辱」・「加虐」の解釈は１項の同一文言の解釈と同様である。

５　（特別公務員職権濫用等致死傷）196 条

> 前二条の罪を犯し、よって人を死傷させた者は、傷害の罪と比較して、重い刑により処断する。

文理から、本条は 194 条、195 条の罪の結果的加重犯を規定したものであって、「傷害の罪と比較して、重い刑により処断する」とは、傷害罪、傷害致死罪の法定刑と比較して、上限下限とも重い法定刑で処罰するということであると解する。

第２款　25章：汚職の罪（2）　賄賂罪関係（197条-198条）

1　概　観

本章の汚職の罪のうち、197条乃至198条の規定は賄賂罪に関するものである。公務員が職務に関し賄賂を収受すれば、職務の公正とこれに対する国民の信頼が害される。公務員が、請託を受けたり、職務上不正な行為をしたときは、職務の公正やこれに対する国民の信頼はますます害されることになる。そこで、このような場合は、重い法定刑をもつ規定で対処することになる。また、収賄罪の基本規定である197条1項前段では対応し難い所為については事前収賄罪・事後収賄罪・第三者供賄罪・あっせん収賄罪の各規定を置いて対処している。さらに、贈賄を処罰し、収受された賄賂については必要的に没収・追徴する規定も置かれている。これらの規定の解釈は容易ではない。

2　（収賄、受託収賄及び事前収賄）197条

公務員が、その職務に関し、賄賂を収受し、又はその要求若しくは約束をしたときは、５年以下の懲役に処する。この場合において、請託を受けたときは、７年以下の懲役に処する。

公務員になろうとする者が、その担当すべき職務に関し、請託を受けて、賄賂を収受し、又はその要求若しくは約束をしたときは、公務員となった場合において、５年以下の懲役に処する。

（1）1　項

「その職務に関し」とは、文理から、当該公務員が現在担当しているか将来担当する蓋然性が高い、公務性を有し、賄賂により、不正な作為・不相当な不作為を誘発して公務の公正を害しうる事務の対価としてということであると解する[45]。したがって、一般的職務権限を異にする他の職務に転じた後、前の職務に関し賄賂を収受した場合は、前の職務を再び担当する蓋然性が高いとはい

45　目的と解釈189～192頁参照。

えない以上、「その職務に関し」賄賂を収受したとはいえず、本項の罪は成立しないと解する（相手が賄賂の収受時に公務員である以上、贈賄罪が成立する旨述べた最決昭和58・3・25刑集37・2・170は支持できない）。また、中核的な事務や当該公務員が決定権を有する事務でなくても、公務性を有し賄賂により不正な作為・不相当な不作為を誘発して公務の公正を害しうる事務の対価として賄賂が収受されれば、本罪が成立しうる。最決昭和63・4・11刑集42・4・419、最決昭和59・5・30刑集38・7・2682、最大判平成7・2・22刑集49・2・1、最決平成17・3・11刑集59・2・1、最決平成22・9・7刑集64・6・865の少なくとも結論は、いずれも支持できる[46]。

「賄賂」とは、文理から、職務行為の対価として収受・要求・約束がなされることにより職務の公正及びこれに対する国民の信頼を害しうる利益をいうと解する。社交儀礼としての贈物か賄賂かの区別は、このようなものであるか否かによってなされる。贈与品が高価なものであっても、職務行為の対価と認められなければ賄賂とはいえない。例えば、公立中学校の教諭が、勤務時間外に特定の生徒を指導し生徒の保護者から礼金をもらったとしても、同中学校の教諭としての職務行為の対価としてもらったわけではないから、教員が生徒に自宅で家庭教師をした場合であろうと放課後の学校内で指導した場合であろうと、礼金は「賄賂」にあたらないと解する（深夜の宿直時間や私生活上の時間に学習指導をすることは教諭の職務行為であると速断できないとした最判昭和50・4・24判時774・119は支持できる）。

文理から、「収受」とは賄賂を受け取ること、すなわち相手方の意思に基づく交付行為により賄賂の占有を取得することをいい、「要求」とは相手方に対し賄賂の交付を求める意思を表示することをいい、「約束」とは賄賂の授受について当事者間で合意することをいうと解する。

公務員ＸがＹから賄賂を喝取・詐取した場合、Ｘは（恐喝罪・詐欺罪の他に）賄賂収受罪、Ｙは賄賂供与罪に問われるか。Ｘは瑕疵ある意思に基づくものではあってもＹの交付行為により賄賂を受け取っているので、Ｘの所為は「収受」にあたり、Ｙの所為は「供与」にあたるとはいえる。ただ、前述したよう

46　その根拠については、目的と解釈191～195頁を参照。

に、「その職務に関し」とは、公務性を有し、賄賂により、不正な作為・不相当な不作為を誘発して公務の公正を害しうる事務の対価としてということであり、「賄賂」とは、職務行為の対価として収受・要求・約束がなされることにより職務の公正及びこれに対する国民の信頼を害しうる利益をいうから、収受・供与がなされても、それにより不正な作為・不相当な不作為を誘発して公務の公正を害する可能性のないときは「職務に関し」にあたらず、収受・供与がなされても職務の公正及びそれに対する国民の信頼を害しうる利益といえないものは「賄賂」にあたらないので、結局、賄賂収受罪、賄賂供与罪は成立しないことになる。例えば、警察官Ｘが何ら犯罪行為をしていないＹに対し、「金を渡さないと逮捕するぞ」と申し向けて脅かし10万円を喝取した場合、Ｘはおよそ警察官の職務行為としてＹを逮捕することはできないのであって、10万円を受け取ってＸが逮捕を中止したとしても、Ｙを逮捕しないということは不相当な不作為ではなく正当なことなのであるから、10万円はＸの「職務に関し」収受・供与されたとはいえない。また、Ｘの所為はそもそも違法なものであり、金銭を要求した時点で職務の公正及びそれに対する国民の信頼は甚だしく害されており、その後10万円の収受・供与がなされても職務の公正及びそれに対する国民の信頼を新たに害するともいえないので、10万円は「賄賂」にあたらないともいえる。したがって、Ｘは賄賂収受罪に問われずＹは賄賂供与罪に問われないと解する（警察官がその意思がないのに検挙する旨申し向けて金員を喝取した事案につき、公務員に職務執行の対価として財物の提供を受ける意思がないことを等を理由に、恐喝罪の成立のみを肯定した大判昭和２・12・８刑集６・512の結論は、支持できる）。これに対して、Ｙを逮捕する正当な理由があるのに10万円の交付を受けて逮捕を差し控えた場合は、Ｘは賄賂収受罪（加重収賄罪）、Ｙは賄賂供与罪の罪責を負うことになると解する（検査官に経理上の不備を詰問されて現金等を交付した事案につき贈賄罪の成立を肯定した最決昭和39・12・８刑集18・10・952は、支持できる）。

「請託」とは、文理から、職務に関する不正・不相当な行為をなすことの依頼をいうと解する。最判昭和27・７・22刑集６・７・927は、不正な職務行為の依頼か正当な職務行為の依頼かを問わず「請託」にあたるとしているけれど、197条の３の１項が「前二条の罪を犯し、よって不正な行為をし、又は相当な行為をしなかったとき」に加重収賄罪にあたるとしていることから考えて、不正な作為か不相当な不作為の依頼が「請託」にあたると解する。もっとも、例えば、軽微な事件の被害者が他の重大事件に優先して捜査をしてもらいたいと依頼することは、重大事件の方の捜査をしないという不相当な不作為を依頼するものであるから、「請託」にあたることになると考える。

（2）2　項

「公務員になろうとする者」とは、文理から、当該公務員になる意思を有し客観的にも近々に当該公務員となる可能性が認められる者をいうと解する。例えば、「10 年後に法務大臣になりたい」と思っている大学生はこれにあたらない。「その担当すべき職務」とは、文理から、当該公務員になったときに担当することになると認められる職務をいうと解する。規定の形式から、「公務員となった場合」は処罰条件を示したものであると解する。１項と同一の文言の解釈は前述したところと同様である。

３　（第三者供賄）197 条の２

> 公務員が、その職務に関し、請託を受けて、第三者に賄賂を供与させ、又はその供与の要求若しくは約束をしたときは、５年以下の懲役に処する。

「第三者」とは、文理から、行為者である公務員及びその共同正犯以外の者をいうと解する。文理から、「供与」とは第三者に賄賂を受け取らせることをいい、「供与の要求」とは相手方に対し第三者への賄賂の供与を求める意思表示をいい、「供与の〔…〕約束」とは第三者に賄賂を供与することについての相手方との合意をいうと解する。

４　（加重収賄及び事後収賄）197 条の３

> 公務員が前二条の罪を犯し、よって不正な行為をし、又は相当の行為をしなかったときは、１年以上の有期懲役に処する。
>
> 公務員が、その職務上不正な行為をしたこと又は相当の行為をしなかったことに関し、賄賂を収受し、若しくはその要求若しくは約束をし、又は第三者にこれを供与させ、若しくはその供与の要求若しくは約束をしたときも、前項と同様とする。
>
> 公務員であった者が、その在職中に請託を受けて職務上不正な行為をしたこ

と又は相当の行為をしなかったことに関し、賄賂を収受し、又はその要求若しくは約束をしたときは、５年以下の懲役に処する。

（1）1　項

「不正な行為をし、又は相当の行為をしなかった」とは、文理から、職務に違反する、不正な作為・不当な不作為をしたことをいうと解する。「違法な行為」という文言になっていないことから、「不正な行為」には、適法性に欠ける行為のほか裁量権の範囲を逸脱する不当な行為も含まれると解する。

（2）2　項

「その職務上不正な行為をしたこと又は相当の行為をしなかったことに関し」とは、文理から、当該公務員が現在担当しているか将来担当する蓋然性が高い、公務性を有し、賄賂により、不正な作為・不相当な不作為を誘発して公務の公正を害しうる事務として、職務に違反する不正な作為・不相当な不作為をしたことの対価としてということであると解する。

（3）3　項

「公務員であった者」とは、「その在職中に請託を受けて職務上」という文言のあることから、請託を受けた際の職務を担当する公務員ではなくなった者をいうと解する。したがって、完全に退職した者はもとより、一般的職務権限を異にする公務員に転じた者も「公務員であった者」にあたるということになる。

５　（あっせん収賄）197 条の４

公務員が請託を受け、他の公務員に職務上不正な行為をさせるように、又は相当の行為をさせないようにあっせんをすること又はしたことの報酬として、賄賂を収受し、又はその要求若しくは約束をしたときは、５年以下の懲役に処する。

「請託を受け」とは、文理から、「他の公務員に職務上不正な行為をさせるように、又は相当の行為をさせないように」あっせん（仲介）をすることを依頼されてこれを承諾したことをいうと解する。「公務員が〔…〕他の公務員に」という文言のあることから、単に私人としてなす仲介は、「あっせん」にあたらないと解する（最決昭和 43・10・15 刑集 22・10・901 参照）。「あっせんをすること又はしたことの報酬として、賄賂を」という文言のあることから、「賄賂」とはあっせんの報酬にあたる不正の利益をいうと解する。

６　（没収及び追徴）197条の５

> 犯人又は情を知った第三者が収受した賄賂は、没収する。その全部又は一部を没収することができないときは、その価額を追徴する。

「犯人」とは、「収受した賄賂」という文言がある以上、賄賂収受罪を犯し賄賂を収受した者をいうと解する。「情を知った第三者」とは、文理から、「犯人」及び賄賂の供与者以外の者で情を知って賄賂の収受をした者をいうと解する。具体的には、第三者供賄罪の第三者で情を知って賄賂の供与を受けた者がこれにあたることになる。

「その価額」とは、「収受した賄賂」の価額であるから、収受時の賄賂の価額をいうと解する（最大判昭和43・9・25刑集22・9・871参照）。共同正犯が共同して収受した賄賂につき追徴する場合は、共同して収受している以上、賄賂の全価額を均分した価額を各自に追徴することを基本とし、各自の分配額が異なるときは、分配額を追徴すべきであると考える（最決平成16・11・8刑集58・8・905は、このような場合、各自に賄賂の価額全部の追徴を命じることができると解するのが相当であるとしつつ、裁量により、一部の額、一部の者への追徴を科すことも許されるとする）。

７　（贈賄）198条

> 第197条から第197条の４までに規定する賄賂を供与し、又はその申込み若しくは約束をした者は、３年以下の懲役又は250万円以下の罰金に処する。

文理から、197条の２に規定するもの以外の賄賂の「供与」とは相手方に賄賂を受け取らせることをいい、同じく「申込み」とは相手方に賄賂を受け取るよう促すことをいい、同じく「約束」とは賄賂の授受について当事者間で合意することをいうと解する。文理から、197条の２に規定する賄賂の「供与」とは第三者に賄賂を受け取らせることをいい、同じく「申込み」とは第三者に賄賂を受け取るよう促すことをいい、同じく「約束」とは第三者に賄賂を供与することについて相手方と合意することをいうと解する。

第10節　26章-30章の諸規定の解釈

第１款　26章：殺人の罪（199条-203条）

１　概　観

本章には、殺人の罪として、殺人罪、殺人予備罪、自殺関与罪・同意殺人罪の規定が設けられている（200条は削除）。殺人罪、自殺関与罪・同意殺人罪については未遂処罰規定も置かれている。

殺人の罪、傷害の罪など、人（自然人）に対する罪に共通して、胎児か人かに関し、出産の過程で胎児から人になるのはいつか（人の始期）、人か死体かに関し、人が死亡して死体になるのはいつか（人の終期）、胎児に損傷を与えたために損傷を負った状態で出生した人（あるいは、損傷が原因となって出生後に死亡した人）について、人に対する罪が成立しうるか（胎児性傷害・致死）という問題がある。以下、これらを検討する。

人の始期の問題は、出産の過程で、どのような状態になれば、胎児から例えば殺人罪の客体である「人」になるかという問題である。これについては、一部露出の段階に至れば母体から独立して人として生きていると見られなくはないこと、この段階に至ったものの生命と厳格解釈による利益とを比較衡量すると優劣を認め難いことから、「人」の語を拡張解釈して、一部露出した段階のものは「人」にあたると解する。母体より一部を露出すれば殺人罪の客体になるとした大判大正8・12・13刑録25・1367の結論は支持できる[47]。

人の終期の問題については、死亡を表わす日常用語が、息を引き取る、心臓が止まる、といったものであることや明確な基準設定が望ましいことから、呼吸停止、心臓停止を中心に総合的に見て死亡したと見られるときが「死体」になったときであると解する。脳死したときに死亡したとする見解は、基準の不明確さを考えると賛成し難い。

胎児性傷害・致死の問題については、人に対する罪（例えば、過失傷害罪）の

47　目的と解釈８頁参照。

実行行為が、胎児の身体が損傷を負う前におこなわれ、その実行行為によって胎児の身体に損傷が生じ、それによって出生後の人の身体が損傷を負った状態が現出した場合は、人に対する罪を実行して人にその結果を生じさせたと評価して、人に対する罪の成立を肯定してよいと解する。胎児性水俣病に罹患し出生後に死亡した人に対する業務上過失致死罪の成立を肯定した最決昭和63・2・29刑集42・2・314の結論は、支持できる[48]。

２　（殺人）199条

> 人を殺した者は、死刑又は無期若しくは５年以上の懲役に処する。

「人」とは、文理から、行為者以外の自然人をいうと解する。「人を殺した」という文言の日常用語的語義は、自分以外の人を殺害したというものであるし、202条に自殺関与罪が規定されていることから、条文上も殺人と自殺とは区別されているといえる。また、法人を解散させることを「人を殺した」とは通常いわないし、「会社を殺した」といえるような社会的事実も存在しない。

「殺した」とは、文理から、人をわざと殺す行為をおこなって、それにより死亡結果を発生させたことをいうと解する。

３　（予備）201条

> 第199条の罪を犯す目的で、その予備をした者は、２年以上の懲役に処する。ただし、情状により、その刑を免除することができる。

「第199条の罪を犯す目的」とは、文理から、自ら（単独犯又は共同正犯として）199条の罪を実行する目的をいうと解する。したがって、他人予備行為は本罪の実行行為とならないことになる。殺人の用に供されると知りながら他人に毒薬を渡した者について本罪の共同正犯の成立を肯定した最決昭和37・11・8刑集16・11・1522は、支持できない。このような場合は、本罪の従犯が成立するとすべきである。

「予備をした」とは、文理から、199条の罪を実行するための準備行為をしたことをいうと解する。

48　目的と解釈105～109頁参照。

４　（自殺関与及び同意殺人）202条

人を教唆し若しくは幇助して自殺させ、又は人をその嘱託を受け若しくはその承諾を得て殺した者は、６月以上７年以下の懲役又は禁錮に処する。

（1）前段（自殺関与罪）

「人」とは、文理から、行為者以外の自然人をいうと解する。「自殺」とは、文理から、人がその意思に基づいて自己の命をあえて断つことをいうと解する。「人を教唆し〔…〕て自殺させ〔た〕」とは、文理から、自殺を決意していない者を唆して自殺を決意させ自殺を実行させて死亡させたことをいうと解する。「人を〔…〕幇助して自殺させ〔た〕」とは、文理から、自殺を決意している者の自殺の実行を助けて死亡させたことをいうと解する。

殺人罪と本罪との区別は、行為者の所為が殺人罪の所為なのか本罪の所為なのかによってなされると解する。追死する意思があるかのように装って被害者に毒薬を渡し嚥下させて死亡させた事案につき殺人罪の成立を肯定した最判昭和33・11・21刑集12・15・3519は、支持できない。この事案では、毒薬を飲むか否かの判断が被害者の意思に委ねられている以上、殺人罪ではなく自殺関与罪が成立すると解する。これに対し、被害者を海に飛び込む行為以外選択する余地がない状態にして飛び込ませた事案につき殺人未遂罪の成立を肯定した最決平成16・1・20刑集58・1・1や毒薬を飲むしかないという心理状態に陥っている被害者に毒薬を飲むよう慫慂して実行させた事案につき殺人罪の成立を肯定した福岡高宮崎支判平成元・3・24高刑集42・2・103は、支持できる[49]。

（2）後段（同意殺人罪）

「人」とは、文理から、行為者以外の自然人をいうと解する。文理から、「その嘱託」とは人から殺害を依頼されることをいい、「その承諾」とは人が殺害することにつき同意することをいうと解する。「人を〔…〕殺した」の解釈は、199条の「人を殺した」の解釈と同様である。

49　目的と解釈111～115頁参照。

5 （未遂罪）203条

> 第199条及び前条の罪の未遂は、罰する。

実行の着手は、実行行為を開始して結果を発生させる切迫した危険を発生させたときに認められると解する[50]。これに従って検討すると、自殺関与罪においては、被害者の自殺行為の開始時に切迫した危険が発生したと認められるので、この時点に実行の着手が認められると解する。同意殺人罪においても、人を殺す行為の開始時に切迫した危険が発生したと認められるので、この時点に実行の着手が認められると解する。なお、両罪とも被害者が死亡した時点で既遂に達することになる。

第2款　27章：傷害の罪（204条-208条の2）

1　概　観

本章には、傷害の罪の基本規定というべき傷害罪の規定、その結果的加重犯である傷害致死罪の規定、さらに、傷害罪の未遂罪的性格をもつ暴行罪の規定が置かれ、これらに関連する同時傷害の特例の規定が置かれている。さらに、現場助勢罪、凶器準備集合・結集罪の規定も置かれており、本章の規定の解釈においては、条文相互の関係を意識した体系的な思考が必要になる。とはいっても、文言を重視する解釈の姿勢はここでも維持されなければならない。

2 （傷害）204条

> 人の身体を傷害した者は、15年以下の懲役又は50万円以下の罰金に処する。

「人の身体」とは、文理から、行為者以外の自然人の身体をいうと解する。したがって、自己の身体を傷害する所為は、本罪に該当しない。これは、他人を道具とする間接正犯的形態で自己の身体を傷害する場合はもとより、共犯者の行為により自己の身体を傷害する場合でも同様であると解する。例えば、XがYに依頼してXの腕を切り取らせた場合、Yの所為は本罪に該当するものの、Xの所為は、Yにより傷害されたのは「人の身体」ではなくX自身の身体

50　目的と解釈29～30頁参照。

であり、Ｙの所為がＸにとっては犯罪にならないものである以上、「人を教唆して犯罪を実行させた」にはあたらず、本罪の教唆にはならないと解する（Ｘの同意があることによりＹの本条に該当する所為が違法性を阻却するか否かは別の問題である）。

「傷害」とは、文理から、医学的対応が予定される、人の身体の生理的機能の障害をいうと解する[51]。このようなものである限り、軽微なものでも「傷害」にあたると解する[52]。頭髪や髭の切断は、医学的対応が予定されるものではないので、「傷害」にあたらない。毛髪の裁断・剃去は健康状態の不良変更を来すものではないから傷害にあたらないとした大判明治45・6・20刑録18・896の結論は、支持できる。また、意識障害等を伴う急性薬物中毒の症状を生じさせた場合は、健康状態を不良に変更し、その生活機能の障害を惹起したものであるから本罪が成立するとした最決平成24・1・30刑集66・1・36や被害者に暴行・脅迫を加えて監禁し外傷後ストレス障害（PTSD）を発生させた場合、監禁致傷罪が成立するとした最決平成24・7・24刑集66・8・709の結論は、急性薬物中毒・外傷後ストレス障害がいずれも医学的対応が予定される人の生理的機能の障害にあたると認められることから、支持できる[53]。なお、文理から、本罪の「傷害」と監禁致傷罪、強盗致傷罪等の「傷」とは、基本的に同一のものであり、程度において差異はないと解する[54]。

「人の身体を傷害した」とは、文理から、行為者以外の自然人の身体を傷害する行為をおこなって傷害結果を生じさせたことをいうと解する。「暴行を加えて」といった文言がないこと等から、傷害する行為は暴行に限定されないと解する。例えば、脅迫により精神的ストレスを与えて不眠症にした場合は、本罪が成立する[55]（このような事案につき本罪の成立を肯定した裁判例もある。ラジオの音声等を鳴らし続けて慢性頭痛等の症状を生じさせた事案につき最決平成17・3・29刑集59・2・54、怒号などの嫌がらせ行為により不安及び抑うつ状態の症状を生じさせた事案につき名古屋地判平成6・1・18判タ858・272、無言電話をかけ続けて精神衰弱の症状を生じさせた事案につき東京地判昭和54・8・10判時943・122）。

51　目的と解釈117～118頁参照。
52　目的と解釈119頁参照。
53　目的と解釈120～121頁参照。
54　目的と解釈119～120頁参照。
55　目的と解釈117～119頁参照。

傷害の意思をもたずになされた暴行により傷害結果が発生した場合、「人の身体を傷害した」にあたるか。208条に「暴行を加えた者が人を傷害するに至らなかったときは」と規定していることから、暴行を実行して人を傷害するに至ったときは204条の守備範囲に入ると考える。そのように考えないと、暴行を実行して傷害結果が発生した場合、形式的に考えると、「暴行を加えた者が人を傷害するに至らなかったとき」にあたらないから暴行罪さえ成立しないことになって不合理である。このようなことから、傷害の意思をもたずになされた暴行により傷害結果が発生した場合も、「人の身体を傷害した」にあたると解する（最判昭和22・12・15刑集1・80は、暴行の意思で暴行を加え傷害の結果が生じた以上、傷害の意思なき場合といえども本罪が成立するとする)。

3　(傷害致死) 205条

身体を傷害し、よって人を死亡させた者は、3年以上の有期懲役に処する。

「身体を傷害し」とは、文理から、204条の「人の身体を傷害した」ことをいうと解する。前述した通り、同条の「人の身体を傷害した」には、傷害の意思をもたずになされた暴行により傷害結果が発生した場合を含むと解するので、暴行の意思で暴行を加えて傷害結果を発生させ、それによって人を死亡させた場合は、本罪が成立することになる（最判昭和25・6・27裁判集刑事18・369は、傷害罪又は本罪の成立に必要な主観的要件は暴行の故意で十分であるとする)。

「よって人を死亡させた」とは、文理から、204条の実行行為により発生させた傷害の悪化により死亡結果が発生したことをいうと解する。例えば、XがAの身体を傷害したところ、Aを自動車で病院に運ぼうとしたBが交通事故を起こし、Bが死亡したという場合、Xの所為とBの死亡との間に因果関係があるとしても、本罪は成立しないと解する。

4　(現場助勢) 206条

前二条の犯罪が行われるに当たり、現場において勢いを助けた者は、自ら人を傷害しなくても、1年以下の懲役又は10万円以下の罰金若しくは科料に処する。

「前二条の犯罪が行われるに当たり」とは、文理から、傷害罪・傷害致死罪の実行の着手から実行行為が終了するまでの間にということであると解する。例えば、路上でＡとＢが睨み合ったり口論している段階で、「やってしまえ」などと囃し立てることは「前二条の犯罪が行われるに当たり」おこなった助勢行為とはいえない（これに対し、ＡとＢが殴り合いをしようと決意し構えた段階で囃し立てる行為は本罪にあたりうる）と考える。「前二条の犯罪」とは、傷害罪・傷害致死罪をいうから、Ａ・Ｂに少なくとも傷害結果が発生しなければ、「前二条の犯罪」がおこなわれたとはいえず、結局、本罪は成立しないことになると解する。

「現場において勢いを助けた」とは、文理から、傷害罪・傷害致死罪の実行される現場で、傷害罪・傷害致死罪の教唆・幇助にあたらない応援行為をしたことをいうと解する。傷害罪・傷害致死罪の実行を、教唆した場合はこれらの罪の教唆犯が、幇助した場合は従犯が、本来、成立するのであり、本条の規定は教唆・幇助にあたらない所為の処罰を予定しているものと考える。したがって、ＡとＢが睨み合っている段階で「殴り合え。勝った方に賞金を出してやるぞ」などと申し向ける行為や「これを使って戦え」といって棍棒を渡す行為は、教唆・幇助になり本罪の所為に該当しないことになる（大判昭和２・３・28刑集６・118は、本罪は現場における単なる助勢行為を処罰するもので、特定の正犯者を幇助する従犯とは自ずから差があると認めるべきであり、傷害の犯行を幇助する意思をもって助言をなし犯意を強固ならしめた場合は傷害罪の従犯であるとする）。

5　（同時傷害の特例）207条

> 二人以上で暴行を加えて人を傷害した場合において、それぞれの暴行による傷害の軽重を知ることができず、又はその傷害を生じさせた者を知ることができないときは、共同して実行した者でなくても、共犯の例による。

「二人以上で暴行を加えて人を傷害した場合」とは、その後の「それぞれの暴行による傷害の軽重を知ることができず、又はその傷害を生じさせた者を知ることができないときは、共同して実行した者でなくても、共犯の例による」という文言から考えて、意思の連絡があれば傷害罪の実行共同正犯が成立するような態様で各自が暴行を実行し、複数の傷害結果が発生しているのにどの暴行によりどの傷害結果が発生したか不明である場合、あるいは傷害結果は単数であるもののいずれの者の暴行により同結果が発生したか不明である場合をいうと解する。そして、意思の連絡があれば傷害罪の実行共同正犯が成立するような態様で各自が暴行を実行したといえるためには、各自の暴行が、意思の連絡があれば、単一の暴行の共同実行と見られるような関係になっていることが必要であると解する（大判昭和 12・9・10 刑集 16・1251 は、本条は２人以上の暴行が時間的及び場所的に相競合する場合にのみ適用される旨述べ、また、最決平成 28・3・24 刑集 70・3・1 は、本条の適用の前提として、検察官は、各暴行が当該傷害を生じさせうる危険性を有するものであること、及び、各暴行が外形的には共同実行に等しいと評価できるような状況においておこなわれたことを証明することを要する旨述べている）。

「共犯の例による」とは、文理から、傷害罪の共同正犯として 60 条により処罰することをいうと解する。傷害罪の共同正犯となるのなら死亡結果が発生した場合は傷害致死罪の共同正犯になると考えられなくもないものの、「人を傷害した場合において」という文言になっていて、「人を傷害した場合又はよって死亡させた場合において」という文言になっていないことを考えると、「共犯の例による」に傷害致死罪の共同正犯として処罰することは含まれないと解する。傷害致死の場合に本条が適用されるとした最判昭和 26・9・20 刑集 5・10・1937 は、支持できない。

6　（暴行）208 条

> 暴行を加えた者が人を傷害するに至らなかったときは、２年以下の懲役若しくは 30 万円以下の罰金又は拘留若しくは科料に処する。

「暴行を加えた」とは、文理から、行為者以外の自然人の身体に対し、不法な有形力を行使したことをいうと解する。日常生活において許容される態様の有形力の行使は、不法なものとはいえず、「暴行」に該当しないと解する。例えば、満員電車から降りる際に他の客の身体を押すとか、街頭で見かけた友人に話しかけるために肩に手をかけて歩行を止めるといった所為は、被害者の同意を検討するまでもなく、暴行に該当しないと考える。もっとも、有害な細菌を塗布した手袋を装着した上で握手に見せかけて相手の手を握り、感染させた場合は、外見上は日常生活において許容される態様の有形力の行使であっても、「暴行」にあたるといえる。これに対し、A が飲む可能性の高い飲み物に有害な細菌を投入した場合は、これだけでは、Ａの身体に対し有形力を行使したとはいえず、暴行を加えたとはいえないと解する。Ｂを落とし穴に落とそうと思って、いつもＢが通行する場所に落とし穴を掘った場合も、これだけではＡの身体に対し有形力を行使したとはいえないので、暴行を加えたとはいえない。前の例ではＡが飲み物を手に取って口に入れようとしたときに、後の例ではＢが落とし穴の上に差しかかったときに、Ａ・Ｂの行為を利用した、Ａ・Ｂの身体に対する不法な有形力の行使が開始されたと考える[56]。

「傷害するに至らなかったとき」には、文理から、暴行の意思で暴行を加え、傷害結果が発生しなかった場合のみならず、傷害の意思で暴行を加えたものの傷害結果を発生させるに至らなかった場合も含むと解する。

7　（凶器準備集合及び結集）208 条の２

> 二人以上の者が他人の生命、身体又は財産に対し共同して害を加える目的で集合した場合において、凶器を準備して又はその準備があることを知って集合した者は、２年以下の懲役又は 30 万円以下の罰金に処する。
> 前項の場合において、凶器を準備して又はその準備があることを知って人を集合させた者は、３年以下の懲役に処する。

「他人の生命、身体又は財産に対し共同して害を加える目的」とは、文理から、二人以上の者の全員が他人の生命・身体・財産に害を加える行為を共同して実行する目的をいうと解する。換言するなら、加害行為を共同して実行する意思がない者は、凶器を準備して集合しても、本罪には問われないと考える。もっとも、自ら凶器を用いて人を殺傷する気はなくても、現場において指揮を取ったりする予定で集合した者については、本罪に問われうると思う。本罪が成立するためには集合者の全員又はその大多数の者の集団意思としての共同加害目的を必要とするものではないとした最判昭和 52・5・6 刑集 31・3・544 は、支持できない。

「凶器」とは、文理から、他人の生命・身体・財産に不法な有形力を加えて物理的に破壊するのに用いうる道具で、そのような破壊行為を意図する者が通

56　目的と解釈 118 ～ 119 頁参照。

常準備して使用する物をいうと解する。銃器・刃物・鉄棒の類は「凶器」にあたりうる。これに対し、ボールペンや雨傘、杖の類は人の殺傷に使用することが不可能とはいえないものの、そのようなことを意図する者が通常準備して使用する物とはいえないから「凶器」にあたらないと考える（最判昭和47・3・14刑集26・2・187は、人を殺傷する用具として利用される外観を呈していないダンプカーは「凶器」にあたらないとした）。

「凶器を準備して又はその準備があることを知って集合した」とは、文理から、凶器を準備するか、凶器の準備があることを知りながら、自らも共同加害に加わる意思で集団に加わることをいうと解する。「集合した」という文言になっている以上、集合した後で凶器の準備があることを知ったのに離脱しなかった場合は、「集合した」にあたらないと解する。既に一定の場所に集まっている二人以上の者が、その場で凶器を準備し又はその準備があることを知った上、他人の生命等に対し共同して害を加える目的を有するに至った場合も「集合」にあたるとする最決昭和45・12・3刑集24・13・1707は、支持できない。「凶器を準備して又はその準備があることを知って人を集合させた」とは、文理から、凶器を準備するか、凶器の準備があることを知りながら、他人を共同加害に加わる意思をもって集団に加わらせることをいうと解する。

第3款　28章：過失傷害の罪（209条-211条）

1　概　観

本章には、過失傷害の罪として、過失傷害罪、過失致死罪、業務上過失致死傷罪・重過失致死傷罪の規定が置かれている。過失乃至過失犯については議論がある。私見によれば、危険性を減少させるのに必要な結果回避措置を取ることなく遂行される、各過失犯の規定が予定している程度の危険性を有する行為が各過失犯の実行行為であり、その主観的要素は自己の行為が各過失犯の規定が予定している所為であることを認識・予見しながら行為に出る意思である[57]。本章の各規定の解釈も、これを基礎におこなうことになる。

57　例えば、XがベテランのハンターYと猟に行き、YがXにAを撃たせようと考え、「あそこにいるのは鹿だ。僕が確認した。すぐ撃て」といってXに発砲させ、弾丸が命中してAが死亡した場合、Xは、過失犯の行為意思が認められないので、不可罰となると解する。

2　（過失傷害）209 条

> 過失により人を傷害した者は、30 万円以下の罰金又は科料に処する。
> 前項の罪は、告訴がなければ公訴を提起することができない。

「過失により人を傷害した」とは、文理等から、人（行為者以外の自然人）の身体を傷害する危険性のある行為を通常人に要求される結果回避措置を取ることなくおこなって、同行為により傷害結果を発生させたことをいうと解する。

3　（過失致死）210 条

> 過失により人を死亡させた者は、50 万円以下の罰金に処する。

「過失により人を死亡させた」とは、文理等から、人（行為者以外の自然人）を死亡させる危険性のある行為を通常人に要求される結果回避措置を取ることなくおこなって、同行為により死亡結果を発生させたことをいうと解する。

4　（業務上過失致死傷等）211 条

> 業務上必要な注意を怠り、よって人を死傷させた者は、５年以下の懲役若しくは禁錮又は 100 万円以下の罰金に処する。重大な過失により人を死傷させた者も、同様とする。

「業務」とは、文理から、人が社会生活上の地位に基づき反復継続する行為で、他人の生命・身体に危険を及ぼすものをいうと解する（最判昭和 33・4・18 刑集 12・6・1090 は、本条の「業務」にあたるためには、人が社会生活上の地位に基づいて反復継続する行為であって、かつ、その行為が他人の生命身体等に危害を加えるおそれのあるものであることを必要とする旨述べている）。

「業務上必要な注意を怠り、よって人を死傷させた」とは、文理等から、人（行為者以外の自然人）を死傷させる危険性のある行為を業務者に要求される結果回避措置を取ることなくおこなって、同行為により死傷結果を発生させたことをいうと解する。「重大な過失により人を死傷させた」とは、文理等から、人を死傷させる危険性のある行為を通常人に要求される結果回避措置を取ることを甚だしく怠っておこない、同行為により死傷結果を発生させたことをいうと解する（東京高判昭和 57・8・10 刑月 14・7=8・603 は、重過失とは注意義務違反の程度が著しい場合をいうとする）。

第４款　29章：堕胎の罪（212条-216条）

１　概　観

本章には、堕胎の罪の規定が置かれている。その趣旨は、胎児が出生後は人となるものであって妊婦の肉体の一部と評価することのできないものであることから、妊婦の意思にかかわらず、堕胎行為を処罰することによって、その保護を図るところにあると考える。それ故、212条の規定により、胎児が妊婦の肉体の一部であるとすると自傷行為として処罰されない所為であっても堕胎罪として処罰されることになる。もっとも、妊婦の同意を得て堕胎させた場合、213条により２年以下の懲役に処されるに過ぎず、妊婦を死傷させた場合でも３月以上５年以下の懲役といった軽い法定刑で処罰されるに過ぎないこと、妊婦の同意なく堕胎した場合でさえ、通常の傷害罪の法定刑より上限においては軽い法定刑をもつ215条の罪に問われるに過ぎず、これにより妊婦に死傷結果が生じた場合に216条により傷害罪、傷害致死罪と比較して重い刑により処断するとしていることを考えると、胎児の保護に徹しているともいい難い。バランスの取れた解釈をすることが困難な領域であるといえるように思う。

212条から215条までの規定の文言になっている「堕胎」とは、文理から、生育して出生しないようにするために自然の分娩に先立って胎児を母体から人為的に分離することをいうと解する（大判明治44・12・8刑録17・2183は、「堕胎」とは自然の分娩期に先立って人為的に胎児を母体から分離させることをいうとする）。胎児を母体外に出さなくても、母体と胎盤及び臍帯でつながり母体から酸素と栄養の供給を受ける等の関係を失わせれば「堕胎した」といえると解する。胎児を母体内で殺害すればこのような関係はなくなるから「堕胎した」にあたる。また、胎児を生きた状態で母体外に出せば母体と分離させたといえるので「堕胎した」にあたる。いわゆる帝王切開手術で胎児を取り出す行為は、生育して出生しないようにするための行為ではないので、「堕胎」にあたらない。

堕胎により生きて母体外に出た者は一部露出した段階から「人」になり、これに対して攻撃を加えて殺害すれば殺人罪など人に対する罪が成立すると解する（大判大正11・11・28刑集1・705は、胎児を母体外に排出させた後、殺害した場合、前の行為は堕胎罪、後の行為は殺人罪を構成するとする)。仮にそのような者は「人」ではないとすると、母体外に出た後いくら生育しても人にはならないという不合理なことになる。もっとも、母体外に出た時点でおよそ医学的対応によって生育させうるとはいえない状態のものに対し救命措置を講じなかった場合は、救命可能性が欠けるために、不作為による199条、219条の罪の成立が否定されることがありうると解する。この観点から、医師が、妊娠26週に入った胎児を堕胎手術により母体外に出した後、生存に必要な処置を取らずに約54時間後に死亡させた事案につき、未熟児医療設備の整った病院の医療を受けさせれば同児が短期間内に死亡することはなく、むしろ生育する可能性があることを医師が認識していたことなどから、219条の罪の成立を肯定した最決昭和63・1・19刑集42・1・1は、支持できる。

２　(堕胎) 212条

> 妊娠中の女子が薬物を用い、又はその他の方法により、堕胎したときは、１年以下の懲役に処する。

「その他の方法により、堕胎した」とは、文理から、妊娠中の女子、すなわち妊婦自身が自ら、あるいは他人の行為を介して堕胎行為をしたことをいうと解する。妊婦が医師に依頼して堕胎手術をしてもらった場合は、医師は業務上堕胎罪の正犯となり、妊婦は教唆犯になると思えなくもないものの、当該堕胎は、妊婦にとっては自己堕胎になるので(医師に依頼して自分の指を切除してもらった者が自己に対する傷害罪の教唆犯にならないのと同様に)、妊婦は業務上堕胎罪の教唆犯にはならず、本罪の罪責を負うに止まると解する。医師等ではない者に堕胎してもらった場合も、同様に、堕胎した者は同意堕胎罪の正犯となるものの、妊婦はその教唆犯にはならず、本罪の罪責を負うに止まると解する。

３　(同意堕胎及び同致死傷) 213条

> 女子の嘱託を受け、又はその承諾を得て堕胎させた者は、２年以下の懲役に処する。よって女子を死傷させた者は、３月以上５年以下の懲役に処する。

「女子」とは、文理から、妊娠中の女子、すなわち、妊婦をいうと解する。文理から、「女子の嘱託」とは妊婦から堕胎を依頼されることをいい、「その承諾」とは妊婦が堕胎することにつき同意することをいうと解する。「堕胎させた」とは、文理から、堕胎が既遂に達したことをいうと解する。したがって、堕胎が既遂に達しないのに妊婦に死傷結果が生じた場合は、「よって女子を死傷させた」にはあたらず、同意堕胎致死傷罪は不成立となる。

4　（業務上堕胎及び同致死傷）214条

> 医師、助産師、薬剤師又は医薬品販売業者が女子の嘱託を受け、又はその承諾を得て堕胎させたときは、3月以上5年以下の懲役に処する。よって女子を死傷させたときは、6月以上7年以下の懲役に処する。

本条は、医師等の身分を有する者が堕胎させたとき、213条の同意堕胎罪、同致死傷罪より刑を加重した規定である。したがって、身分以外の文言の解釈は213条の同一文言の解釈と同様のものになる。

5　（不同意堕胎）215条

> 女子の嘱託を受けないで、又はその承諾を得ないで堕胎させた者は、6月以上7年以下の懲役に処する。
> 前項の罪の未遂は、罰する。

本条は妊婦の同意なく堕胎させる所為を処罰する規定であり、「女子」、「女子の嘱託」、「その承諾」の解釈は、213条の同一文言の解釈と同様である。未遂を処罰するのは、同意なく堕胎させる所為の可罰性が高いからであろう。

6　（不同意堕胎致死傷）216条

> 前条の罪を犯し、よって女子を死傷させた者は、傷害の罪と比較して、重い刑により処断する。

「前条の罪」には215条2項の不同意堕胎未遂罪が含まれる。したがって、213条、214条とは異なり、不同意堕胎罪が未遂に終わっても妊婦に死傷結果が発生すれば、本条が適用されると解する。「傷害の罪と比較して、重い刑により処断する」とは、文理から、傷害罪、傷害致死罪と比較して、上限下限とも重い刑によるということであると解する。

第５款　30 章：遺棄の罪（217 条 -219 条）

１　概　観

本章には、遺棄の罪として、遺棄罪、保護責任者遺棄等罪（保護責任者遺棄罪・保護責任者不保護罪）、遺棄等致死傷罪の規定が置かれている。217 条の「遺棄」と 218 条の「遺棄」とに差異を設けるべきか、217 条に比して法定刑の重い 218 条の「保護する責任のある者」とはどのような責任のある者をいうのかといった解釈上の問題を孕む領域であるといえる。

２　（遺棄）217 条

> 老年、幼年、身体障害又は疾病のために扶助を必要とする者を遺棄した者は、１年以下の懲役に処する。

「老年、幼年、身体障害又は疾病のために扶助を必要とする者」とは、文理から、老年・幼年・身体障害・疾病のために、他人の助けを借りないと日常生活上必要な動作を的確になしえない者をいうと解する。「遺棄」とは、文理から、扶助を必要とする者を現在の状態からより危険な状態に移すことをいうと解する。例えば、病院のベッドで寝ている赤子を路上に移す行為はより危険な状態に移すことになるから「遺棄」にあたるものの、路上に捨てられている赤子を病院のベッドに移す行為はより危険な状態に移すことにならないから「遺棄」にあたらないと解する。また、場所的移転がなくても、例えば、寒期に病人がテントの中で寝ているのにテントを取り去って寒風にさらされるようにする行為も「遺棄」にあたりうると解する。これらは作為によるものであり、テントが風で飛ばされかけているのに何もせず飛ばされるのに任せたといった不作為は「遺棄」にあたらない。また、山中で負傷して動けなくなっている登山者を発見しながら置き去りにして下山する行為も登山者をより危険な状態に移したわけではなく、登山者を救助する義務もない以上、「遺棄」にあたらないと考える。

３　（保護責任者遺棄等）218 条

> 老年者、幼年者、身体障害者又は病者を保護する責任のある者がこれらの者

を遺棄し、又はその生存に必要な保護をしなかったときは、３月以上５年以下の懲役に処する。

「老年者、幼年者、身体障害者又は病者を保護する責任のある者」とは、文理から、老年者・幼年者・身体障害者・病者を、これらの者（要保護者）が日常生活上必要な動作を的確になしえないことから生じる（生命・身体に対する）危険から保護する法的義務（保護義務）を負う者をいうと解する。保護義務の根拠となるものとしては、法令、契約、事務管理といったものが考えられる。条理は、その範囲が不明確であることから、処罰に直結する保護義務の根拠とはならないと解する。例えば、Xが、その運転する自動車でAをはねて重傷を負わせた場合、救助しなかったときは道路交通法72条の救護義務を根拠に、救助に着手したときは民法697条の事務管理を根拠に、保護義務を認めうるのであるから、わざわざ条理を根拠とする先行行為による保護義務を認める必要はないと解する。最判昭和34・7・24刑集13・8・1163は、自動車を過失によりAに接触させて傷害を負わせた事案につき、当時の道路交通取締法、同法施行令の救護その他必要な措置を取る義務を根拠に保護義務を認めている。

「遺棄」とは、文理から、保護義務に違反して、要保護者を作為により従前より危険な状態にすることをいうと解する。作為に限らないと解する余地もないではないものの、後段に「生存に必要な保護をしなかった」という文言があることから、不作為は「遺棄」にあたらないと解する。「生存に必要な保護をしなかった」とは、文理から、保護義務に違反して、要保護者を不作為により従前より危険な状態にすることをいうと解する。

４　（遺棄等致死傷）219条

前二条の罪を犯し、よって人を死傷させた者は、傷害の罪と比較して、重い刑により処断する。

文理から、本条は結果的加重犯の規定であり、「傷害の罪と比較して、重い刑により処断する」とは、傷害罪、傷害致死罪と比較して、上限下限とも重い刑によるということであると解する。

第 11 節　31 章 -33 章の諸規定の解釈

第１款　31 章：逮捕及び監禁の罪（220 条、221 条）

１　概　観

本章には、逮捕及び監禁の罪として、逮捕罪・監禁罪、逮捕等致死傷罪の規定が置かれている。条文は簡潔であるものの、偽計による監禁が認められる範囲など明確な解釈をすることが必ずしも容易ではない領域といえる。

２　（逮捕及び監禁）220 条

> 不法に人を逮捕し、又は監禁した者は、３月以上７年以下の懲役に処する。

「人」とは、文理から、行為者以外の自然人をいうと解する。法人が逮捕・監禁の客体にならないことは、逮捕・監禁の日常用語的語義から考えても明らかである。自然人であっても身体活動ができない者は除かれるのではないかという疑問がなくはない。しかし、病臥していても他人に指示して移動等できる者は身体活動ができるといってよい。睡眠中の者も目覚めれば身体活動ができる。長期間意識がなく回復の可能性のない病臥者と生後間もない嬰児については監護者等がこれらの者の意思を推定して所在場所等を決定できる以上、「人」から除外する理由はない。結局、本条の「人」は行為者以外の自然人を意味するということになる。

「逮捕し〔た〕」とは、文理から、人の身体を直接拘束したことをいうと解する。手錠や縄を用いる必要はないものの、ごく一時的に羽交い絞めにするといった所為は暴行と評価される余地がある。

「監禁した」とは、文理から、人を一定の場所から出られないようにしたことをいうと解する。一定の場所は閉鎖空間である必要はないものの、一定の地点から動けないようにすることは「監禁」ではなく「逮捕」にあたると考える。例えば、椅子から立ち上がると爆弾が爆発する旨いって椅子から立ち上がれないようにすることは、椅子に縄で縛りつけるのと同様であるから、「逮捕」であって「監禁」ではない。東京高判平成 11・9・1 東高刑時報 50・1-12・81

は被害者を睡眠薬で眠らせて行動の自由を奪った所為を監禁にあたるとしているけれど、被害者を全く動けない状態にしたのであるから、逮捕にあたると思う。また、自動車を疾走させて降車できないようにする所為は「監禁」であるけれど、原動機付自転車を疾走させて荷台から降りられないようにする所為は「逮捕」になると思う。原動機付自転車の荷台に被害者を乗せて1000m余り疾走した所為を監禁にあたるとした最決昭和38・4・18刑集17・3・248は、この意味で支持できない。

欺罔・脅迫による逮捕・監禁も可能である。ただ、「逮捕」・「監禁」の語が本来物理的に行動の自由を奪うことを意味することから、脱出を図ると物理的な被害が被逮捕者・被監禁者に及ぶ旨欺罔・脅迫した場合でなければ、逮捕・監禁にあたらないと考える。例えば、「脱出しようとしたらドアに仕掛けてある爆弾が爆発する」と嘘をいって外に出られないようにするのは監禁にあたるけれど、「この部屋に1時間いてくれたら10万円あげる」と嘘をいって室内に止まらせるのは監禁にはあたらないと考える。なお、外に出たら行為者が加害する旨いって室外に出られないようにした場合は、脅迫による監禁にあたる（東京高判昭和40・6・25高刑集18・3・238参照）。

逮捕・監禁が実行されたなら、被逮捕者・被監禁者が逮捕・監禁されたことを意識しているか否かにかかわらず、本罪が成立すると解する。例えば、被害者が眠っている部屋のドアに施錠し、目覚める前に解錠した場合、監禁罪が成立する。もっとも、監禁罪の実行行為がなされていないときは同罪は成立しない。前例で、被害者が目覚めたらドアに施錠しようと考えてドアの外で待機していたところ、結局、目覚めなかったので何もせず立ち去った場合は、監禁罪は成立しない（未遂処罰規定がないので不可罰となる）。また、XがAを山中に連れて行って暴行を加えようと考え、Aに対し、「家まで送って行く」旨の虚言を申し向けて、Xの運転する自動車の後部座席に乗せ、出発してから10分間はAの自宅に通じる道路を通常の態様で運転していたものの、10分後に山中に向かう道路に入り、その5分後に不審に思ったAが「止めてくれ」といい出したので、アクセルを踏み込んで山中まで疾走した場合、少なくとも出発後10分間はA宅に通じる道路を通常走行しただけであるから、監禁がなされたとはいえない。前掲の最決昭和38・4・18刑集・17・3・248が1000m余り疾走した所為をもって監禁（私見では逮捕）にあたるとした点は支持できる。

3　（逮捕等致死傷）221 条

> 前条の罪を犯し、よって人を死傷させた者は、傷害の罪と比較して、重い刑により処断する。

「よって人を死傷させた」とは、文理から、逮捕・監禁行為によって死傷結果を発生させたことをいうと解する。例えば、逮捕・監禁行為の機会に制裁目的で暴行を加えて負傷させた場合は、本条には該当せず、逮捕・監禁罪と傷害罪とが成立することになる（名古屋高判昭和 31・5・31 高刑裁特 3・14・685 参照）。本条は、文理から、前条の罪の結果的加重犯であり、「傷害の罪と比較して、重い刑により処断する」とは、傷害罪、傷害致死罪と比較して、上限下限とも重い刑によるということであると解する。

第２款　32 章：脅迫の罪（222 条、223 条）

1　概　観

本章には、脅迫の罪として、脅迫罪及び強要罪の規定が置かれている。「脅迫」の文言は、他の条文（95 条、106 条、176 条、177 条、236 条、238 条など）にも見られるものの、本章の規定においては、加害の対象が限定されている。もっとも、生命・身体・財産はともかく、自由や名誉になるとその範囲は必ずしも明確とはいい難い。日常生活において、相手方に不利益が及ぶ旨告知することはしばしばあり、「脅迫」とそうでないものとの境界設定は困難である。文言を重視しつつ実態に合致した解釈が必要となる領域であるといえる。

2　（脅迫）222 条

> 生命、身体、自由、名誉又は財産に対し害を加える旨を告知して人を脅迫した者は、２年以下の懲役又は 30 万円以下の罰金に処する。
>
> 親族の生命、身体、自由、名誉又は財産に対し害を加える旨を告知して人を脅迫した者も、前項と同様とする。

文理から、１項の「生命、身体、自由、名誉又は財産に対し害を加える旨を告知して」とは告知の相手方の生命・身体・自由・名誉・財産に対し行為者が害を加える旨を相手方に告知してということであり、２項の「親族の生命、身体、自由、名誉又は財産に対し害を加える旨を告知して」とは告知の相手方の親族の生命・身体・自由・名誉・財産に対し行為者が害を加える旨を相手方に告知してということであると解する。したがって、「お前を殴る」というのは本条１項の脅迫にあたり、「お前の子を殴る」というのは本条２項の脅迫にあたるものの、「お前の好きなタレントのＡを殴る」というのは本条の脅迫にはあたらないと解する。また、「害を加える」という文言がある以上、行為者が害を自らあるいは他人を通じて加える旨の告知でなければ、「害を加える旨」の告知にあたらないと解する。ＸがＡに対し「Ｙがお前を殴るといっている」と告知することは、「害を加える旨」の告知にあたらない。もっとも、ＹがＡを殴るか否かをＸにおいて制御可能で、ＸがＹの行為を利用してＡを殴る旨の告知と評価できる場合は、「害を加える旨」の告知にあたりうる（広島高松江支判昭和25・7・3刑集3・2・247は、本条の脅迫足るには単に害悪が発生することを通告するだけでは足りず、その発生が行為者自身において又は行為者の左右しうる他人を通じて直接又は間接に行為者によって可能ならしめられるものとして通告されることを要する旨述べている）。

「害を加える」とは、文理から、生命・身体・自由・名誉・財産を害する不法な行為をおこなうことをいうと解する。相手方が甘受すべき不利益な行為を正当な手続によりおこなう旨の告知は「害を加える旨」の告知にあたらないと解する。例えば、不当に弁済を拒んでいる債務者に対し「裁判所に申し立てて財産を差し押さえる」旨告げることは「害を加える旨」の告知にはあたらないと考える。

「人」とは、文理から、行為者以外の自然人であって、脅迫により恐怖心を起こしうる者をいうと解する。１項に「生命、身体」の文言があり２項に「親族の生命、身体」という文言があることから考えても、生命・身体・親族を有しえない法人は「人」に含まれないと考える（大阪高判昭和61・12・16高刑集39・4・592参照）。また、害を加える旨の告知の意味をおよそ理解せず恐怖心を起こしえない者（例えば、嬰児）も「人」にはあたらないと解する。もっとも、例えば、赤子に対して「殴るぞ」と告知することがその親に対する本条２項の脅迫にあたるということは考えられる。

「脅迫した」とは、文理から、本条１項、２項の告知をして相手方に恐怖心を起こさせようとしたことをいうと解する。このような所為をなせば、相手方が現実に恐怖心を起こしたか否かにかかわらず本罪は成立する。

３　（強要）223条

生命、身体、自由、名誉若しくは財産に対し害を加える旨を告知して脅迫し、又は暴行を用いて、人に義務のないことを行わせ、又は権利の行使を妨害した者は、３年以下の懲役に処する。
親族の生命、身体、自由、名誉又は財産に対し害を加える旨を告知して脅迫し、人に義務のないことを行わせ、又は権利の行使を妨害した者も、前項と同様とする。
前二項の罪の未遂は、罰する。

「生命、身体、自由、名誉若しくは財産に対し害を加える旨を告知して脅迫し」、「親族の生命、身体、自由、名誉若しくは財産に対し害を加える旨を告知して脅迫し」、「人」の解釈は、222条の同一文言の解釈と同様である。１項の「暴行」とは、脅迫の手段が相手方の生命等に害を加える旨の告知に限られていることを考えて、相手方の身体に対する不法な有形力の行使をいうと解する。

「人に義務のないことを行わせ〔た〕」とは、文理から、相手方にその行為をおこなわなければならない法律上の義務がないのに強いてそれをおこなわせたことをいうと解する。「権利の行使を妨害した」と対置されている以上、「義務」は法律上の義務を意味し、道徳上の義務や社会生活上の義務を含まないと解する。したがって、例えば、Xが歩行中偶然肩をぶつけたAに対し、「謝罪しないと殴る」と申し向けて謝罪させた場合、Aに道徳上謝罪する義務があると認められるとしても、「義務のないことを行わせ〔た〕」にあたることになる。「行わせ」という文言になっている以上、相手方の意思に基づく行為がおこなわれることが必要であり、暴行を加えて有形力により相手方を機械的に動かした場合は「義務のないことを行わせ〔た〕」にあたらない（東京高判昭和34・12・8高刑集12・10・1017参照）。

「権利の行使を妨害した」とは、文理から、法律上許されている行為をさせなかったことをいうと解する。

第3款　33章：略取、誘拐及び人身売買の罪（224条-229条）

1　概　観

本章には、224条乃至226条の各略取・誘拐罪の規定、226条の2の人身売買罪の規定、226条の3の被略取者等所在国外移送罪の規定、227条の被略取者引渡し等罪の規定が置かれている。227条は、人身売買や略取・誘拐が組織的になされることがあるので、略取・誘拐・売買された者の引渡し、収受、輸送等を処罰したものであると考える。さらに、本章には、身の代金目的略取等に関して、228条の3の身の代金目的略取等予備罪の規定、228条の2の解放による刑減軽の規定が置かれている。これらは、身の代金目的略取等罪を重大犯罪と考え、被拐取者の安全を確保しようとする立法者の意思の表われである。各規定の関係は複雑であり、解釈困難な領域であるといえる。

本章の規定にしばしば登場する「略取」及び「誘拐」について考察する。文理から、「略取」とは暴行・脅迫を手段として他人をその生活環境から離脱させて行為者又は第三者の実力支配内に移すことをいい、「誘拐」とは欺罔・誘惑を手段として他人をその生活環境から離脱させて行為者又は第三者の実力支配内に移すことをいうと解する。特に「誘拐」の範囲は明確ではなく（大判大正12・12・3刑集2・915は、未成年者に外妾又は仲居になると高給が得られ着物ももらえる旨告げることは誘惑にあたるとする）、実力支配内に移したといえるか否かを慎重に認定する必要がある。

2　（未成年者略取及び誘拐）224条

> 未成年者を略取し、又は誘拐した者は、３月以上７年以下の懲役に処する。

「未成年者」の意義は、民法に従う。成年直前の者であろうと出生直後の嬰児であろうと、これに含まれる。

親権者であっても、略取・誘拐によって未成年者を自己の実力支配内に移す権利を有しているわけではないから、親権者が未成年者を略取・誘拐した場合、違法性阻却事由等に該当しない限り、本罪が成立すると解する（最決平成17・12・6刑集59・10・1901は、共同親権者である父親が共同親権者である母親の下から2歳の幼児を連れ去った事案につき、本罪の成立を肯定した）。

3　（営利目的等略取及び誘拐）225条

> 営利、わいせつ、結婚又は生命若しくは身体に対する加害の目的で、人を略取し、又は誘拐した者は、１年以上10年以下の懲役に処する。

「営利」とは、文理から、財産上の利益を得るか第三者に得させることをいうと解する。ただし、身の代金を得ることは、225条の２に該当するものであるから除かれる。財産上の利益を略取・誘拐行為自体によって得られるものに限る理由はないので、その後、被拐取者を働かせるなどして得られる利益を得ることも「営利」に含まれると解する（大判昭和２・６・16新聞2726・13参照）。文理から、「わいせつ」とは被拐取者をわいせつな行為の客体又は主体にすることをいい、「結婚」とは被拐取者に婚姻又は事実婚をさせることをいい、「生命若しくは身体に対する加害」とは被拐取者の生命・身体に対する加害行為をいうと解する。

4　（身の代金目的略取等）225条の２

> 近親者その他略取され又は誘拐された者の安否を憂慮する者の憂慮に乗じてその財物を交付させる目的で、人を略取し、又は誘拐した者は、無期又は３年以上の懲役に処する。
>
> 人を略取し又は誘拐した者が近親者その他略取され又は誘拐された者の安否を憂慮する者の憂慮に乗じて、その財物を交付させ、又はこれを要求する行為をしたときも、前項と同様とする。

「近親者その他略取され又は誘拐された者の安否を憂慮する者」とは、文理から、近親者及びこれと同等に被拐取者の安否を親身になって憂慮する者をいうと解する（最決昭和62・３・24刑集41・２・173は、被拐取者の安否を親身になって憂慮するのが社会通念上当然と見られる特別な関係にある者は「安否を憂慮する者」に含まれるとした）。

「憂慮に乗じて」とは、文理から、憂慮を利用し被拐取者の身の安全のために財物を交付するように仕向けてということであると解する。

「人を略取し、又は誘拐した者」とは、文理から、224条、225条、225条の２第１項、226条の略取・誘拐をした者をいうと解する。例えば、成年者を225条、225条の２第１項、226条の目的によらずに誘惑して自己の支配内に入れる行為を本項の「誘拐」にあたるとすることはできないと考える。

「その財物を交付させ」とは、文理から、安否を憂慮する者が事実上処分しうる財物の占有を移転させることをいうと解する（大阪高判昭和53・7・28高刑集31・2・118は、その財物は事実上処分できる財物を広く意味し、その者が要求に応じるために他から入手するなどして処分を委ねられた財物も、これにあたる旨述べている）。「これを要求する行為」とは、文理から、財物の交付を要求する行為をいうと解する。

5　（所在国外移送目的略取及び誘拐）226条

所在国外に移送する目的で、人を略取し、又は誘拐した者は、２年以上の有期懲役に処する。

「所在国外」とは、文理から、略取・誘拐の対象となる人が現に所在している国の領域外をいうと解する。「移送する」とは、文理から、被拐取者を所在国の領域外に運び出すことをいうと解する。例えば、日本国民がフランスにいる者をフランス国外に移送する目的で誘拐すると本罪に問われることになる（日本国民による国外犯につき３条12号参照）。

6　（人身売買）226条の２

人を買い受けた者は、３月以上５年以下の懲役に処する。

未成年者を買い受けた者は、３月以上７年以下の懲役に処する。

営利、わいせつ、結婚又は生命若しくは身体に対する加害の目的で、人を買い受けた者は、１年以上10年以下の懲役に処する。

人を売り渡した者も、前項と同様とする。

所在国外に移送する目的で、人を売買した者は、２年以上の有期懲役に処する。

文理から、「買い受けた」とは対価を支払って人について不法な支配の移転を現実に受けたことをいい、「売り渡した」とは対価を得て人について不法な支配を移転したことをいい、「売買した」とは売渡人と買受人が合意した上、買受人が売渡人に対価を支払って人について不法な支配の移転を受けたことをいうと解する。

「未成年者」の意義は224条の同一文言のそれと同様である。

文理から、「営利」とは財産上の利益を得るか第三者に得させることをいい、「わいせつ」とは被売者をわいせつな行為の客体又は主体にすることをいい、「結婚」とは被売者に婚姻又は事実婚をさせることをいい、「生命若しくは身体に対する加害」とは被売者の生命・身体に対する加害行為をいい、「所在国外に移送する」とは被売者を現に所在している国の領域外に運び出すことをいうと解する。

7　（被略取者等所在国外移送）226条の3

> 略取され、誘拐され、又は売買された者を所在国外に移送した者は、２年以上の有期懲役に処する。

「所在国外に移送した」とは、文理から、被拐取者又は被売者を現に所在していた国の領域外に運び出したことをいうと解する。

8　（被略取者引渡し等）227条

> 第224条、第225条又は前三条の罪を犯した者を幇助する目的で、略取され、誘拐され、又は売買された者を引き渡し、収受し、輸送し、蔵匿し、又は隠避させた者は、３月以上５年以下の懲役に処する。
>
> 第225条の２第１項の罪を犯した者を幇助する目的で、略取され又は誘拐された者を引き渡し、収受し、輸送し、蔵匿し、又は隠避させた者は、１年以上10年以下の懲役に処する。
>
> 営利、わいせつ又は生命若しくは身体に対する加害の目的で、略取され、誘拐され、又は売買された者を引き渡し、収受し、輸送し、又は蔵匿した者は、６月以上７年以下の懲役に処する。
>
> 第225条の２第１項の目的で、略取され又は誘拐された者を収受した者は、２年以上の有期懲役に処する。略取され又は誘拐された者を収受した者が近親者その他略取され又は誘拐された者の安否を憂慮する者の憂慮に乗じて、その財物を交付させ、又はこれを要求する行為をしたときも、同様とする。

「罪を犯した者を幇助する目的」とは、文理から、224条、225条、226条、226条の2、226条の3の各罪を実行した者（本条1項の場合）又は225条の2第1項の罪を実行した者（本条2項の場合）、すなわち本犯者のために、被害者に対する不法な支配の確保・継続を手助けする目的をいうと解する。

文理から、「引き渡し〔た〕」とは被害者の事実支配を他人に移転したことをいい、「収受し〔た〕」とは被害者の事実支配の移転を受けたことをいい、「輸送し〔た〕」とは被害者を場所的に移転したことをいい、「蔵匿し〔た〕」とは場所を提供して被害者が発見されないようにしたことをいい、「隠避させた」とは蔵匿以外の蔵匿に匹敵する方法で被害者の発見を妨げたことをいうと解する。

文理から、「営利」とは財産上の利益を得るか第三者に得させることをいい、「わいせつ」とは被害者をわいせつな行為の客体又は主体にすることをいい、「生命若しくは身体に対する加害」とは被害者の生命・身体に対する加害行為をいうと解する。

「第225条の2第1項の目的」とは、文理から、近親者及びこれと同等に被拐取者の安否を親身になって憂慮する者の憂慮を利用し被拐取者の身の安全のために財物を交付するように仕向けて、事実上処分しうる財物の占有を移転させる目的をいうと解する。「略取され又は誘拐された者を収受した者」とは、文理から、本条の収受罪を犯した者をいうと解する。「その財物を交付させ〔た〕」とは安否を憂慮する者に、その者が事実上処分しうる財物の占有を移転させたことをいい、「これを要求する行為をした」とは財物の交付を要求する行為をしたことをいうと解する。

9　（未遂罪）228条

> 第224条、第225条、第225条の2第1項、第226条から第226条の3まで並びに前条第1項から第3項まで及び第4項前段の罪の未遂は、罰する。

略取、誘拐及び人身売買の罪が重大犯罪であることから未遂段階で処罰した規定である。225条の2第2項の罪、227条4項後段の罪が除外されているのは、略取・誘拐・収受の罪での処罰が可能であり、財物を交付させ又は要求する行為を未遂段階で処罰する必要はないと考えられたからであろう。

10　（解放による刑の減軽）228条の2

> 第225条の2又は第227条第2項若しくは第4項の罪を犯した者が、公訴が提起される前に、略取され又は誘拐された者を安全な場所に解放したときは、その刑を減軽する。

「安全な場所」とは、文理から、被拐取者が安全に救出されうる場所をいうと解する（最決昭和 54・6・26 刑集 33・4・364 参照)。「解放した」とは、文理から、被拐取者に対する実力支配を除去したことをいうと解する。

11　（身の代金目的略取等予備）228 条の 3

> 第 225 条の２第１項の罪を犯す目的で、その予備をした者は、２年以下の懲役に処する。ただし、実行に着手する前に自首した者は、その刑を減軽し、又は免除する。

「第 225 条の２第１項の罪を犯す目的」とは、文理から、自ら身の代金目的略取・誘拐罪を実行（共同実行を含む）する目的をいうと解する。

12　（親告罪）229 条

> 第 224 条の罪及び同条の罪を幇助する目的で犯した第 227 条第１項の罪並びにこれらの罪の未遂罪は、告訴がなければ公訴を提起することができない。

本条掲記の罪の可罰性が比較的低いこと等から親告罪とした規定である。未成年者の法定代理人は、未成年者の意思にかかわらず告訴ができるものの（刑事訴訟法 231 条１項)、未成年者を事実上監護している者は、未成年者略取・誘拐罪を監護権を害する罪と考えるのは難しいこと、刑事訴訟法が告訴権者の範囲を限定していることから、告訴権を有しないと解する。

第 12 節　34 章、35 章の諸規定の解釈

第１款　34 章：名誉に対する罪（230 条 -232 条）

1　概　観

本章には、名誉に対する罪として、名誉毀損罪、侮辱罪の規定が置かれている。

名誉毀損罪において毀損の対象となっている「名誉」の内実は不明確である。これを外部的名誉（社会的評価）であるとし、侮辱罪においても同様に考えられ、名誉毀損罪と侮辱罪の差異は、事実を摘示したか否かであるといった見解が通

説、判例であるとされているけれど、231条が、「公然と人を侮辱した者は」と規定しているだけで、「名誉」という文言を一切使っていないということを想起するだけで、このような見解が成り立たないのは明白である。

230条１項の「事実」の範囲も不明確である。同条項の「公然と事実を摘示し」という文言から考えて、事実を摘示する以外の方法による名誉の毀損は230条１項の罪の守備範囲外のものであるといえるところ、同条２項が死者の名誉の毀損は「虚偽の事実を摘示する」という方法によった場合のみ処罰するとし、230条の２が一定の場合に事実の真否を判断し、真実であることの証明があったときは処罰しないとしていることを考えると、230条１項の「事実」は限定的なものにならざるをえない。死者の名誉を毀損した場合は、虚偽の事実を摘示しなければ名誉毀損罪には問われず、生者の名誉を毀損した場合でも、230条の２で真実であることの証明がなされた事実を摘示したときは名誉毀損罪には問われないことになるのである。このように考えると、230条１項の「事実」は、公然と摘示することにより「名誉」を毀損しうる事実で、生者に関するものは230条の２により不可罰とできないもの（その程度の真実性がないもの）、死者に関するものは虚偽のもの、ということになる。このように、本章の規定の解釈は容易ではない。

２　（名誉毀損）230条

公然と事実を摘示し、人の名誉を毀損した者は、その事実の有無にかかわらず、３年以下の懲役若しくは禁錮又は50万円以下の罰金に処する。

死者の名誉を毀損した者は、虚偽の事実を摘示することによってした場合でなければ、罰しない。

（1）公然と事実を摘示し

「公然と」とは、文理から、不特定又は多数の人の認識しうる状態でということであると解する。「事実を摘示」とは、文理から、公然と摘示することにより人の名誉を毀損しうる、①生者に関する230条の２が予定している程度の真実性のない事実（１項）又は②死者に関する虚偽の事実（２項）を具体的に示すことをいうと解する。本条２項及び230条の２の規定と整合するように解釈すると、本条１項の事実は①のようなものに限定されることになる。

もっとも、本条１項には「その事実の有無にかかわらず」という文言があるので、230条の２の予定している程度の真実性さえない、およそ虚偽の事実でも、「事実を摘示」の事実にはあたり、後は230条の２で真実の証明がなされて違法性が阻却されるか否かの問題になると考えることもできなくはない。しかし、230条の２で不可罰とされるような真実性のある事実を摘示したときに230条１項の罪が成立しうる（少なくとも、真実であることの証明の成否といった不確実なものに犯罪の成否を委ねる）とする解釈は妥当とはいい難い。このようなことも考えて、本条１項が「その事実の有無にかかわらず」とあるのは本条２項の「虚偽の事実」と対比させるために過ぎないと解する。なお、230条の２の真実であることの証明があったときは、摘示した事実は本条１項の「事実を摘示し」の事実にあたらないと認められたことになるので当該被告人の所為は同項には該当しないことになる。また、証明がなくても、当該被告人が摘示した事実が230条の２の予定している程度の真実性があるものと思っていたときは、行為意思乃至故意がなかったということになり、本条１項の罪は不成立となる。230条の２にいう事実が真実であることの証明がない場合でも行為者がその事実を真実であると誤信しその誤信したことにつき確実な資料・根拠に照らして相当な理由があるときは犯罪の故意がなく本条１項の罪は成立しない旨判示した最大判昭和44・6・25刑集23・7・975は、この意味で支持しうる。

（2）人の名誉を毀損した

「人の名誉」とは、文理から、その人が世間乃至社会（に属する人）によって積極的かつ正当に評価されていることをいうと解する。積極的に評価されていないとか、積極的にではあっても正当に評価されていないとかいうことは、「名誉」にあたらない。この意味で、虚名や悪名は「名誉」にあたらないと考える。もっとも、虚名や悪名を毀損する所為が231条の罪に該当するということはありうる[58]。このような「名誉」は自然人のみならず法人にも認められるので、名誉の主体である「人」には法人も含まれると解する。

「毀損した」とは、文理から、世間乃至社会の積極的かつ正当な評価を揺る

58　目的と解釈123～125頁参照。

がせたことをいうと解する。有体物と異なり「名誉」の実体は不明確であり、どのような状態にすれば「毀損した」といえるかも一義的に決定し難い。それでも、その人に対する評価を揺るがせるような事実が公然と摘示されれば、特段の事情がない限り、「名誉を毀損した」と評価してよいと考える。

3　（公共の利害に関する場合の特例）230 条の 2

> 前条第 1 項の行為が公共の利害に関する事実に係り、かつ、その目的が専ら公益を図ることにあったと認める場合には、事実の真否を判断し、真実であることの証明があったときは、これを罰しない。
>
> 前項の規定の適用については、公訴が提起されるに至っていない人の犯罪行為に関する事実は、公共の利害に関する事実とみなす。
>
> 前条第 1 項の行為が公務員又は公選による公務員の候補者に関する事実に係る場合には、事実の真否を判断し、真実であることの証明があったときは、これを罰しない。

「前条第 1 項の行為が公共の利害に関する事実に係り」とは、文理から、230 条 1 項の摘示された事実が、同項の人に対し積極的かつ正当な評価を与えている世間乃至社会に属する人の利害に関係する事実であることをいうと解する。このようなものである限り、私生活上の事実であっても「公共の利害に関する事実」にあたりうる（最判昭和 56・4・16 刑集 35・3・84 参照)。「その目的が専ら公益を図ることにあった」とは、文理から、230 条 1 項の所為の目的が、主に、前述のような世間乃至社会に属する人々の正当な利益を図るものであったということであると解する。「前条第 1 項の行為が公務員又は公選による公務員の候補者に関する事実に係る」とは、文理から、230 条 1 項の摘示された事実が公務員又は公選による公務員の候補者の適格性、信用性に関係する事実であることをいうと解する。およそ公務とは何の関係もない事実は「関する事実」にあたらない（最判昭和 28・12・15 刑集 7・12・2436 参照)。

「これを罰しない」とは、文理から、230 条 1 項に該当せず、同項の罪は成立しないということであると解する。本条に該当しなくても、35 条、36 条 1 項、37 条 1 項本文による違法性阻却や 38 条 1 項本文により有責性が阻却されて、230 条 1 項の罪が成立しないということはありうる。いわゆる真実性の錯誤については、230 条の（1）で述べた通りである。

4 （侮辱）231条

> 事実を摘示しなくても、公然と人を侮辱した者は、１年以下の懲役若しくは禁錮若しくは30万円以下の罰金又は拘留若しくは科料に処する。

「事実を摘示しなくても」とは、文理から、230条１項の「事実を摘示し」にあたらなくてもということであると解する。「公然と」とは、文理から、不特定又は多数の人の認識しうる状態でということであると解する。「人を侮辱した」とは、「侮辱」の日常用語的語義が相手を低く見て恥ずかしい思いをさせることといったものであること等を考えて、人の人としての尊厳に関わる意識状態の平穏を揺るがせたことをいうと解する[59]。人としての尊厳に関わる意識状態の平穏は法人について考えることはできないので、「人」に法人は含まれないと解する。株式会社を被害者とする本条の罪の成立を肯定した最決昭和58・11・1刑集37・9・1341の法廷意見は、支持できない[60]。

5 （親告罪）232条

> この章の罪は、告訴がなければ公訴を提起することができない。
>
> 告訴をすることができる者が天皇、皇后、太皇太后、皇太后又は皇嗣であるときは内閣総理大臣が、外国の君主又は大統領であるときはその国の代表者がそれぞれ代わって告訴を行う。

本条は、本章の罪について、その可罰性が比較的低いこと、被害者が刑事事件として処理することを望まないこともあると考えられること等から、親告罪にすることにし、告訴権者が天皇等であるときは、その地位を考慮すると自ら告訴させるのは適当でなく、告訴権者が外国の君主等であるときは当該外国の使節などの代表者が告訴しうるとするのが適当であると考えられることから、内閣総理大臣や外国の代表者が代わって告訴をおこなうようにした規定であると解する。

59　目的と解釈125～126頁参照。

60　目的と解釈126～127頁参照。

第２款　35章：信用及び業務に対する罪（233条-234条の2）

1　概　観

本章には、信用及び業務に対する罪として、信用毀損罪・偽計業務妨害罪、威力業務妨害罪、電子計算機損壊等業務妨害罪の規定が置かれている。

全条文に登場する「業務」を解釈する際には、公務執行妨害罪の規定（95条1項）との関係に配慮しなければならない。公務執行妨害罪は、「公務員が職務を執行するに当たり、これに対して暴行又は脅迫を加えた」所為を予定しており、職務の執行に際して暴行・脅迫を加えた場合に成立する罪である。これに対して、偽計・威力業務妨害罪は虚偽の風説の流布か偽計・威力を用いて「業務を妨害した」所為を予定しており、業務の執行時に暴行・脅迫を用いた場合に限らず成立する罪になっている。法定刑は、公務執行妨害罪の方に禁錮が入っている点以外は両罪とも変わらない（なお、電子計算機損壊等業務妨害罪の法定刑は明らかに公務執行妨害罪の法定刑より重い）。そうすると、公務は全て業務ではないと解する見解（無限定消極説）によると、公務を妨害する行為は95条1項に該当するときのみ処罰されるのに対し、業務を妨害する行為は233条乃至234条の2に該当すれば処罰されることになり、刑法は公務よりも業務を厚く保護しているということになる（例えば、私立大学の授業を偽計を用いて妨害した者は偽計業務妨害罪に問われるのに、国立大学の授業を同様の方法で妨害した者は不可罰ということになる）。これは合理的な解釈とはいえない。「業務」は、文理によるなら、社会生活上の地位に基づき反復継続しておこなう事務であると解釈できるものであって、これから公務員による事務を排除する理由はないと考えると、公務は全て業務に含まれると解する見解（無限定積極説）が説得力を増して来ることになる。ただ、そのように考えると、業務妨害罪の規定とは別に公務執行妨害罪の規定を置いている理由が説明しにくくなる。さらに考えると、公務員による事務にもさまざまなものがあり、国立大学の授業などは私立大学の授業と同様のものと見られうるけれど、逮捕状による逮捕、捜索差押令状による捜索・差押といった職務執行になると私人によってはなしえない行為であり、「業務」に含ませうるものか疑問が生じる。また、逮捕や捜索差押の際に、「不当だ」と怒号したら威力業務妨害罪の現行犯で検挙できるというのも、妥当とはいい難い。したがって、このような公務員でなければなしえない公的強制力を伴う事務については「業務」から除かれると解する。結局、限定積極説が妥当であるということになる（最決昭和62・3・12刑集41・2・140は県議会委員会の条例案採決事務につき、最決平成12・2・17刑集54・2・38は公職選挙法上の選挙長の立候補受理事務につき、強制力を行使する権力的公務ではないから「業務」にあたるとしている）。

2　（信用毀損及び業務妨害）233条

> 虚偽の風説を流布し、又は偽計を用いて、人の信用を毀損し、又はその業務を妨害した者は、3年以下の懲役又は50万円以下の罰金に処する。

「虚偽の風説を流布し」とは、文理から、真実に反する内容の情報を不特定又は多数の人に伝えてということであると解する（大判大正5・12・18刑録22・1909は、虚偽の風説を流布するとは虚偽の事実を不特定・多数人に伝播せしめることをいうとする）。「偽計」とは、文理から、人の信用を毀損するか業務を妨害するに足りる、相手方を欺罔し、あるいは、相手方の不知・錯誤を利用して、相手方を困惑・混乱させる術策をいうと解する（東京高判昭和48・8・7高刑集26・3・322は、偽計を用いるについて、欺罔行為により相手方を錯誤に陥らせる場合に限定されず、相手方の錯誤あるいは不知の状態を利用し、又は社会生活上受容できる限度を超えて不当に相手方を困惑させるような手段術策を用いる場合を含む旨述べている）。

「人の信用」とは、文理から、人が社会内でなす職業活動についての信頼をいうと解する。支払能力、支払意思に対する社会的信頼に限らず、商品の品質・効能に対する社会的信頼も「信用」にあたる（最判平成15・3・11刑集57・3・293参照）。このような信頼は法人についても考えられるから、「人」には自然人のみならず法人も含まれると解する。「業務」とは、1で述べたように、社会生活上の地位に基づき反復継続しておこなう、公的強制力を伴わない事務をいうと解する。「業務」は刑法上の保護に値する適法なものであることを要すると解する（最決平成14・9・30刑集56・7・395は、道路法等に基づく手続を経ずになされた段ボール小屋撤去作業は、同手続を取っても実行性が期し難かった等の事情がある場合には、要保護性を失わせるような法的瑕疵があったとは認められないとしている）。「妨害した」とは、文理から、業務遂行の全部又は一部を妨げたことをいうと解する。

3　（威力業務妨害）234条

> 威力を用いて人の業務を妨害した者も、前条の例による。

「威力」とは、文理から、業務を妨害するに足りる、他人の意思を制圧するに足りる勢力をいうと解する（最判昭和28・1・30刑集7・1・128参照）。食堂内で怒号して混乱させるとか（大判昭和10・9・23刑集14・938）、食堂の配膳部に向かって縞蛇数十匹をまき散らして混乱に陥れるとかいった（大判昭和7・10・10刑集11・1519）所為は「威力」にあたるといえる。これに対し、消防長のロッカー内の作業服のポケットに犬の糞を、事務机の引出し内にマーキュロクロム液で着色した猫の死骸を入れておき、発見した消防長を畏怖させた事案につき本罪の成立を肯定した最決平成4・11・27刑集46・8・623は、支持できない。この事案において、被害者は猫の死骸が入っているとは知らずに引出しを開けて困惑したわけであるから、むしろ偽計業務妨害罪の成立を肯定するべきであったと思う。

4　（電子計算機損壊等業務妨害）234条の2

> 人の業務に使用する電子計算機若しくはその用に供する電磁的記録を損壊し、若しくは人の業務に使用する電子計算機に虚偽の情報若しくは不正な指令を与え、又はその他の方法により、電子計算機に使用目的に沿うべき動作をさせず、又は使用目的に反する動作をさせて、人の業務を妨害した者は、5年以下の懲役又は100万円以下の罰金に処する。
>
> 前項の罪の未遂は、罰する。

「人の業務に使用する電子計算機」とは、文理から、従来、多数の人の作業によって遂行されていた業務処理を人に代わって迅速に大量処理するのに使用される電子計算機をいうと解する。したがって、ここにいう「電子計算機」は、それ自体で情報を集積して処理し、外部から情報を取り入れて、ある程度、複雑で高度・広範な事務を制御する機能を備えたものに限定され、例えば、パチンコ遊技台の電子計算機部分はこれにあたらないということになる（福岡高判平成12・9・21判時1731・131参照）。

電子計算機・電磁的記録を「損壊し〔た〕」とは、文理から、物理的な破壊やデータ消去により電子計算機・電磁的記録としての用をなさないようにしたことをいうと解する。電子計算機に「虚偽の情報若しくは不正な指令を与え〔た〕」とは、文理から、電子計算機に使用目的に沿った動作をさせないようにする、真実に反する情報又は本来なされることのない指令を与えたことをいうと解する。「その他の方法」とは、電子計算機・電磁的記録の損壊、電子計算機への虚偽の情報・不正な指令の入力以外の方法で、これらに匹敵する、電子計算機に使用目的に沿った動作をさせないようにする方法をいうと解する。

「電子計算機に使用目的に沿うべき動作をさせず、又は使用目的に反する動作をさせて」とは、文理から、電子計算機の設置者が電子計算機による情報処理によって実現しようとした目的に適合した動作をさせないか、同目的に反する動作をさせるようにしてということであると解する。その業務を「妨害した」とは、文理から、電子計算機による業務遂行の全部又は一部を妨げたことをいうと解する。

第 13 節　36 章 -40 章の諸規定の解釈

第１款　36 章：窃盗及び強盗の罪（235 条 -245 条）

１　概　観

本章には、奪取罪（占有移転罪）のうち盗取罪（他人の財産をその他人の意思に反して盗取する罪）にあたる、窃盗の罪、強盗の罪に関する規定が置かれている。

窃盗の罪（235 条、235 条の 2）は盗取罪の中核ともいえる罪である。これについては親族間の犯罪に関する特例がある（244 条）。

暴行・脅迫など生命・身体に危険を及ぼす手段による盗取罪が強盗の罪（236 条、238 条、239 条）である。強盗の罪は窃盗罪に比して法定刑は重く、その予備を処罰し（237 条）、死傷結果を発生させた場合は 240 条により、強制性交等の罪とともに実行された場合は 241 条により、さらに重く処罰される。

他人の財物に関して、242 条、245 条にみなし規定がある。

2 （窃盗）235条

> 他人の財物を窃取した者は、窃盗の罪とし、10年以下の懲役又は50万円以下の罰金に処する。

「他人の」とは、横領の罪の規定（252条乃至254条）との対比から、行為者（自己）ではなく他人が占有していることをいうと解する。

所有権など本権に基づかない占有でもこれにあたるか。犯罪の成否は私法等による権利関係に従属しないので、所有権など本権に基づかないものでも刑法上保護に値する事実上の管理・支配があれば「他人の」にあたりうると解する（最決昭和35・4・26刑集14・6・748、最決平成元・7・7刑集43・7・607、参照）。

「財物」は、（財産的価値のある）有体物に限られるか。文言の日常用語的語義及び245条が「電気は、財物とみなす」と特に規定していることから、有体物に限られると解する。電流が、245条のような規定をもたない旧刑法の366条にいう「所有物」にあたるとした判例（大判明治36・5・21刑録9・874）は支持できない[61]。

「窃取した」とは、窃盗が他人のものを隙を狙って取り自己のものにすることを意味すること等から、不法領得の意思をもって他人の財物を他人の意思に反して自己の支配・管理下に移したことをいうと解する。不法領得の意思は、他人の物を自己のものにする意思であるから、その内容は、権利者を排除して他人の物を自己の所有物と同様にその経済的用法に従って利用・処分する意思であると解する（最判昭和26・7・13刑集5・8・1437）[62]。

他人が死亡した直後に領得意思を生じて財物を領得した場合は、死亡により財物に対する他人の管理・支配が失われる以上、「他人の財物を窃取した」とはいえず、窃盗罪は成立しないと解する。被害者の生前の所持が死亡直後は継続して保護に値するとして窃盗罪が成立するという考えは（最判昭和41・4・8刑集20・4・207参照）支持できない。

61　目的と解釈130頁参照。
62　目的と解釈142頁参照。

３　（不動産侵奪）235条の２

> 他人の不動産を侵奪した者は、10年以下の懲役に処する。

「他人の」は、235条のそれと同意義である。事実上、他人の支配・管理下にあることをいう。

「不動産」とは、日常用語的語義から、民法86条１項を参考に、土地及びその定着物をいうと解する。

「侵奪した」とは、侵奪が他人の意思に反して自己のものにすることを意味することから、235条の「窃取した」と同様に、不法領得の意思をもって他人の不動産を他人の意思に反して自己の支配・管理下に移したことをいうと解する。もっとも、建物に一時的に侵入したという程度では自己の支配・管理下に移したとはいえない。また、賃借人が契約終了後も家屋から立ち退かずにいる場合は、従来の支配・管理状態が続いているに過ぎないので、「侵奪した」とはいえない（東京高判昭和53・3・29高刑集31・1・48参照）。

４　（強盗）236条

> 暴行又は脅迫を用いて他人の財物を強取した者は、強盗の罪とし、５年以上の有期懲役に処する。
>
> 前項の方法により、財産上不法の利益を得、又は他人にこれを得させた者も、同項と同様とする。

「暴行」とは不法な有形力の行使をいい、「脅迫」とは危害を加えることを告知して恐怖心を生じさせることをいう。財物・財産上の利益の取得の手段とされていること、恐喝罪との対比から、相手方の反抗を抑圧する程度のものであることを要すると解する。

「強取した」とは、強取が他人の意思に反して強いて自己のものにすることを意味することから、不法領得の意思をもって他人の財物を他人の意思に反して強いて自己の支配・管理下に移したことをいうと解する。暴行・脅迫を加えたところ、他人が①畏怖して、又は、②任意に、財物を交付した場合は、「強取した」にはあたらない。①の場合に強盗が既遂になるとする考えは（最判昭和23・11・18刑集2・12・1614参照）支持できない。このような場合は、強取による（意思に反する）占有移転という本条の規定が予定する結果が発生していないともいいうる。

強盗の意思なくして暴行・脅迫を加えた後で領得意思を生じて財物を奪った場合は、「暴行又は脅迫を用いて他人の財物を強取した」といえないので強盗罪は成立しない。ただし、先行する暴行・脅迫によって抵抗できない状態になっている相手方に強盗の意思をもって暴行・脅迫を加えたと認められる場合は、そのような状態になっている相手方の反抗を抑圧する程度の暴行・脅迫を加えたとして、強盗罪が成立することはありうる（東京高判昭和48・3・26高刑集26・1・85、大阪高判平成元・3・3判タ712・248）。

「財産上不法の利益を得、又は他人にこれを得させ」とは、１項の「財物」との対比等から、財産上の利益、すなわち、財物に準じる、具体的、直接的な使用利益・交換利益を取得者に得させる具体的・個別的なものを自己の支配下（利益を享受できる状態）に置くか、他人の支配下に置くことをいうと解する。債権者に暴行・脅迫を加えて弁済を事実上免れた場合、債権行使により行為者の被る財産的不利益が高度のものになっているときには「財産上不法の利益を得」たにあたるといえる（最判昭和32・9・13刑集11・9・2263参照）。これに対して、キャッシュカードを所持する行為者が暴行・脅迫を加えて暗証番号を聞き出した場合は、具体的、直接的な使用利益・交換利益を取得したとはいえず、二項強盗罪は成立しないと解する。事実上ATMを通じて預貯金の払戻を受けうる地位を取得したとして同罪の成立を肯定する考えは（東京高判平成21・11・16判時2103・158）支持できない[63]。

不法を理由に民法上無効となる法律行為による債権（不法債権）は、民法上無効であり、民事手続によって履行を強制することができない。しかし、相手方が任意に履行する可能性がある以上、民事法上履行を強制できないという理由で、刑法的観点から、直ちに保護に値しないとすることはできない。例えば、覚醒剤取引の際、売主に暴行・脅迫を加えて覚醒剤代金の支払を免れた場合、二項強盗罪が成立しうると解する（最決昭和61・11・18刑集40・7・523参照）[64]。

63　目的と解釈133頁参照。
64　目的と解釈138頁参照。

5　（強盗予備）237 条

強盗の罪を犯す目的で、その予備をした者は、２年以下の懲役に処する。

「強盗の罪」は、236 条の強盗罪のみを意味するか。「第 236 条の罪を犯す目的」と規定していない以上（88 条、113 条、201 条、228 条の３の各規定は条数を示して基本犯を特定している。78 条は「内乱の予備」と規定しているけれど、79 条の規定の文理から内乱等幇助罪の予備が 78 条で処罰されるとは考え難い）、「強盗として論」じられる 238 条の事後強盗罪、239 条の昏睡強盗罪が含まれると解する（事後強盗罪を犯す目的について、最決昭和 54・11・19 刑集 33・7・710 参照）。

「強盗の罪を犯す目的」とは、文理から、自ら強盗の罪を実行する目的をいうと解する。201 条等と同様に、他人予備行為は本罪の実行行為にあたらないと考える。

6　（事後強盗）238 条

窃盗が、財物を得てこれを取り返されることを防ぎ、逮捕を免れ、又は罪跡を隠滅するために、暴行又は脅迫をしたときは、強盗として論ずる。

「窃盗」とは窃盗罪の犯人をいう。文理から、この身分は、窃盗罪の実行に着手したときに獲得され（東京高判昭和 24・12・10 刑集 2・3・292 参照）、その窃盗の所為に引き続いて窃取した財物の取返しや逮捕、あるいは罪跡隠滅がなされる可能性が高い状況下にある限り、失われないと解する。したがって、①財物を取得した後、被害者宅の天井裏に潜み、約３時間後に警察官に発見されて逮捕を免れるために暴行を加えた場合（最決平成 14・2・14 刑集 56・2・86）や、②追跡により逮捕される可能性がある状態で暴行を加えた場合（福岡高判昭和 42・6・22 下刑集 9・6・784）は本罪が成立するのに対し、窃盗を実行した被害者宅から、追跡を受けることなく、③約 1km 離れた公園に至った場合（最判平成 16・12・10 刑集 58・9・1047）や、④隣の行為者宅に戻った場合（東京高判平成 17・8・16 高刑集 58・3・38）は本罪は成立しないことになる。

「ために」とは、取返しを防ぐ等の目的をもってということであると解する。相手方に取返しや逮捕をする意思があったかどうかは問題にならない。また、目的を達したか否かも問わない。

「暴行又は脅迫」は、「強盗として論ずる」以上、相手方の反抗を抑圧して財物の取返し等を妨げうる程度のものであることを要すると解する（大判昭和19・2・8 刑集 23・1）。

「強盗として論ずる」とは、文理から考えて、236 条１項の強盗罪として扱うということであると解する。同罪が財物を取得できなかったとき未遂となることとの均衡を考慮して、財物を取得できなかったとき本罪は未遂になると解する（最判昭和 24・7・9 刑集 3・8・1188）。

7 （昏睡強盗）239 条

> 人を昏睡させてその財物を盗取した者は、強盗として論ずる。

「昏睡させて」とは、「強盗として論」じるものである以上、相手方の意識に障害を生じさせて財物の盗取を抑止できない状態にすることをいうと解する。相手方の意識を完全に喪失させるものであることは要しない。

暴行により気絶させた場合は一項強盗罪が、被害者や第三者の行為により昏睡した場合は窃盗罪が、それぞれ成立し、本罪には問われない。

8 （強盗致死傷）240 条

> 強盗が、人を負傷させたときは無期又は６年以上の懲役に処し、死亡させたときは死刑又は無期懲役に処する。

「強盗」とは強盗の罪（236 条、238 条、239 条の罪）の犯人をいう。文理から、この身分は強盗の罪に着手したときに獲得されると解する。「強盗が、人を負傷させたとき」、「死亡させたとき」とは、文理から、強盗の罪が実行段階に至り、強盗犯人の行為により被害者など人の生命・身体が害される危険がある状況下で同行為によって死傷結果が発生した場合をいうと解する。このような状況下で死傷結果を発生させれば、財物や財産上の利益の取得があったか否かを問うことなく本罪が成立しうる（大判昭和 4・5・16 刑集 8・251、最判昭和 23・6・12 刑集 2・7・676）。

本罪は、文理から、強盗の罪と傷害罪・傷害致死罪・殺人罪との結合犯であると解する（本罪を強盗罪と殺人罪との結合犯又は強盗罪と傷害致死罪との結合犯と見るものとして、大判大正 11・12・22 刑集 1・815）。したがって、強盗の罪の犯人に傷害意思・殺意があった場合、強盗の罪の他に傷害罪・傷害致死罪・殺人罪が成立するのではなく、本罪のみが成立する。また、傷害罪、傷害致死罪が成立するためには死傷結果の予見を要しないことから、死傷結果の予見がない場合も本罪は成立する。

９　（強盗・強制性交等及び同致死）241 条

強盗の罪若しくはその未遂罪を犯した者が強制性交等の罪（第 179 条第２項の罪を除く。以下この項において同じ。）若しくはその未遂罪をも犯したとき、又は強制性交等の罪若しくはその未遂罪を犯した者が強盗の罪若しくはその未遂罪をも犯したときは、無期又は７年以上の懲役に処する。

前項の場合のうち、その犯した罪がいずれも未遂罪であるときは、人を死傷させたときを除き、その刑を減軽することができる。ただし、自己の意思によりいずれかの犯罪を中止したときは、その刑を減軽し、又は免除する。

第１項の罪に当たる行為により人を死亡させた者は、死刑又は無期懲役に処する。

（１）１項（強盗・強制性交等罪）

主体は、（ａ）強盗の罪（未遂罪を含む）又は（ｂ）179 条２項の罪以外の強制性交等の罪（未遂罪を含む）を「犯した者」である。これにあたるためには、「未遂罪」と明示されていることから、（ａ）・（ｂ）の実行に着手した者であることを要すると解する。「をも犯したとき」とは、（ａ）・（ｂ）のいずれかが実行されたときには他の罪が実行される可能性が高いことから本条が設けられていることに鑑みて、先行する（ａ）・（ｂ）のいずれかの罪の実行の効果が被害者に及んでおり、さらに他の罪を実行することが容易な状況下で他の罪を実行した場合をいうと解する。

（２）２項（未遂減軽）

未遂として刑が任意的に減軽されるには、強盗と強制性交等の双方が未遂であって、人を死傷させていないことを要するとし、中止未遂については個別に判断するとした規定である。

（３）３項（強盗・強制性交等致死罪）

殺意をもって「第１項の罪に当たる行為」をして人を死亡させた場合、①本罪のみが成立するのか、それとも、②強盗・強制性交等罪と殺人罪が成立するのか。殺意をもって強制性交等罪を犯して人を死亡させた場合、強制性交等罪と殺人罪の観念的競合になると解することとの均衡を考えて②のように解することもできなくはない。しかし、殺意をもって強盗の罪を実行し死亡結果を惹起すれば240条後段により処罰されるという解釈を前提にすると、単なる強盗犯人が殺意をもって人を殺害したときは強盗殺人罪として240条後段により処罰されるのに、強制性交等罪を犯した者が殺意をもって強盗罪を実行し人を死亡させたときは②のように処罰されることになるのでは、均衡を失する。本罪が結果的加重犯の規定に見られるように「第1項の罪を犯し、よって」といった表記を用いていないことを考慮して、①のように解する。殺害に至らなかった場合は、243条により強盗・強制性交等殺人未遂罪として、処罰されることになる。

殺意をもたずに「第1項の罪に当たる行為」をして人を負傷させた場合、本罪は成立しない。それでは、どのように対応すべきか。強盗・強制性交等罪と強盗致傷罪の2罪が成立して観念的競合になると解することもできなくはない。しかし、強盗致傷罪の法定刑（下限懲役6年）よりも強盗・強制性交等罪の法定刑（下限懲役7年）が重いこと等を考えて、強盗・強制性交等罪のみが成立すると解する。

10　（他人の占有等に係る自己の財物）242条

> 自己の財物であっても、他人が占有し、又は公務所の命令により他人が看守するものであるときは、この章の罪については、他人の財物とみなす。

「自己の財物」とは、行為者が所有権などの本権を有する財物をいう。他人の「占有」には、235条の「他人の」について述べたところと同様に、所有権など本権に基づかないものも含まれると解する。したがって、買戻約款付自動車売買契約により担保の供与を受けた融資者が被融資者が事実上支配している自動車を無断で引き揚げた場合、窃盗罪が成立しうる（最決平成元・7・7刑集43・7・607参照）。

11　（未遂罪）243条

> 第235条から第236条まで、第238条から第240条まで及び第241条第

３項の罪の未遂は、罰する。

235条から236条までの罪及び239条の罪は、各罪の実行に着手した後、占有者の意思に反して占有（事実支配）を取得したときに既遂となる。占有取得が相手方の意思に反するものでないときは各罪の予定する結果が発生したとはいえず、未遂に止まると解する。例えば、Xが、Aの店先にあるバナナを盗んで食べようと思って、バナナに手を伸ばした瞬間、Aが「そのバナナおいしいですよ。食べてみてください」といって試食を促したのでXがバナナを取って食べた場合、窃盗罪の実行の着手は認められるものの、Aの意思に反する占有移転は生じていないので、窃盗未遂罪が成立するに止まる。強盗罪においても、236条の所で述べた通り、反抗を抑圧する程度の暴行・脅迫を加えたところ、相手方が畏怖して又は任意に財物を交付したときは、強盗罪は未遂に止まる。

238条の罪は、同条所定の暴行・脅迫がなされたときに既遂となる。ただし、窃盗が未遂に止まるときは238条の罪は未遂となる。

241条１項の罪は、未遂罪を含む強盗の罪と未遂罪を含む強制性交等の罪（179条２項の罪を除く）との一方を犯した後、他方を犯したときに成立する。その未遂減軽については241条２項によるので、本条には規定されていない。

240条の罪及び241条３項の罪は死傷結果又は死亡結果を発生させたときに既遂となる。240条の所で述べた通り、同罪は強盗の罪と傷害罪・傷害致死罪・殺人罪との結合犯と見られるので、「240条の罪」の未遂罪は、「強盗」、すなわち、強盗罪の実行に着手した者が殺意をもって実行したものの、これによって死亡結果が発生しなかった場合に成立すると解する。傷害意思をもって強盗の罪の実行に着手したところ傷害結果が発生しなかった場合は強盗の罪の成立を肯定すれば足り、あえて強盗傷人未遂罪というべきものの成立を肯定しなくてもよい。

また、241条３項の罪も、強盗の罪、（179条２項の罪を除く）強制性交等の罪と傷害罪・傷害致死罪・殺人罪との結合犯と見られるので、「第241条第３項の罪」の未遂罪は、殺意をもって強盗・強制性交等罪の実行に着手したものの、これと因果関係のある死亡結果が発生しなかった場合に成立すると解する。

12　（親族間の犯罪に関する特例）244 条

> 配偶者、直系血族又は同居の親族との間で第 235 条の罪、第 235 条の２の罪又はこれらの罪の未遂罪を犯した者は、その刑を免除する。
> 前項に規定する親族以外の親族との間で犯した同項に規定する罪は、告訴がなければ公訴を提起することができない。
> 前二項の規定は、親族でない共犯については、適用しない。

本条所定の親族「との間で」とは、文理から、窃盗罪・不動産侵奪罪の行為者と被害者、すなわち、235 条、235 条の２の「他人」との間に親族関係があることをいうと解する。「他人の」とは財物・不動産を占有（刑法上保護に値する支配・管理）していることをいうので、本条所定の親族にあたらない第三者に所有権があっても、「他人」との間に親族関係がある以上、本条１項、２項は適用されると解する。窃盗罪につき本条１項が適用されるためには財物の占有者との間のみならず所有者との間にも親族関係が存することを要するとする考えは（最決平成６・７・19 刑集 48・５・190）支持できない。

13　（電気）245 条

> この章の罪については、電気は、財物とみなす。

「財物」は財産的価値のある有体物を意味すると考えるので、本条は、有体性がなく本来「財物」にあたらない「電気」について、盗電行為の可罰性を考えて設けられた規定であると解する。したがって、電気にあたらない熱気、冷気を盗んでも窃盗罪には問われない。また、本条を準用する規定のない章（38 章乃至 40 章）の罪の客体（「物」）に電気は含まれず、例えば電気横領をした者は横領罪に問われないことになる。

第２款　37 章：詐欺及び恐喝の罪（246 条 -251 条）

１　概　観

本章には、他人にその財産を瑕疵ある意思に基づいて処分させ、自己のものにするとともに他人に財産上の損害を与える罪である、詐欺罪、準詐欺罪、恐喝罪の規定が置かれている。これらの罪のうち財物を客体とするものは、（盗取罪に対し）交付罪と呼ばれるものである。

さらに、本章には、電子計算機（コンピュータ）に関与して財産上の利益を得て自己のものにする罪である電子計算機使用詐欺罪、他人のための事務処理者が任務に背く行為をして他人に財産上の損害を与える罪である背任罪の規定も置かれている。

本章には、36 章の財物に関する規定（242 条、245 条）及び親族間の犯罪に関する特例の規定（244 条）を本章の罪について準用する規定が置かれている。

２　（詐欺）246 条

> 人を欺いて財物を交付させた者は、10 年以下の懲役に処する。
> 前項の方法により、財産上不法の利益を得、又は他人にこれを得させた者も、同項と同様とする。

（1）客　体

「財物」については、235 条の「他人の財物」と同様に、他人の占有する財産的価値のある有体物をいうと解する。簡易生命保険証書（最決平成 14・10・21 刑集 56・8・670）、国民健康保険被保険者証（最決平成 18・8・21 判タ 1227・184）のほか、旅券も財物にあたる。ただ、法令の他の規定に本条の適用を排除するものがある場合は、本条は適用されないことになる（最判昭和 27・12・25 刑集 6・12・1387 参照）。また、235 条の 2 に相当する規定がない以上、不動産を詐取した場合、一項詐欺罪が成立すると解する。

財物に対する他人の占有（支配・管理）は、刑法上保護に値するものであれば私法上の権原に基づくものであることを要しない。また、財物の交付が不法原因給付となる場合も、財物に対する占有が刑法上保護に値するものである以上、一項詐欺罪の成立は妨げられない（最判昭和 25・7・4 刑集 4・7・1168 参照）[65]。

「財産上不法の利益を得、又は他人にこれを得させた」とは、236 条 2 項の同一文言の解釈と同様に、財物に準じる、具体的、直接的な使用利益・交換利益を取得者に得させる具体的・個別的なものを自己の支配下（利益を享受できる状態）に置くか、他人の支配下に置くことをいうと解する。債権者を欺罔して

65　目的と解釈 139 頁参照。

債務免除をさせたとか履行を猶予させたとかいった場合は財産上の利益を得たといいうる（大判大正15・10・23新聞2637・9、東京高判昭和33・7・7高刑裁特5・8・313）。これに対し、Ａから林檎を貨車積としてＢ駅まで輸送しＡの指定した者に引き渡す債務を履行するよう督促された者が発送手続を完了したかのように装ってＡを安心させ帰宅させた場合は、一時的に督促を止めさせたに過ぎないので、財産上の利益を得たとはいえない（最判昭和30・4・8刑集9・4・827参照）。

私法上容認されない債務の履行を免れた場合も、債務の履行が刑法上保護に値するものであるときは二項詐欺罪が成立しうる（名古屋高判昭和30・12・13高刑裁特2・24・1276）[66]。

（2）所　為

窃盗罪との対比等から、本罪は、欺罔により他人に誤った財産処分（他人の意図した者に意図した量の財産的利益が与えられない財産処分）をさせ、当該財産をその他人の瑕疵ある意思に基づく行為により移転させて領得するとともに、他人に財産上の損害を与える罪であると解する[67]。そこから、つぎのようなことがいえる。

「人を欺いて財物を交付させた」とは、不法領得の意思をもって、財物を占有する他人で同財物を交付する権限のある者を、交付するよう欺罔して、欺罔によって生じた錯誤に基づく、誤った財産処分にあたる交付（意思に基づき占有を移転する行為）をさせ、よって財物の占有を取得することをいうと解する。

本罪は他人の財産を領得する罪であるから、窃盗罪と同様に、不法領得の意思がないときは本罪の所為をなしたとはいえない。廃棄するために受送達者を装って送達書類を取得した場合、不法領得の意思が認められず一項詐欺罪は成立しないとした最決平成16・11・30刑集58・8・1005は支持できる。

財産を移転させる権限のない者は、誤った財産処分をすることはできないから「人」は財物の交付又は財産上の利益の移転をなす権限のある者でなければならないと解する。したがって、例えば、警備員Ａに「Ｂからすぐ持って来るようにと命じられた」と申し向けて、Ｂの執務室内にある鞄を持って来させて

66　目的と解釈139頁参照。
67　目的と解釈148頁参照。

領得した場合は、一項詐欺罪は成立しない。最判昭和45・3・26刑集24・3・55は、Xらが、以前Xが所有していた家屋を現在、所有、占有しているAから奪回しようと企て、失効した和解調書（Xを債務者、Yを債権者とするもの）を債務名義として強制執行を申し立て、執行吏によって同家屋の占有をAからYに移転させた場合、裁判所書記官補及び執行吏には家屋を処分しうる権能も地位もなくAに代わって処分行為をしたわけでもないので一項詐欺罪は成立しないとしている。この判決の結論は支持できる。

被欺罔者が交付行為（処分行為）をしていないときは、本条には該当しない。例えば、「この場で金額を確認させてくれ」と申し向けて現金の入った封筒を渡させて持ち逃げした場合は窃盗罪が成立する。これに対して、行為者が自由に支配できる状態に置かせる意思で欺罔し、現金を玄関上り口に置かせて持ち去った場合は一項詐欺罪が成立することになる（最判昭和26・12・14刑集5・13・2518参照）。また、旅館等で飲食・宿泊した者が代金支払とは関係のない口実を述べて外出し支払を免れた場合は、処分行為がなされたとはいえないので二項詐欺罪は成立しない（最決昭和30・7・7刑集9・9・1856、東京高判昭和31・12・5東高刑時報7・12・460、参照）。

他人に錯誤を生じさせて誤った財産処分（他人の意図した者に意図した量の財産的利益が与えられない財産処分）をさせるものでなければ、本条の「人を欺」く行為にあたらない[68]。例えば、医師でない者が医師であるかのように装って病気に適応する薬を定価で売り代金の交付を受けた場合は、代金の交付者は誤った財産処分をしていないので一項詐欺罪は成立しない（大決昭和3・12・21刑集7・772参照）。これに対し、市販されている電気あんま器を難病に特効のある特殊治療器であるかのように偽って売り代金の交付を受けた場合は、誤った財産処分をさせているので一項詐欺罪が成立する（最決昭和34・9・28刑集13・11・2993参照）。また、府営住宅の新築くい工事の際、工事現場から搬出された汚泥が関係法令に従って処理されたかのように装って工事代金を支払わせた場合、工事発注者は誤った財産処分をしていないので一項詐欺罪は成立しない（最判平成13・7・19刑集55・5・371参照）。なお、判例は、①通帳等を第三者に

68　目的と解釈148頁参照。

譲渡する意図を秘して自己名義で預金口座を開設し、通帳等の交付を受けた場合（最決平成19・7・17刑集61・5・521）、②航空機に第三者を搭乗させる意図を秘して自己に対する航空券を提示して搭乗券の交付を受けた場合（最決平成22・7・29刑集64・5・829）、③暴力団員であることを秘して自己名義で預金口座を開設し通帳等の交付を受けた場合（最決平成26・4・7刑集68・4・715）、一項詐欺罪の成立を肯定し、④暴力団員の入場及び施設利用を利用約款等により禁止しているゴルフ場施設を暴力団員であることを秘して利用した場合（最決平成26・3・28刑集68・3・646）、二項詐欺罪の成立を肯定しているけれど、いずれの事案においても誤った財産処分がなされているといえるか疑問であり、結論を支持できない。

３　（電子計算機使用詐欺）246条の２

> 前条に規定するもののほか、人の事務処理に使用する電子計算機に虚偽の情報若しくは不正な指令を与えて財産権の得喪若しくは変更に係る不実の電磁的記録を作り、又は財産権の得喪若しくは変更に係る虚偽の電磁的記録を人の事務処理の用に供して、財産上不法の利益を得、又は他人にこれを得させた者は、10年以下の懲役に処する。

本条は、「人の事務処理に使用する電子計算機に虚偽の情報若しくは不正な指令を与えて財産権の得喪若しくは変更に係る不実の電磁的記録を作」るか、「財産権の得喪若しくは変更に係る虚偽の電磁的記録を人の事務処理の用に供」するといった手段により、財産上不法の利益を得るか他人に得させる所為を処罰した規定であるから、「人の事務処理に使用する電子計算機」とは、他人の財産権の得喪・変更に関する事務処理に使用されている電子計算機（コンピュータ）をいうと解する。

同様に、「虚偽の情報」、「不実の電磁的記録」、「虚偽の電磁的記録」の「虚偽」又は「不実」とは、内容が真実に反するために、電子計算機による当該事務処理システムにおける正常な事務処理（当該事務処理システムにおいて予定している者に予定した量の財産的利益を与える事務処理）を誤らせるものであることをいうと解する。また、「不正な指令」とは、同様に、当該事務処理システムにおける正常な事務処理を誤らせるものであって、内容が真実には反しない指令をいうと解する。

例えば、電子マネー販売等の事務処理に使用されている電子計算機に窃取したクレジットカードの名義人の氏名、番号等を携帯電話から入力送信して電子マネーの購入を申し込み、同名義人が電子マネーを購入したとする電磁的記録を作ることは「虚偽の情報」を与えて「不実の電磁的記録」を作る行為に該当する（最決平成18・2・14刑集60・2・165参照)。これに対し、KDD（国際電信電話株式会社）の通話料金請求のために必要な課金ファイル作成に必要な通話情報の記憶・伝送等の事務処理に使用されている電子計算機に、真実は料金着信払等の通話サービスを利用する意思がないのに、自己の使用する電話回線から同サービスを利用する旨の番号を自己の使用する電話回線から送出することは、「不正の指令」を与える行為に該当する（東京地判平成7・2・13判時1529・158参照。同判決は、被告人が、不正の指令を与えた後、不正信号を用いて同サービスを提供している国の電話交換システムに同サービスの申込を取り消させた上、自己の国際通話が同サービス利用の通話である旨の不実の電磁的記録を作り通話料金相当額の支払を免れたとして、本罪の成立を肯定した)。

「財産上不法の利益を得、又は他人にこれを得させた」とは、財物に準じる、具体的、直接的な使用利益・交換利益を取得者に得させる具体的・個別的なものを自己の支配下（利益を享受できる状態）に置くか、他人の支配下に置くことをいうと解する。本条は財物を客体とする所為を処罰対象にしていないものの、246条2項の同一文言と異なる解釈をする理由はない。

４　(背任) 247条

> 他人のためにその事務を処理する者が、自己若しくは第三者の利益を図り又は本人に損害を加える目的で、その任務に背く行為をし、本人に財産上の損害を加えたときは、５年以下の懲役又は50万円以下の罰金に処する。

(1) 主　体

「他人のためにその事務を処理する者」とは、本条に任務に背く行為をして財産上の損害を加えることが所為として規定されていることから考えて、「他人」すなわち本人の依頼に基づき、同依頼による任務に背くと本人に財産上の損害を加えることになる事務を処理する者をいうと解する。

例えば、古書店主Ｘが、ＡからＸの店にある古書αの購入を申し込まれて、翌週、代金と引き換えにαをＡに引き渡す旨合意したのに、翌日来店したＢからαの購入を申し込まれたのでαをＢに売り渡した場合、ＸはＡに依頼されてＡのためにαを保管・管理する任務（これに背くとＡに財産上の損害を加えることになる任務）を負っているわけではないので、「他人のためにその事務を処理する者」にはあたらない。これに対して、ＡがＸに直ちに代金全額を支払い「来週取りに行くからそれまで保管しておいてくれ」とＸに依頼した場合は、Ｘは「他人のためにその事務を処理する者」にあたることになる（もっとも、この場合はαを客体とする横領罪が成立するので、同罪と法条競合の関係にある本罪は成立しないことになる）。

不動産業者Ｘが、建築業者ＡとＸが住宅金融公庫から代理受領する融資金から建築請負代金を支払う旨合意し、融資金の振込先として指定した口座の通帳等をＡに交付していたのに、融資金をＸの債務に充当しようと考え、振込口座を変更した場合、ＸはＡから依頼されて振込口座乃至そこに振り込まれる融資金を保管・管理する任務を負っているとはいえないので、「他人のためにその事務を処理する者」にあたらない（広島地判平成14・3・20判タ1116・297は、このような事案につき、被告人ＸとＡとの間には「物権的な信任関係」がなく、Ｘの行為は債務不履行にはなっても背任罪にいう任務違背行為にはならないとする）。これに対し、Ｘが、Ａから融資を受けてＸの不動産に抵当権を設定した場合は、ＸはＡに依頼されて同抵当権の登記手続に協力する任務を負っているといえるから、「他人のためにその事務を処理する者」にあたる（最判昭和31・12・7刑集10・12・1592は、抵当権設定者はその登記を完了するまで抵当権者に協力する任務を有しており、同任務は主として他人である抵当権者のために負うものであるとする）。Ｘが、Ａから融資を受けてＸの株式に質権を設定し株券を交付した場合も、ＸはＡに依頼されて同株式の担保価値を保全する任務を負っているといえるから、「他人のためにその事務を処理する者」にあたる（最決平成15・3・18刑集57・3・356参照）。

（2）任務に背く行為

「その任務に背く行為」とは、本条の文言全体から考えて、本人の依頼に基づく、背いた場合、本人に財産上の損害を加えることになる任務に背くことをいうと解する。このような行為であれば、財産的な事務処理に関する任務に背く行為でなくても、「その任務に背く行為」にあたりうると解する。例えば、医師Ｘが、患者Ａに有形無形の損害を加えようと思って、雑誌記者にＡの病気に関する秘密を漏らし、Ａにおいて雑誌出版の差止のための費用を支出させた場合、Ｘは本罪及び秘密漏示罪に問われると考える。したがって、本罪の図利・加害目的も財産的な目的に限定されない。ただ、本人に財産上の損害を発生させる意思をもってする行為でなければ本条の実行行為には該当しない。例えば、医師Ｘが患者Ａを精神的に苦しめてやろうと思ってＡの配偶者Ｂに秘密を漏らしたところ、結果的に両者が離婚することになってＡがＢに対し慰謝料を支払うことになったとしても、ＸにはＡに財産上の損害を発生させる意思がないので、本罪は成立しない（秘密漏示罪は成立しうる）。

（３）財産上の損害

「財産上の損害を加えた」とは、文言から考えて、任務に背く行為によって本人を財産的利益が享受できない状態に陥れたことをいうと解する。財産上の損害の発生は本罪の結果であり、文言から、損害を生じる危険を発生させただけでは「損害を加えた」とはいえないと解する。もっとも、最判昭和37・2・13刑集16・2・68は、県漁業信用基金協会の専務理事であった被告人が同協会所有の定期預金債権証書に質権を設定して質権者に交付した事案につき、「財産上の損害を加えたるときとは、財産上の実害を発生させた場合だけではなく、財産上の実害発生の危険を生じさせた場合をも包含するものであるところ」、同事案においては、「その行為が協会の業務の範囲外であって、法律上無効であるとしても、定期預金債権の回収を不能ならしめる危険があるから、財産上の損害がないものということはできない」としている。しかし、この事案においては、民事法上質権設定が無効であるとしても、事実上、定期預金債権の回収に支障が生じるという意味で本人は財産的利益を享受できない状態に陥れられたといえる。すなわち、被告人は「財産上の損害を加えた」といえるのであって、同判決は、「実害」すなわち現実に債権回収を試みて支障が生じなければ「損害を加えた」にあたらない旨判示しているのではないと解釈できる。より単純な例をあげると、金融業を営むＡの貸付担当従業員Ｘが、回収の見込みがないのにＢに1000万円融資したという場合、Ｂに1000万円が交付された時点で、Aは1000万円から財産的利益を享受できず、Aの取得した債権は事実上回収の可能性がほとんどないものであって債権を有していることから享受できる財産的利益は微小であるから、Aは財産的利益が享受できない状態に陥れられたのであり、XはAに「財産上の損害を加えた」といえる。現実にAが債権回収を試みなくても、1000万円を交付した時点で結果は発生し、背任罪は完成しているのである。これに対し、Xが、管理を任されていたAの印鑑を冒用して、BがCから借財する際の金銭消費貸借契約書の連帯保証人欄にAの氏名を記名し捺印した場合は、連帯保証人にされることによって直ちにAが自己の財産から財産的利益を享受することに支障が生じるわけではないので、Xが任務に背く行為によってAに「財産上の損害を加えた」とはいえない。なお、XがAの不動産に抵当権を設定し登記を了した場合は、同不動産の交換価値は減少し、同不動産からAが享受できる財産的利益の量が減少するので、同登記を了した時点でXは任務に背く行為によってAに「財産上の損害を加えた」といえる。

（４）取引の相手方と共同正犯

本罪や特別背任罪（会社法960条）に関し、取引の相手方が共同正犯となるのはどのようなときか、という問題がある[69]。共謀共同正犯を否定する本書の立場からは、共同正犯となるためには共同して実行行為をおこなうことが必要になる。本罪・特別背任罪の実行行為は、類型性評価、危険性評価により、身分者が、図利・加害目的をもってする「その任務に背く行為」（背いた場合、本人に財産上の損害を加えることになる任務に背く行為）にあたると認められた行為であり、換言すれば、本人に財産上の損害を加える危険性のある「異常な取引」というべきものである。取引の相手方が「異常な取引」を共同しておこなったと評価されるためには、単に取引の相手方となるだけではなく、例えば、担保となる不動産の価値や購入物品の価値を偽る書類の作成・提出、形式的な（ダミーの）融資先や不要な仲介業者となる者の提供をするといったことをして、共同して背任罪を実行したと評価できるだけの事実寄与をしたことが必要であると解する。

69　目的と解釈161頁参照。

迂回融資という異常な取引について、自己が代表取締役である会社を組み込んだ場合（最決平成15・2・18刑集57・2・161参照）、美術品を著しく高額で売るという異常な取引をもちかけ、偽造の鑑定評価書を作成・提出した場合（最決平成17・10・7刑集59・8・1108参照）、融資を受ける際に再生スキームを提案し、実質的に自己が経営する会社の所有するゴルフ場の価格を不当に高く評価する不動産鑑定評価書を作成させたり、融資の形式上の受け先となる会社を設立するなどした場合（最決平成20・5・19刑集62・6・1623参照）は、共同正犯が成立しうる。これに対し、銀行の取締役頭取XがA信用保証協会の常務理事Yに代位弁済に応じるよう要請したという程度では、Xは共同正犯にならない（最判平成16・9・10刑集58・6・524参照）。

5　（準詐欺）248条

> 未成年者の知慮浅薄又は人の心神耗弱に乗じて、その財物を交付させ、又は財産上不法の利益を得、若しくは他人にこれを得させた者は、10年以下の懲役に処する。

本条は246条の詐欺罪に準じる所為を処罰したものであるから、「未成年者の知慮浅薄又は人の心神耗弱に乗じて」とは、年少のために財産処分に関し知識が乏しく思慮の足りないこと又は精神の障害により財産処分に関し普通人と同様の判断ができないことを利用してということであると解する。このような手段により、相手方に誤った財産処分をさせ、財産を領得するとともに財産上の損害を与える所為が本条に該当することになる。

その他の点については246条の解釈で述べたところと同様になる。同条の「人を欺いて」にあたる行為によった場合は、同条のみが適用され、補充規定である本条は適用されない。また、処分行為が認められない場合は窃盗罪が成立することになる。

6　（恐喝）249条

> 人を恐喝して財物を交付させた者は、10年以下の懲役に処する。
>
> 前項の方法により、財産上不法の利益を得、又は他人にこれを得させた者も、同項と同様とする。

窃盗罪、詐欺罪との対比等から、本罪は、恐喝により他人に本意に沿わない（その点で誤った）財産処分をさせ、当該財産をその他人の瑕疵ある意思に基づく行為により移転させて領得するとともに、他人に財産上の損害を与える罪であると解する。「欺いて」が「恐喝して」になっている点を除いて、本条の文言は 246 条の文言と同一であるから、その解釈も 246 条のそれと同様のものになる。

「恐喝して」とは、文理から、相手方を畏怖させて誤った財産処分乃至処分行為をさせるに足りる行為をしてということであると解する。相手方の意思を制圧するに足りる強度の暴行・脅迫を加えた場合は、236 条の「暴行又は脅迫」を加えたとして強盗罪の成否の問題になるから、その程度のものではない暴行・脅迫が本罪の「恐喝」にあたることになる。

「恐喝して」の文言には不法に相手を畏怖させるという意味が含まれるから、相手方において甘受すべき不利益をもたらす合法的な行為であるといえるものは、相手方を事実上畏怖させるものであっても、「恐喝」にはあたらないと解する。スーパーマーケットの経営者が、万引をした者に、「商品を買い取らなければ警察に通報する」と告げることは、「恐喝」にはあたらないと解するべきである。これに対して、商品の価格に比して多額の賠償金を支払わなければ警察に通報すると告げたときは、本罪が成立する余地があるといえる。最判昭和 30・10・14 刑集 9・11・2173 は、被告人が、３万円を支払う債務を負担するＡに対し、３名と共謀して、要求に応じないときは身体に危害を加えるような態度を示して畏怖させ、６万円を交付させた事案につき、「権利行使の手段として社会通念上、一般に忍容すべきものと認められる程度を逸脱した手段」を用いたものとして６万円全額について本罪が成立するとしている。被告人らは、数名で身体に危害を加える態度を示し、債務の倍額にあたる金員を交付させたのだから、本条に該当し、また、35 条によって正当化される余地もない。

７　（未遂罪）250 条

> この章の罪の未遂は、罰する。

欺罔行為又は恐喝行為をおこなったところ、相手方が錯誤・畏怖に陥らず又は錯誤・畏怖から回復して、瑕疵ある意思に基づかずに財産を処分した場合は、瑕疵ある意思に基づく処分行為による財産移転という交付罪の結果が発生したとはいえない。したがって、このような場合は、詐欺罪又は恐喝罪は未遂に止まることになる。例えば、Xが、Aに対する貸金を連帯保証人Bが完済したにもかかわらず、Aに支払を請求し、Aが、Bに問い合わせて完済した事実を知りながら支払に応じた場合は詐欺未遂罪が（大判大正11・12・22刑集1・821は、このような場合、因果関係が欠けるとする）、Xらに脅迫されて畏怖したAが、警察に届け出て、警察官がXらを逮捕するために張り込むので現場に行くよう指示され、これに従って現場でXらに現金及び小切手を交付した場合は恐喝未遂罪が（東京地判昭和59・8・6判時1132・176は、このような場合、交付行為が困惑畏怖に基づくものであるとは認定し難いとする）、それぞれ成立する。

8　（準用）251条

> 第242条、第244条及び第245条の規定は、この章の罪について準用する。

本条は、他人の占有等に係る自己の財物についての規定（242条）、親族間の犯罪に関する特例についての規定（244条）、電気を財物とみなす規定（245条）を詐欺及び恐喝の罪に準用する規定である。244条に関して述べたように、財物の所有者と占有者が異なる場合、占有者と行為者との間に同条所定の親族関係があれば本条が適用されると解する。

第３款　38章：横領の罪（252条-255条）

1　概　観

本章には、奪取罪（占有移転罪）とは異なって、他人が占有していない物を領得する罪である、横領罪、業務上横領罪、遺失物等横領罪の規定が置かれている。他人の占有している物を取得し領得する所為は、本章の罪ではなく奪取罪（多くの場合、そのうちの盗取罪に属する窃盗罪）を構成することになる。

本章の罪のうち、横領罪、業務上横領罪は「自己の占有する他人の物」を横領する罪であり、遺失物等横領罪は「占有を離れた他人の物」を横領する罪である。奪取罪における「他人の」は他人が占有していること（事実上、管理・支配していること）を意味すると解釈できるのに対し、本章の罪の「他人の」は他人が占有していない物が客体になると規定されている以上、他人が所有権等を有していることを意味すると解釈せざるをえない。また、横領罪、業務上横領罪の「自己の占有」には自己に法律的支配があることを含むといった解釈が支配的なものになっている。さらに、自己の「占有」を奪取罪の「他人の」と同様に、事実上、管理・支配していることで足りると解してよいかも問題である。

255 条は 244 条の規定のみが本章の罪に準用されると規定している。242 条の規定については、同規定が奪取罪を想定したものであることから準用を避け、252 条２項に「自己の物」に関する規定を置いたものと理解できる（同様の規定が 253 条に置かれていない理由は理解しにくいものの、規定の形式から見て、公務所から保管を命ぜられた自己の物について 253 条の罪は成立しないと解する）。245 条の規定については、電気横領行為については処罰の必要がないと考えられたため、準用を避けたものと理解できる（もっとも、財物・物は有体物に限らないと解する立場からは、245 条の規定は盗電行為が処罰されることを示すためにあえて置かれたものであり、本章の罪の客体に電気等が含まれると解釈することもできなくはない）。

２　（横領）252 条

> 自己の占有する他人の物を横領した者は、５年以下の懲役に処する。
> 自己の物であっても、公務所から保管を命ぜられた場合において、これを横領した者も、前項と同様とする。

（1）自己の占有する

「自己の占有する」とは、254 条との対比等から、他人からの委託に基づき他人の物を管理・支配していることをいうと解する。他人から委託されることなく自己の管理・支配下に入った物は遺失物等横領罪の客体となることはあっても本罪（及び業務上横領罪）の客体とはならない。例えば、誤って配達された郵便物を領得した場合は遺失物等横領罪が成立する。

他人の指示の下に事実上他人の物を管理・支配しているに過ぎない者は他人からの委託に基づき他人の物を管理・支配しているとはいえない。例えば、コンビニエンスストアのアルバイト店員Ｘは店長Ａの指示の下に商品を事実上管理・支配しているに過ぎないので、同商品はＸの「占有する」他人の物にあたらない。したがって、Ｘが同商品を領得した場合は、（業務上）横領罪ではなく窃盗罪の成否が問題になる（大判大正３・３・６新聞929・28は、雇人が店頭にある店主の所有物を窃取した事案につき窃盗罪の成立を肯定している）。

客体を処分する権限のない者から委託されて管理・支配下に置いた場合や客体の委託が公序良俗に反する場合でも、委託関係が刑法上保護するに値するものである限り、「占有する」にあたると解する[70]。したがって、例えば、Ｘが、Ａから、Ａの窃取したタイヤの売却周旋を依頼されて、これをＢに売却し、代金を着服した場合、代金はＸの占有するＡの物にあたるから横領罪が成立する（最判昭和36・10・10刑集15・9・1580参照）。また、贈賄資金として委託された現金を無断で費消した場合、横領罪が成立する（最判昭和23・6・5刑集2・7・641参照）。

客体に対する管理・支配が委託の趣旨に反する客体の領得を可能にするものでなければ、客体を「占有」しているとはいえない。逆に、委託の趣旨に反する客体の領得を可能にする管理・支配であれば「占有」にあたると解しうる。登記済不動産について、登記簿上所有者となっている者や（最判昭和30・12・26刑集9・14・3053参照）所有権移転登記に必要な登記済証等の書類を委託されている者は（福岡高判昭和53・4・24判時905・123参照）、同不動産を占有しているといえる。

銀行預金の預金者（口座名義人）が預金を占有しているといえるかは問題である。大判大正元・10・8刑録18・1231は、村長であった被告人が公金を銀行に預け入れた後も当該金員は依然として被告人の支配内に存在するものとして自己の占有する他人の物に該当するとした。しかし、ＸがＡから預かった現金100万円をＢ銀行に預金したら、現金はＢ銀行が所有し管理者が占有するものになり、ＸはＢ銀行に対し100万円分の払戻請求権を取得すると考える方が実態に合致する。もっとも、本条の「他人の物」を個々の物に限らないと解釈すれば、預金後も、Ｂ銀行の管理下にある100万円分の預金についてはＸの占有するＡの物であるといえなくはない。ただ、このような解釈は無理があるので採用しかねる。このような解釈を採用しなくても、Ｘが払戻請求権を行使して100万円の現金の払戻を受ければ、同現金はＸの占有するＡの

70　目的と解釈137頁参照。

物になるから、これをＸが領得すれば横領罪が成立することになる。さらに、横領罪が成立しないときでも、背任罪等で対応することは可能である。したがって、口座名義人は預金を占有しているとはいえないと解する。

（2）他人の物

「他人の」とは、行為者が客体を委託されて占有していることが要件になっていることから考えて、所有権等が行為者以外の者にあることをいうと解する。所有権が行為者にある場合は、「他人の」物にあたらない。ＸにＡが物αを委託し占有を移転した場合、αの所有権がＸに移転するかＡに留保されるかは、民法176条が当事者の意思表示により物権が移転するとしていることを参考にして、Ａの意思、すなわち、委託の趣旨がどのようなものであったかにより決定されると解する。例えば、ＡがＸに製茶の買付けを依頼して資金として100万円を渡す場合、Ａの委託の趣旨が、①渡した現金で代金支払をさせるというものであったときは、同現金の所有権はＡに留保され、②100万円分の他の現金で代金支払をしてもよいというものであったときは渡した現金の所有権はＸに移転する。①②のどちらにあたるかは事実認定の問題である。Ａが現金の使途を限定したり（最判昭和26・5・25刑集5・6・1186参照）、Ｘに資力がなく渡した100万円で代金支払をするしかないと思いつつ交付した場合は、①にあたると認定されやすいであろう。また、ＢがＹに製茶の売却を依頼しこれをＹがＣに売却して代金100万円を受領した場合、Ｂの委託の趣旨及びＣ・Ｙ・Ｂの意思の内容を考えれば、100万円の所有権は支払った段階でＢに帰属するといえるので、これをＹが着服したときは横領罪が成立する（最決昭和28・4・16刑集7・5・915は、物品の販売を委託したときは、委託品の所有権は売却に至るまで委託者にあり、その売買代金は委託者に帰属するとする）。

贈賄資金として寄託した現金は、不法原因給付として民法上返還請求できないものであっても、委託関係が刑法上の保護に値し事実上返還を求めることができる以上、寄託者の物であり「他人の物」にあたるとすることができると解する。最判昭和23・6・5刑集2・7・641は、このような事案について横領罪の成立を肯定する判断を示しており、その結論は支持できる[71]。

71　目的と解釈139頁参照。

「物」は、235条等の「財物」と同様に、財産的価値のある有体物を意味すると解する。245条の規定が準用されていない以上、電気は「物」に含まれない。

（3）横 領 し た

「横領した」とは、文理から、不法領得の意思をもって他人の物を自己のものとして利用・処分したことをいうと解する。横領は他人の物を自己のものにする行為であり、これを不法領得の意思の発現行為ととらえると（大判昭和6・12・17刑集10・789は、横領罪は自己の占有する他人の所有物を自己のものとして不法に領得する意思の発現があることによって成立するものであり、自己のものとして領得するとは他人の所有物に対してあたかも一般的支配権を有する所有者の如き行動をなすことをいうとする）、横領罪の意思乃至故意と不法領得の意思はほとんど重なり、あえて不法領得の意思を主観的超過要素とする必要がないとも考えられる。しかし、例えば委託された現金をもって外出する行為は、同現金を委託の趣旨に従って使用する意図であるときには横領行為にはならず、委託の趣旨に反して自己のものとして使用する意図があるときには横領行為になると考えられるから、やはり不法領得の意思は必要である。また、刑法が毀棄・隠匿行為を別罪として処罰している以上、現金を廃棄する意図で持ち出す行為は、不法領得の意思を欠くため横領行為にならないと解する。したがって、横領罪の不法領得の意思の内容は、委託の趣旨に背いて、その物につき権限がないのに所有者でなければできないような経済的用法に従った利用・処分をする意思というものになる（東京地判昭和60・2・13刑月17・1=2・22は、自己の所有物と同様にその経済的用法に従って利用する意図があるとして不法領得の意思を認めている）。例えば、XがAから委託された現金をXのために費消した場合、委託の趣旨が流用を許すものである場合は、流用を許されている額についてはXに所有権が移転しているといえるほか、委託の趣旨に背いていないので不法領得の意思が認められず、横領罪は成立しないことになる。また、YがBから製茶αの買付資金として100万円を委託され買付けに赴いたところ、製茶αより品質の高い製茶βが安値で売りに出されていたので、製茶βを100万円分購入した場合、100万円の利用は委託の趣旨に背いていないので不法領得の意思は認められない。なお、委託者がなしえない違法な利用をした場合（例えば、C社の代表者Zが独断で

C 社の資金を賄賂として供与した場合）であっても、直ちに委託の趣旨に背いて利用する意思があったとして不法領得の意思が認められるというわけではない（最決平成 13・11・5 刑集 55・6・546 は、当該行為が違法であるなどの理由で委託者としてなしえないものであることは、不法領得の意思を推認させるひとつの事情にはなりうるものの、法令に違反するという一事から直ちに同意思を認めることはできないと述べている）。

（４）公務所から保管を命ぜられた自己の物の横領

本条２項は、公務所から保管を命ぜられた場合は自己の物であっても１項の他人の物の横領と同様に処罰するものとしている。文理から、同項の規定は、１項の「他人の物」の修正規定であると解する。したがって、この点に関係のない要件を充たさないとき（例えば、客体を公務所が占有しており行為者が占有しているとはいえないとき）には横領罪は成立しないことになる。なお、１項の解釈における委託の趣旨は、保管命令の趣旨と読み替えるべきである。

（５）横領後の横領

X が、A から委託された不動産に無断で抵当権を設定して登記を了した（第１横領行為）後、無断で売却した（第２横領行為）場合のように、行為者の同一占有に属する同一客体につき横領行為を繰り返したとき、第２横領行為は第１横領行為とは異なる行為であるから第１横領行為に吸収されることはなく、新たに横領罪を構成しうると解する（最大判平成 15・4・23 刑集 57・4・467）。第１横領行為による横領罪と第２横領行為による横領罪との関係は、両行為がそれぞれ横領罪の要件を充たす以上、包括一罪にはならず、併合罪になると解する。

（６）横領罪と背任罪

横領罪の規定と背任罪の規定の比較等から、両規定は法条競合の関係にあり、横領罪の規定の適用があるときは背任罪の規定は適用されないと解する。したがって、自己の占有する他人の物を横領したといえるときは、横領罪の規定のみが適用されるということになる（最判昭和 34・2・13 刑集 13・2・101 は、A 森林組合の組合長らがその保管する政府貸付金を A 組合の名義で B に貸し付けた事案につき、組合名義で処理されているとしても不法領得の意思が認められ、背任罪の成立を論じる余地もないとして、業務上横領罪の成立を肯定している）。

3　（業務上横領）253条

> 業務上自己の占有する他人の物を横領した者は、10年以下の懲役に処する。

「業務」とは、文理から、社会生活上の地位に基づいて反復継続する、他人の委託に基づき物を占有して管理する事務をいうと解する。物の占有・管理が主たる事務である必要はない。また、保管料など対価を得て処理する事務に限らない。

本条が業務妨害罪の規定のように業務の保護を図るものではないこと、不法原因給付物についても横領罪が成立しうること等を考えて、本条の「業務」は合法的なものに限られないと解する。例えば、盗品の保管を仕事にしている者が預かった盗品を横領した場合、本条の罪に問われると考える。大判大正９・４・13刑録26・307は、刑法に規定する犯罪行為の如く行為自体を禁圧することが法の目的である場合はこれを業務ということができないものの、行政上の取締のため免許を要する行為は法の禁圧しようとするものではない旨述べているけれど（結論としては、無免許の無尽営業は「業務」にあたるとした）、本条の「業務」にあたるとすれば行為者は重く処罰され、結果として業務を禁圧することにもなるのであるから、法の禁圧しようとする事務は「業務」にあたらないと解する必要はない。

4　（遺失物等横領）254条

> 遺失物、漂流物その他占有を離れた他人の物を横領した者は、１年以下の懲役又は10万円以下の罰金若しくは科料に処する。

（1）占有を離れた

「占有を離れた」とは、文理から、客体を占有していた者の占有を離れたことをいうと解する。占有を離れた理由は問わない。占有していた者の意思に基づいて占有を離れた場合でもよい。例えば、Ｘが、Ａから財布を盗み、現金を抜き取った後、財布を路上に捨てた場合、同財布はＸの意思に基づいてＸの占有（事実上の支配）を離れたＡの物であるから、Ｙが財布を発見して領得すれば、Ｙは本罪に問われることになる。「占有を離れた」を本来の占有者（この事例ではＡ）の意思に基づかずに占有を離れたことをいうと解して、同様の結論を導くことも可能ではあるけれど、占有を事実上の管理・支配で足りるとする解釈との整合性に問題が生じるので妥当な解釈とはいえない。大判明治43・12・2刑録16・2129は、銀行の支店内で行員ＡがＢに渡すべき現金を誤ってＸに渡し、Ｘがこれを受け取った後、事情を知りながら領得した事案について、甲者（Ｂ）に引き渡す意思をもって誤って乙者（Ｘ）に交付した場合は物の授受が真意によるものではないので、その物は占有を離れた他人の物足ることを失わない旨述べて遺失物等横領罪の成立を肯定している。この判決の結論は支持できる。これに対して、大判大正6・10・15刑録23・1113は、結論はともかく解釈論は支持できない。同判決は、被告人が、誤配達された郵便物を領得した事案について、差出人の占有が集配人の配達により失われたので当該郵便物が占有を離れた他人の物に該当する旨述べて、本罪の成立を肯定しているところ、郵便物を差し出した後も配達に至るまで郵便物の占有が差出人に帰属し続けるとは考え難い（郵便集配人が郵便物を領得した事案について業務上横領罪の成立を肯定した大判大正7・11・19刑録24・1365との整合性にも問題が生じる）。このような解釈をしなくても、私見のように解釈すれば、本罪の成立を肯定することができる。

（2）他人の物

「他人の物」については、252条1項の同一文言と同様に、所有権等が行為者以外の者に属する財産的価値のある有体物を意味すると解する。

（3）横領した

「横領した」とは、252条1項の同一文言と基本的には同様に、不法領得の意思をもって他人の物を自己のものとして利用・処分したことをいうと解する。ただし、本罪の客体は委託に基づいて行為者が占有するものではないので、不法領得の意思の内容は、その物につき権限がないのに所有者でなければできないような経済的用法に従った利用・処分をする意思というものになる。

5　（準用）255条

> 第244条の規定は、この章の罪について準用する。

244条所定の親族関係は行為者と「他人の物」の「他人」すなわち客体につき所有権等を有している者との間に必要である。さらに、252条、253条の罪について、所有者と委託者が異なる場合、委託者との間にも親族関係がないと244条の規定が準用されないかが問題になる。これについては、文理及び客体の横領により（所有権を有しない）委託者がさほどの損害を被らないと考えられることから、委託者との間に親族関係がなくても、所有者（「他人」）との間に親族関係があれば244条の規定は準用されると解する。

家庭裁判所の選任した後見人が244条1項所定の親族関係にある被後見人の物を横領した場合、244条1項の規定は準用されるか[72]。最決平成20・2・18刑集62・2・37及び最決平成24・10・9刑集66・10・981は、「後見の事務の公的性格」という言葉を用いて、準用を否定している。しかし、後見事務に公的性格があったからといって244条1項所定の親族関係がなくなるわけではないから、同条項の準用を否定することはできないと解する。

第4款　39章：盗品等に関する罪（256条、257条）

1　概　観

本章には、「盗品その他財産に対する罪に当たる行為によって領得された物」に関与する所為を無償譲受け罪・運搬罪・保管罪・有償譲受け罪・有償処分あっせん罪として処罰する規定が置かれている。これらの盗品関与罪の罪質については議論があり、通説的な追求権説に対してもかなりの批判がある。しかし、盗品関与罪が財産罪の一種であることを前提とする限り、やはり追求権（その実質は民事法上の返還請求権と完全に重なるものではないので、追求利益とでも呼ぶべきものである）を基本に据えて解釈論を組み立てるべきである。

本章には、親族等の間の犯罪に関する特例の規定（257条）が置かれている。盗品関与罪の特質を考えると、同規定を244条の規定と同様に解してよいものか問題が生じる（それ故にこそ、立法者は、244条の準用規定を本章に置くのではなく、別個の規定を置いたのであろう）。例えば、窃盗罪なら、行為者の他に考えられる関係者は客体の占有者・所有者であるのに対し、盗品関与罪では、関与行為の相手方（譲渡人、運搬・保管・有償処分あっせんの依頼者）、本犯、本犯の被害者、有償処分あっせんの相手方を考えることができる。これらの関係者のうちいずれ

72　目的と解釈155頁参照。

の者との間に親族関係があればよいかを解釈により明らかにしなければならない。

２　(盗品譲受け等) 256 条

盗品その他財産に対する罪に当たる行為によって領得された物を無償で譲り受けた者は、３年以下の懲役に処する。
前項に規定する物を運搬し、保管し、若しくは有償で譲り受け、又はその有償の処分のあっせんをした者は、10 年以下の懲役及び 50 万円以下の罰金に処する。

(1) 主　体

「盗品その他財産に対する罪に当たる行為によって領得された物」を譲り受けた者、依頼されて運搬・保管・有償の処分のあっせんをした者が主体として規定されていることから、盗品関与行為に先立って客体を領得した者、すなわち、本犯は主体足りえないと解する。本犯の犯行の共同正犯も客体を領得した者に含まれるから、本罪の主体足りえない。ただ、教唆犯、従犯は客体を領得したとはいえないから、本罪の主体足りうると解する。

(2) 客　体

「盗品その他財産に対する罪に当たる行為によって領得された物」とは、文言通り、財産罪中の物（財物）を領得する罪によって領得された物をいうと解する。窃盗罪、一項強盗罪、事後強盗罪、昏睡強盗罪、一項詐欺罪、一項恐喝罪、横領罪、業務上横領罪、遺失物等横領罪といった罪の被害品はこれにあたる。盗品関与罪のうち無償譲受け罪、有償譲受け罪については被害品を不法に譲り受けて自分のものにする罪であるから、これらの罪を犯して譲り受けた物を「領得された物」から除外する理由はない。

「盗品その他財産に対する罪に当たる行為によって領得された物」にあてはまる限り、本犯の被害者に民法上の返還請求権が認められるか、あるいは、返還請求権を行使する意思があるか否かにかかわらず、本犯の被害品は本罪の客体になると解する。本章の条文には返還請求権が認められる場合に限定するという解釈の根拠となる文言は見当たらず、本条は本犯の被害者の事実上の追求利益を害する危険のある行為を処罰対象にしていると解釈できる[73]。したがって、本犯の被害者が欺罔されてなした意思表示を民法96条1項によって取り消すか否かに関わりなく、詐欺の被害品は本罪の客体となる（大判大正12・4・14刑集2・336参照）。また、民法192条によって被害品の所有権が即時取得された場合、直ちに被害品が本罪の客体でなくなるわけではない（民法193条による回復請求のできる期間内であれば盗品関与罪の成立を肯定できるとした最決昭和34・2・9刑集13・1・76参照）。さらに、不法原因給付物であっても、給付者の追求利益が刑法上の保護に値すると考えられる限り、本罪の客体となると解する[74]。

「物」は、本犯の領得罪の被害品であるから、「財物」、「物」の解釈について述べた通り、財産的価値のある有体物であると解する。被害品と交換した別の財物（例えば、盗品を売り払って得た現金）は本条の「物」にはあたらないと考える。大判大正2・3・25刑録19・374は横領した紙幣を両替して得た現金を本罪の客体にあたるとする旨判示しているけれど、「物」を財産的価値のある有体物と解する立場からは、支持できない。両替した金員に関与する行為には特別法（例えば、組織的な犯罪の処罰及び犯罪収益の規制等に関する法律）で対処すべきである。

（3）所　為

本罪の所為は、いずれも客体である盗品等を所持（事実上、管理・支配）している者と意思を通じてなされることを要すると解する。「譲り受けた」、「有償の処分のあっせんをした」といった文言は、盗品等の所持者と意思を通じてなしたことを意味すると理解でき、並記されている「運搬し〔た〕」、「保管し〔た〕」も、盗品等の所持者から依頼を受け、依頼の趣旨に従って場所的移動や管理をすることを意味すると理解できる（東京高判昭和32・8・31高刑裁特4・18・463は運搬につき、最判昭和34・7・3刑集13・7・1099は保管につき、委託を受けて本犯のためにすることをいうとする）。したがって、所持者から盗品等を窃取した場合は、無償譲受けや運搬をしたとはいえないので、無償譲受け罪や運搬罪は成立せず、窃盗罪が成立するに止まる。これに対し、所持者から盗品等を詐取・喝取した場合は、詐欺罪・恐喝罪の他に盗品関与罪が成立しうる（大判昭和6・3・18刑集10・109参照）。

73　目的と解釈170頁参照。

74　目的と解釈137頁参照。

無償譲受け罪・有償譲受け罪の成立には、譲り受けるという言葉が自己のものにするという意味を含むこと等から不法領得の意思をもって所為をなすことが必要であると解する。この不法領得の意思の内容は、権利者の追求を妨げ他人の物を自己のものとして経済的用法に従って利用・処分する意思といったものになる。損壊するために譲り受ける場合や被害者の下に戻すために譲り受ける場合、警察に届けるために譲り受ける場合は不法領得の意思が認められず、無償譲受け罪・有償譲受け罪は成立しないということになる。

「譲り受けた」といえるためには、文理から、譲渡人と譲受人が合意に達し、盗品等が譲受人に引き渡されることが必要であると解する。ただ、客体の場所的移動までは必要ないと思う。これに対し、「運搬し〔た〕」といえるためには、文理から、盗品等の場所的移動が必要である。

「有償の処分のあっせんをした」といえるためには、文理から、あっせんをおこなえば足り、あっせんによって例えば売買について合意に至ったことは必要ではないと解する。最判昭和23・11・9刑集2・12・1504も、周旋をすれば売買が成立しなくても有償処分あっせん罪が成立するとしている。

「保管し〔た〕」といえるためには、文理から、所持者から盗品等の引渡しを受けて依頼の趣旨に従って管理することが必要であるものの、場所的移動は必要ではないと思う（所持者から倉庫内にある盗品等の管理を依頼されて、移動させることなく管理した場合であっても保管罪は成立しうる）。所持者から盗品等の引渡しを受けて管理を開始したときには管理の対象が盗品等であることを知らなかった者が、後に盗品等であることを知った場合、当初の依頼に従って管理を続ければ、所持者から引き渡された物が盗品等であることを認識しながら管理をしたことになるので、保管罪が成立すると解する。最決昭和50・6・12刑集29・6・365も、事情を知った後、なおも本犯のために保管を継続するときには保管罪が成立するとしている。もっとも、事情を知った後、何もせずに放置していた場合は、管理といえるような行為がなされていないので「保管し〔た〕」とはいえず、また、警察官や被害者に引き渡すために管理した場合は、所持者の依頼の趣旨に従った管理をしたとはいえないので「保管し〔た〕」とはいえないと思う。

本犯の被害者に戻すためになされた所為は、盗品関与罪の実行行為としての危険性を欠くため、同罪を構成しないと解する[75]。最決昭和27・7・10刑集6・7・876は被害者の下に盗品等を運んだ所為について運搬罪の成立を肯定し、最決平成14・7・1刑集56・6・265は被害者側の者と交渉して盗品等を買い取らせた所為について有償処分あっせん罪の成立を肯定している。これらの決定は支持できない。これに対し、東京高判昭和28・1・31東高刑時報3・2・57は、被害者に返還するために盗品を買い取った事案につき、本件所為は有償譲受け罪にあたらない旨判示しており、支持できる。この結論は、不法領得の意思が認められないということからも導き出せよう。

3　（親族等の間の犯罪に関する特例）257条

> 配偶者との間又は直系血族、同居の親族若しくはこれらの者の配偶者との間で前条の罪を犯した者は、その刑を免除する。
> 前項の規定は、親族でない共犯については、適用しない。

「前条の罪」が256条の盗品関与罪であることは明らかである。問題なのは行為者と何者との間に本条1項の親族等の関係があることを要するかである。盗品関与罪の関係者として盗品犯である行為者の他に考えられるものは、①行為者の盗品関与行為の相手方（譲受けなら譲渡人、運搬・保管・有償処分あっせんならこれらの行為を依頼した盗品等の所持者）、②本犯（領得罪を実行して盗品等を領得した者）、③本犯の被害者、④有償処分あっせんの相手方になる。このうちで、全ての盗品関与罪の成立に直接的に不可欠なもの（本質的なもの）は①である。④は有償処分あっせん罪以外の盗品関与罪では問題にならない。②③は、本犯の犯罪には不可欠なものではあるものの、盗品関与罪の成立に直接的に不可欠なものとはいえない（例えば、ＸがＡの下から盗んだ指輪をＹに渡し、ＹがＺに事情を話して指輪の保管を依頼しＺが実行した場合、保管罪の成否は、ＹとＺの行為いかんにより決定されるのであって、ＸやＡの行為は直接的に関係しない）。したがって、本条1項が適用されるためには、親族等の関係が行為者と行為者の相手方（①）との間にあることが必要であると解する。

最決昭和38・11・8刑集17・11・2357は、本条1項は本犯と盗品関与

75　目的と解釈169頁参照。

罪の犯人との間に親族等の関係がある場合に刑を免除する旨規定したものであるとするけれど、本犯が盗品関与行為の相手方になるとは限らないことを考えると、この解釈はやや疑問である。また、同決定が、Xが、妻Aが買い受けた盗品を運搬した事案について、盗品関与罪の犯人相互間に配偶者の関係があっても本条１項によって刑を免除すべきではない旨判示している点は、当該盗品が有償譲受け罪に「当たる行為によって領得された物」に該当すると考えられること、本犯の罪が強盗罪であるときでも本犯と盗品犯との間に親族等の関係があれば刑が免除されるのに、本犯の罪が盗品関与罪であるときは刑が免除されないというのは均衡を失することから、支持できない。

第５款　40章：毀棄及び隠匿の罪（258条-264条）

１　概　観

本章には、毀棄の罪として、公用文書等毀棄罪、私用文書等毀棄罪、建造物等損壊罪・同致死傷罪、器物損壊等罪、境界損壊罪の規定が置かれ、隠匿の罪として、信書隠匿罪の規定が置かれている。文書、電磁的記録については「毀棄した」が、信書については「隠匿した」が、その他の物については「損壊した」（動物を客体とする場合は「傷害した」）が、所為を表わす言葉として用いられている。「毀棄した」、「損壊した」にあたるためには客体の物理的な破壊は必要ではなく効用を害すれば足りると解釈すると、文言の日常用語的語義を逸脱した解釈になりかねない。そのような傾向が本章の規定にはある。水門を開いて鯉を流出させた所為が「傷害した」にあたるとした大判明治44・2・27刑録17・197は、その最たる例である。

262条に自己の物に関する規定が置かれ、264条に親告罪の規定が置かれている。

２　（公用文書等毀棄）258条

> 公務所の用に供する文書又は電磁的記録を毀棄した者は、３月以上７年以下の懲役に処する。

「公務所の用に供する文書」とは、文理から、公務所において公務のために使用又は保管されている文書をいうと解する。現に公務員が使用していなくても使用に備えて公務所において保管している文書であれば客体足りうる。現に公務所内にあるか否かは問わないものの、公務所に提出する前の文書は、公務所の用に供されていないから、本罪の客体にならないと考える。

「文書」とは、文理から、可読的符号を用いて一定の意思・観念を物体上に表示したものをいうと解する。名義人、作成者、所有者が公務員である必要はない。また、何らかの事項を証明するものである必要はなく、連絡事項を記したものでも「文書」足りうる（最判昭和38・12・24刑集17・12・2485は、急告板に白墨で書かれた、列車の遅延等を詫びる記述を本罪の文書にあたるとしている）。文書は、完成している必要はないものの（作成中の供述録取書につき最判昭和57・6・24刑集36・5・646参照）、下書きの段階のものは「公務所の用に供する文書」にはあたらないと思う。

「毀棄した」とは、文理から、文書・電磁的記録の効能を害して、そのままでは公務所の用に供するのに支障を生じる状態にすることをいうと解する。紙の文書を破った場合、修復すれば意思・観念を読み取ることが可能であっても、「毀棄した」にあたる。丸めてしわくちゃにし簡単に修復できない状態にした場合も同様である（最決昭和32・1・29刑集11・1・325は、弁解録取書を丸めてしわくちゃにした上、床に投げ捨てた所為を毀棄にあたるとしている）。文書の重要部分を消去することも「毀棄した」にあたることがあると思う（退職届の日付の改ざんにつき大判大正10・9・24刑録27・589、入試答案の改ざんにつき神戸地判平成3・9・19判タ797・269参照）。電磁的記録についてはディスクを毀損して読めなくするとか記録の消去・書換をするとかいったことが「毀棄」にあたることになる。

「毀棄」という文言から考えて、文書自体には何ら変化を生じさせず、単に隠匿したに過ぎない場合は、「毀棄した」にあたらないと解する。大判昭和9・12・22刑集13・1789は、競売記録を持ち出し隠匿する行為が毀棄にあたる旨判断しているけれど、疑問である。

３　（私用文書等毀棄）259条

> 権利又は義務に関する他人の文書又は電磁的記録を毀棄した者は、５年以下の懲役に処する。

「権利又は義務に関する」とは、文理から、権利・義務の得喪、変更、消滅などを証明するものであることをいうと解する。「他人の」とは、262条が自己の物であっても差押えを受けたりしているときは「他人の」ものとする旨規定していることから、他人が所有するものであることをいうと解する。「文書」とは、258条の同一文言と同様に、可読的符号を用いて一定の意思・観念を物体の上に表示したものをいうと解する。「有価証券」が並記されていないものの、刑法が偽造に関し文書偽造と有価証券偽造とを分けているのは有価証券の信用性をより保護する必要があると考えられたからであって、有価証券は本来文書の性質を有するものであり、また、権利・義務の得喪を証明するものであるといえるから、本罪の客体となると考える（最決昭和44・5・1刑集23・6・907は、小切手につき本罪の客体となるとしている）。

「毀棄した」は、258条の同一文言と同様に解する。前掲の最決昭和44・5・1刑集23・6・907は、小切手を取り上げて両手で揉み、ポケットに突っ込んで返還しなかった事案につき、「毀棄」にあたるには文書を有形的に毀損することを要せず隠匿その他の方法によって利用することができない状態に置くことをもって足りるとした。この事案においては小切手を揉んで形を変化させているので何とか「毀棄」にあたるといえないではないものの、変形させることなく単に返還しないだけで毀棄にあたるとするなら、文理に沿わない解釈であるとの批判を免れないように思う。

４　（建造物等損壊及び同致死傷）260条

他人の建造物又は艦船を損壊した者は、５年以下の懲役に処する。よって人を死傷させた者は、傷害の罪と比較して、重い刑により処断する。

「他人の」とは、259条の同一文言と同様に、他人の所有するものであることをいうと解する。他人の所有するものかについての評価は刑法的観点からなされるべきであるから、民法上所有権の帰属につき疑義がある場合であっても、適法な手続に従って他人の所有するものになったと認められるなら、「他人の」にあたると解する（最決昭和61・7・18刑集40・5・438は、「他人の」建造物というためには他人の所有権が将来民事訴訟において否定される可能性のないということまでは要しないとする）。

「建造物」とは、内部に人が出入りできる家屋に類似した建築物で土地に定着しているものをいうと解する（大判大正３・６・20刑録20・1300参照）。130条の「建造物」は邸宅、艦船と並記されていることから、内部に人が出入りできるものを意味するといえるところ、本条の「建造物」も「艦船」と並記されていることから同様に解すべきである（もっとも、囲繞地は含まれない）。また、本条後段の規定が建造物損壊行為に建造物の内部の人の死傷結果を発生させる危険があることから設けられていると理解できるので、この点からも、「建造物」は内部に人の出入りできるものでなければならないと解する（もとより、後段の規定は建造物の内部にいる人を死傷させた場合にのみ適用されるわけではない）。

単に建造物に付設されているに過ぎない付属品は「建造物」に含まれない。例えば、建物内の照明設備を壊した場合、器物損壊等罪に問われるだけである。264条が本罪を親告罪としていないことからも、本罪の客体は建造物自体に限られ、付属品は含まれないと考える。建造物の一部なのか付属品なのかは、その物が建造物の機能上重要な役割を果たしているか、建造物の重要部分にどの程度接着しているか等を基準として判断されるべきである（最決平成19・3・20刑集61・2・66は、本罪の客体にあたるか否かは建造物との接合の程度のほかその物の建造物における機能上の重要性をも総合考慮して決するべきであるとして、玄関ドアを損壊した所為が本罪にあたるとしている）。

「損壊した」とは、客体が前述のような建造物であること及び文理から、有形力を及ぼして、建造物としての機能を害し、そのままでは建造物として使用するのに支障を生じる状態にすることをいうと解する。建造物を全く使用することができない状態にまですることは要しない（大判明治43・4・19刑録16・657参照）。壁に傷をつけたり、塗料などを付着させることも、それが建造物としての機能を害して、そのままでは建造物として使用をするのに支障を生じる状態にするものであれば、「損壊」にあたりうる（壁等へのビラ貼付につき最決昭和43・1・18刑集22・1・32、外壁へのペンキ吹付につき最決平成18・1・17刑集60・1・29は本罪の成立を肯定している）。

後段の罪は結果的加重犯である。「傷害の罪と比較して、重い刑により処断する」とは、文理から、傷害罪、傷害致死罪と比較して上限下限とも重い刑によるということであると解する。

5 （器物損壊等）261 条

> 前三条に規定するもののほか、他人の物を損壊し、又は傷害した者は、３年以下の懲役又は 30 万円以下の罰金若しくは科料に処する。

「前三条に規定するもののほか」とは、文字通り、258 条、259 条、260 条に規定するもの以外のものをいう。「他人の」とは、259 条、260 条の同一文言と同様に、他人が所有するものであることをいうと解する。「物」とは、文理から、有用な有体物をいうと解する。電磁的記録は有体物ではないので、本罪の客体とならないと考える（東京地判平成 23・7・20 判タ 1393・366 は、情を知らない者にコンピュータ・ウイルスファイルを実行させてハードディスクの読出機能等を回復困難な状態にした事案につき、ハードディスクを損壊したとして本罪の成立を肯定している）。

「損壊し〔た〕」とは、文理から、客体となる物に有形力を及ぼして、その機能を害し、そのままではその物として使用するのに支障を生じる状態にすることをいうと解する。「傷害した」とは、文理から、客体となる動物に有形力を及ぼして、その生理的機能を害し、そのままではその動物として使用するのに支障を生じる状態にすることをいうと解する（なお、植物の生理的機能を害することを「傷害」とはいわないので、傷害行為の対象となる生物は動物に限られる）。

大判明治 44・2・27 刑録 17・197 は、他人が飼養していた鯉を池から流出させた所為を本条の「傷害した」にあたる旨判示しているけれど、鯉の生理的機能が害されていない以上、「傷害した」とはいえない。また、鯉自体の物としての機能を害しているわけでもないので「損壊し〔た〕」にもあたらない。よって、同判決は支持できない。

最判昭和 32・4・4 刑集 11・4・1327 は、組合事務所に集荷されていた小荷物 4 個の荷札計 4 枚を取り外したほか、同事務所の外に掲げられていた木製看板を取り外して約 140 m 離れた板塀内に投げ捨てて 14 日間使用できないようにした所為が本罪の「損壊し〔た〕」にあたる旨判示している。荷札は荷物に取り付けられていて、看板は表のしかるべき場所に取り付けられていて、それぞれの用をなすものであるから、取り外されればその機能を害され、そのままでは荷札・看板として使用するのに支障を生じるということを考えると、同所為が「損壊し〔た〕」にあたるといえなくもない。しかし、有形力を用いて荷札・看板自体をそのままではその物として使用するのに支障を生じる状態にしたとまではいえない以上、「損壊し〔た〕」にはあたらないと思う。同判決も支持できない。これに関し、大阪高判平成13・3・14高刑集54・1・1が、「損壊」に該当するためには「損壊」と評価できるほどの行為であることを要するとして、鞄や携帯電話を約3分間取り上げた所為はこれらの物の「損壊」と評価するのは相当ではない旨判示している点は支持できる。これに対し、鋤焼鍋や徳利への放尿を「損壊し〔た〕」にあたる旨判示した大判明治42・4・16刑録15・452は支持できない。鋤焼鍋や徳利は通常の洗浄をすれば再度使用できるものにすることができるのであって、感情的に使いにくくしただけで「損壊し〔た〕」にあたるとすることには無理がある。

6　（自己の物の損壊等）262条

> 自己の物であっても、差押えを受け、物権を負担し、賃貸し、又は配偶者居住権が設定されたものを損壊し、又は傷害したときは、前三条の例による。

「自己の物であっても」とは、文理から、「前三条」すなわち、259条乃至261条の罪の客体になる物（259条の文書、260条の建造物・艦船、261条の258条乃至259条に規定されていない物）が行為者の所有物であってもということであると解する。「物」とは有体物をいうと解するので、259条の「電磁的記録」自体は、それを行為者が支配していても、「自己の物」にはあたらないと解する。

「前三条の例による」とは、文理から、259条乃至261条の罪の客体が行為者の物であっても、差押え、物権負担、賃貸、配偶者居住権設定がなされているときは、「他人の」物を損壊等した場合と同様に各規定の適用があるとしたものであると解する。本条のような規定を設けたのは、差押え等をした行為者以外の者の権利・利益を擁護するためであろう。したがって、差押え等は有効なものでなければならない。

「前三条の例による」としながら「毀棄し」という文言が入っていないのは、「損壊」に「毀棄」を含ませる趣旨と補正的に解釈するしかない。したがって、「損壊し〔た〕」は、客体が①文書である場合は259条の「毀棄した」と同義、②建造物・艦船である場合は260条の「損壊した」と同義、③258条乃至

260条に規定された物以外の物である場合は261条の「損壊し〔た〕」と同義であると解する。そして、「傷害した」は、261条の「傷害した」と同義であると解する。

7 （境界損壊）262条の2

境界標を損壊し、移動し、若しくは除去し、又はその他の方法により、土地の境界を認識することができないようにした者は、５年以下の懲役又は50万円以下の罰金に処する。

「境界標」とは、文理から、継続的に土地の上に存在し人に土地の境界を認識させる標識を意味すると解する。「他人の」という文言はないので行為者が所有するものでも「境界標」にあたりうる。自然物であってもかまわない。ただ、継続的に存在して境界を認識させうるものでなければならないので、始終変化する物（例えば、動物の巣穴）や幅があり過ぎてどの地点が境界線を示すことになるのか分からない物（例えば、川幅30ｍの河川）は「境界標」にはなりえない。また、手段として境界標の損壊・移動・除去が規定されている以上、「境界標」は人為により損壊・移動・除去が可能なものでなければならない。例えば、大河・巨峰のように人為による損壊・移動・除去がほとんど不可能なものは「境界標」にはなりえない。なお、境界標の多くは杭などの有体物であるけれど、例えば、プロジェクターで地面に映された境界線の映像のような、有体物ではない境界標が考えられないわけではない。

境界標の「損壊」・「移動」・「除去」は、土地の境界を認識することができないようにする手段として規定されているから、いずれも土地の境界を認識することができないようにするものでなければならないと解する。例えば、境界標を境界線上少し移動させても「移動し」にはあたらず、境界杭をすぐに埋め直す意思で僅かな時間抜いても「除去し」にはあたらないことになると考える。

「その他の方法」とは、境界標の損壊・移動・除去と並記され、本条の見出しが「境界損壊」とされていることから、境界標の損壊・移動・除去に準じる、土地の境界に対する、それを認識できないようにする有形力行使をいうと解する。例えば、境界標の隠蔽（境界杭の上に盛土をしたり工作物を作ったりして境界杭の所在を不明にする行為）や偽装（境界杭に似た物を作って付近に配置しどれが本物の境界杭なのか不明にする行為）が「その他の方法」にあたるということになる。図面の破棄や改ざんはこれにあたらない。

本罪が完成するには「土地の境界を認識することができないようにした」ことが必要である。境界標を損壊しても、このような状態にしなければ本罪には問われない（最判昭和 43・6・28 刑集 22・6・569 参照）。

8　（信書隠匿）263 条

> 他人の信書を隠匿した者は、６月以下の懲役若しくは禁錮又は 10 万円以下の罰金若しくは科料に処する。

「信書」とは、文理から、発信人が受信人に対し情報を伝達するために発した文書（可読的符号を用いて意思又は観念を表示した物）をいうと解する。信書は、多くの場合、発信人が発信人以外の者（配達人）を用いて受信人に配達されるものであり、配達の過程で隠匿されると受信人に情報が伝わらず信書の情報伝達機能が害されるため、本条で信書の隠匿を処罰したのだと考えると、発信前のものは本条の「信書」にあたらないと解する。したがって、例えば、X が、発信人 A が外出時に郵便ポストに投函しようと思って鞄に入れておいた手紙を奪って隠した場合、本罪は成立せず、不法領得の意思が認められないので窃盗罪は成立せず、X の所為が「損壊し〔た〕」にあたらない限り器物損壊等罪も成立しないことになる。そのように解しても、A が再度手紙を書いて差し出せば受信人に情報を伝達することができるので、あえて本罪に問う必要はない。また、受信人が受信して情報を完全に取得し、情報伝達の用を失ったものも「信書」とはいえないと解する。例えば、古手紙の類を隠匿しても本罪は成立しない。

配達人が配達中自己の占有する信書を隠匿すれば信書の情報伝達機能が害される（また、不法領得の意思が認められないので配達人が横領罪に問われることもない）ことを考えると、「他人の」とは、他人が占有するものであることではなく、他人が所有するものであることをいうと解する。信書の所有権は、受信人に配達されたときに発信人から受信人に移転すると考えるので、「他人」は受信人に配達されるまでは発信人、配達された後は受信人ということになる。

「隠匿した」とは、文理から、信書を隠して「他人」の発見を妨げたことをいうと解する。「隠匿」と「損壊」とは別の概念であり、261 条の「前三条に規定するもののほか、他人の物」に信書が含まれないとする理由はないから、信書を破るとか読めなくするとかいった 261 条の「損壊し〔た〕」にあたる所為をなした場合は、本罪ではなく器物損壊等罪が成立すると解する（法条競合)。本条が「信書」について「隠匿した」所為を処罰しているのは、信書の有する一定時間内の情報伝達機能が隠匿によっても妨げられるからであり、信書自体を破棄するなどしてその機能を損なう所為は器物損壊等罪に問われてしかるべきであると考える。

9　（親告罪）264 条

第 259 条、第 261 条及び前条の罪は、告訴がなければ公訴を提起することができない。

本条は、私用文書等毀棄罪、器物損壊等罪、信書隠匿罪が、いずれも客体は「他人」の所有するものであって、「他人」が処罰を求めないのに刑事手続を進行させるのは得策とはいえないこと、所為は不法に他人のものを領得するといったものではないので可罰性が低いことから、これらの罪を親告罪とした規定であると考える。したがって、262 条の規定の適用があるときは、同規定の権利者も告訴権者になると解する。

判例索引

大　審　院

大判明治 36・5・21 刑録 9・874　227
大判明治 41・12・21 刑録 14・1136　86
大判明治 42・3・11 刑録 15・205　81
大判明治 42・4・16 刑録 15・452　264
大判明治 42・4・19 刑録 15・458　86
大判明治 42・11・1 刑録 15・1489　28
大判明治 43・3・4 刑録 16・384　116
大判明治 43・3・10 刑録 16・402　141
大判明治 43・3・25 刑録 16・470　110
大判明治 43・4・19 刑録 16・657　262
大判明治 43・5・17 刑録 16・877　28
大判明治 43・9・30 刑録 16・1572　144
大判明治 43・10・11 刑録 16・1689　178
大判明治 43・11・21 刑録 16・2093　160
大判明治 43・11・22 刑録 16・2110　85
大判明治 43・11・24 刑録 16・2118　28
大判明治 43・12・2 刑録 16・2129　253
大判明治 44・2・13 刑録 17・75　86
大判明治 44・2・16 刑録 17・83　85
大判明治 44・2・16 刑録 17・88　143
大判明治 44・2・27 刑録 17・197　10, 259, 263
大判明治 44・6・16 刑録 17・1202　25
大判明治 44・6・23 刑録 17・1252　28
大判明治 44・12・8 刑録 17・2183　203
大判明治 45・4・15 刑録 18・464　149
大判明治 45・5・30 刑録 18・790　160
大判明治 45・6・20 刑録 18・896　196
大判明治 45・7・23 刑録 18・1100　166
大判大正元・10・8 刑録 18・1231　248
大判大正元・12・20 刑録 18・1566　168
大判大正 2・1・23 刑録 19・28　143
大判大正 2・3・25 刑録 19・374　256
大判大正 2・5・22 刑録 19・626　107
大判大正 2・11・19 刑録 19・1253　178
大判大正 2・12・24 刑録 19・1517　115
大判大正 3・3・6 新聞 929・28　248
大判大正 3・4・21 刑録 20・596　85
大判大正 3・4・29 刑録 20・654　166
大判大正 3・6・9 刑録 20・1147　116
大判大正 3・6・20 刑録 20・1300　262
大判大正 3・7・24 刑録 20・1546　31

大判大正 3・10・7 刑録 20・1816 177
大判大正 3・11・4 刑録 20・2008 161, 163
大判大正 3・11・17 刑録 20・2142 101
大判大正 4・8・25 刑録 21・1249 56
大判大正 4・10・20 新聞 1052・27 149
大判大正 5・12・11 刑録 22・1856 161
大判大正 5・12・18 刑録 22・1909 224
大判大正 5・12・21 刑録 22・1925 142
大判大正 6・3・2 刑録 23・139 84
大判大正 6・4・30 刑録 23・436 177
大判大正 6・6・28 刑録 23・737 85
大判大正 6・9・10 刑録 23・999 32
大判大正 6・10・15 刑録 23・1113 253
大判大正 6・12・12 刑録 23・1357 29
大判大正 7・2・26 刑録 24・121 161
大判大正 7・7・2 新聞 1460・23 57
大判大正 7・11・16 刑録 24・1352 36
大判大正 7・11・19 刑録 24・1365 253
大判大正 7・11・25 刑録 24・1425 128
大判大正 8・3・11 刑録 25・314 134
大判大正 8・12・13 刑録 25・1367 192
大判大正 9・4・13 刑録 26・307 252
大判大正 9・12・24 刑録 26・1437 182
大判大正 10・9・24 刑録 27・589 149, 260
大判大正 11・2・25 刑集 1・79 45
大判大正 11・3・1 刑集 1・99 44
大判大正 11・11・28 刑集 1・705 203
大判大正 11・12・22 刑集 1・815 231
大判大正 11・12・22 刑集 1・821 246
大判大正 12・3・15 刑集 2・210 127
大判大正 12・4・9 刑集 2・327 166
大判大正 12・4・14 刑集 2・336 256
大判大正 12・4・30 刑集 2・378 39
大判大正 12・12・3 刑集 2・915 213
大判大正 13・2・9 刑集 3・95 178
大判大正 13・10・23 刑集 3・711 126
大判大正 13・12・12 刑集 3・867 68
大判大正 15・10・23 新聞 2637・9 237
大判大正 15・12・14 新聞 2661・15 41
大判昭和 2・3・28 刑集 6・118 198
大判昭和 2・6・16 新聞 2726・13 214
大判昭和 2・12・8 刑集 6・512 188
大判昭和 3・3・9 刑集 7・172 54
大決昭和 3・12・21 刑集 7・772 238
大判昭和 4・2・18 新聞 2970・9 177
大判昭和 4・5・16 刑集 8・251 231
大判昭和 4・6・3 刑集 8・302 124

大判昭和 5・9・18 刑集 9・668 109
大判昭和 6・3・18 刑集 10・109 256
大判昭和 6・12・3 刑集 10・682 77
大判昭和 6・12・17 刑集 10・789 250
大判昭和 7・3・24 刑集 11・296 98
大判昭和 7・3・31 刑集 11・311 137
大判昭和 7・4・11 刑集 11・337 124
大判昭和 7・10・10 刑集 11・1519 225
大判昭和 8・6・5 刑集 12・736 137
大判昭和 8・10・18 刑集 12・1820 112
大判昭和 9・2・24 刑集 13・160 149
大判昭和 9・10・19 刑集 13・1473 34
大判昭和 9・11・20 刑集 13・1514 58
大判昭和 9・12・22 刑集 13・1789 260
大判昭和 10・9・23 刑集 14・938 225
大判昭和 10・10・24 刑集 14・1267 92
大判昭和 12・6・25 刑集 16・998 41
大判昭和 12・9・10 刑集 16・1251 199
大判昭和 12・11・6 大審院判決全集 4・1151 68
大判昭和 15・8・22 刑集 19・540 10, 124
大判昭和 16・7・17 刑集 20・425 28
大判昭和 19・2・8 刑集 23・1 231

最高裁判所

最判昭和 22・12・15 刑集 1・80 197
最判昭和 22・12・17 刑集 1・94 139
最判昭和 23・6・5 刑集 2・7・641 248-9
最判昭和 23・6・8 裁判集刑事 2・329 121
最判昭和 23・6・12 刑集 2・7・676 231
最判昭和 23・6・22 刑集 2・7・694 28
最判昭和 23・11・9 刑集 2・12・1504 257
最判昭和 23・11・18 刑集 2・12・1597 85
最判昭和 23・11・18 刑集 2・12・1614 228
最判昭和 24・2・22 刑集 3・2・206 72
最判昭和 24・5・28 刑集 3・6・878 86
最判昭和 24・7・9 刑集 3・8・1174 41
最判昭和 24・7・9 刑集 3・8・1188 231
最判昭和 24・8・9 刑集 3・9・1440 108
最判昭和 25・2・28 刑集 4・2・268 149
最判昭和 25・3・28 刑集 4・3・425 100
最判昭和 25・5・25 刑集 4・5・854 116
最判昭和 25・6・27 裁判集刑事 18・369 197
最判昭和 25・7・4 刑集 4・7・1168 236
最判昭和 25・7・11 刑集 4・7・1261 74
最決昭和 25・10・26 刑集 4・10・2170 85
最大判昭和 25・11・22 刑集 4・11・2380 177
最判昭和 25・12・14 刑集 4・12・2548 117

最大判昭和 26・1・17 刑集 5・1・20 77
最判昭和 26・3・15 裁判集刑事 41・871 178
最判昭和 26・5・10 刑集 5・6・1026 171
最判昭和 26・5・25 刑集 5・6・1186 249
最判昭和 26・7・13 刑集 5・8・1437 227
最判昭和 26・9・20 刑集 5・10・1937 199
最判昭和 26・12・14 刑集 5・13・2518 238
最決昭和 27・7・10 刑集 6・7・876 258
最判昭和 27・7・22 刑集 6・7・927 188
最大判昭和 27・11・5 刑集 6・10・1159 166
最判昭和 27・12・25 刑集 6・12・1387 33, 150, 236
最判昭和 28・1・22 刑集 7・1・8 100
最判昭和 28・1・23 刑集 7・1・30 48
最判昭和 28・1・30 刑集 7・1・128 225
最判昭和 28・4・14 刑集 7・4・850 82
最決昭和 28・4・16 刑集 7・5・915 249
最大判昭和 28・6・10 刑集 7・6・1404 88
最大判昭和 28・7・22・刑集 7・7・1621 27
最決昭和 28・10・19 刑集 7・10・1945 167
最決昭和 28・12・10 刑集 7・12・2418 105
最判昭和 28・12・15 刑集 7・12・2436 221
最大判昭和 29・1・20 刑集 8・1・41 41
最決昭和 29・5・6 刑集 8・5・634 34
最決昭和 29・5・27 刑集 8・5・741 81
最判昭和 30・4・8 刑集 9・4・827 237
最判昭和 30・4・19 刑集 9・5・898 141
最大判昭和 30・6・22 刑集 9・8・1189 126, 128
最決昭和 30・7・7 刑集 9・9・1856 238
最判昭和 30・7・22 刑集 9・9・1962 29
最判昭和 30・10・14 刑集 9・11・2173 245
最判昭和 30・12・26 刑集 9・14・3053 248
最判昭和 31・4・13 刑集 10・4・554 101
最判昭和 31・4・13 刑集 10・4・567 87
最大判昭和 31・5・30 刑集 10・5・760 88
最判昭和 31・10・25 刑集 10・10・1455 176
最判昭和 31・12・7 刑集 10・12・1592 241
最決昭和 32・1・17 刑集 11・1・23 156
最判昭和 32・1・22 刑集 11・1・50 105
最決昭和 32・1・29 刑集 11・1・325 260
最判昭和 32・4・4 刑集 11・4・1327 263
最決昭和 32・5・22 刑集 11・5・1526 170
最判昭和 32・7・25 刑集 11・7・2037 155
最決昭和 32・9・10 刑集 11・9・2202 41
最判昭和 32・9・13 刑集 11・9・2263 229
最判昭和 32・10・4 刑集 11・10・2464 149
最判昭和 32・11・19 刑集 11・12・3073 57
最決昭和 33・2・27 刑集 12・2・342 86

最判昭和 33・4・18 刑集 12・6・1090 202
最大判昭和 33・5・28 刑集 12・8・1718 46
最決昭和 33・7・31 刑集 12・12・2805 169
最判昭和 33・9・9 刑集 12・13・2882 32
最決昭和 33・9・16 刑集 12・13・3031 152
最判昭和 33・11・21 刑集 12・15・3519 194
最決昭和 34・2・9 刑集 13・1・76 256
最判昭和 34・2・13 刑集 13・2・101 251
最判昭和 34・7・3 刑集 13・7・1099 256
最判昭和 34・7・24 刑集 13・8・1163 207
最決昭和 34・8・27 刑集 13・10・2769 100
最決昭和 34・9・28 刑集 13・11・2993 238
最決昭和 35・2・9 刑集 14・1・82 83
最判昭和 35・2・18 刑集 14・2・138 126-7
最決昭和 35・4・26 刑集 14・6・748 227
最判昭和 35・6・24 刑集 14・8・1103 102
最判昭和 35・12・8 刑集 14・13・1818 113
最判昭和 36・9・8 刑集 15・8・1309 137
最判昭和 36・10・10 刑集 15・9・1580 248
最大判昭和 36・12・1 刑集 15・11・1807 126
最判昭和 37・2・13 刑集 16・2・68 242
最判昭和 37・3・23 刑集 16・3・305 32
最決昭和 37・11・8 刑集 16・11・1522 48, 193
最決昭和 38・4・18 刑集 17・3・248 209
最決昭和 38・11・8 刑集 17・11・2357 258
最判昭和 38・12・24 刑集 17・12・2485 260
最決昭和 39・12・8 刑集 18・10・952 188
最決昭和 40・2・26 刑集 19・1・59 109
最決昭和 40・3・9 刑集 19・2・69 34
最決昭和 40・4・16 刑集 19・3・143 96
最決昭和 40・5・20 判時 414・47 86
最判昭和 40・6・29 刑集 19・4・490 86
最決昭和 40・9・16 刑集 19・6・679 111
最判昭和 41・3・24 刑集 20・3・129 99
最判昭和 41・4・8 刑集 20・4・207 227
最決昭和 41・4・14 判時 449・64 99
最決昭和 42・12・19 刑集 21・10・1407 101
最決昭和 43・1・18 刑集 22・1・32 262
最判昭和 43・6・28 刑集 22・6・569 266
最大判昭和 43・9・25 刑集 22・9・871 191
最決昭和 43・10・15 刑集 22・10・901 190
最決昭和 44・5・1 刑集 23・6・907 261
最大判昭和 44・6・25 刑集 23・7・975 220
最決昭和 44・7・17 刑集 23・8・1061 44
最判昭和 45・3・26 刑集 24・3・55 238
最決昭和 45・7・28 刑集 24・7・585 35
最決昭和 45・9・4 刑集 24・10・1319 146

最決昭和 45・12・3 刑集 24・13・1707 201
最判昭和 45・12・22 刑集 24・13・1812 98
最判昭和 46・4・22 刑集 25・3・530 127
最判昭和 46・6・17 刑集 25・4・567 39
最判昭和 47・3・14 刑集 26・2・187 201
最決昭和 48・2・28 刑集 27・1・68 178
最大判昭和 49・5・29 刑集 28・4・114 79
最大判昭和 49・5・29 刑集 28・4・151 80
最判昭和 50・4・24 判時 774・119 187
最決昭和 50・6・12 刑集 29・6・365 257
最判昭和 50・6・13 刑集 29・6・375 140
最大判昭和 50・9・10 刑集 29・8・489 12, 14
最判昭和 51・3・4 刑集 30・2・79 130
最判昭和 51・4・30 刑集 30・3・453 11, 144
最大判昭和 51・9・22 刑集 30・8・1640 80
最判昭和 52・5・6 刑集 31・3・544 200
最決昭和 53・3・22 刑集 32・2・381 39
最決昭和 53・5・31 刑集 32・3・457 61
最判昭和 53・6・29 刑集 32・4・816 98
最判昭和 53・7・28 刑集 32・5・1068 74
最判昭和 54・4・13 刑集 33・3・179 47
最決昭和 54・6・26 刑集 33・4・364 218
最決昭和 54・11・19 刑集 33・7・710 230
最判昭和 54・12・25 刑集 33・7・1105 106
最決昭和 55・11・13 刑集 34・6・396 60
最判昭和 55・11・28 刑集 34・6・433 171
最決昭和 55・12・9 刑集 34・7・513 127
最決昭和 55・12・22 刑集 34・7・747 84
最決昭和 56・4・8 刑集 35・3・57 146
最判昭和 56・4・16 刑集 35・3・84 221
最決昭和 57・1・28 刑集 36・1・1 184
最判昭和 57・6・24 刑集 36・5・646 260
最決昭和 57・7・16 刑集 36・6・695 46
最決昭和 58・3・25 刑集 37・2・170 187
最判昭和 58・4・8 刑集 37・3・215 130
最決昭和 58・9・21 刑集 37・7・1070 33
最決昭和 58・10・26 刑集 37・8・1228 27
最判昭和 59・2・17 刑集 38・3・336 146
最決昭和 59・4・12 刑集 38・6・2107 125
最決昭和 59・5・30 刑集 38・7・2682 187
最判昭和 59・12・18 刑集 38・12・3026 130
最判昭和 60・3・28 刑集 39・2・75 118
最決昭和 60・7・16 刑集 39・5・245 184
最決昭和 60・10・21 刑集 39・6・362 121
最大判昭和 60・10・23 刑集 39・6・413 12, 14
最決昭和 61・6・9 刑集 40・4・269 17
最決昭和 61・7・18 刑集 40・5・438 261

最決昭和 61・11・18 刑集 40・7・523　229
最決昭和 62・3・12 刑集 41・2・140　224
最決昭和 62・3・24 刑集 41・2・173　214
最決昭和 62・3・26 刑集 41・2・182　75
最決昭和 63・1・19 刑集 42・1・1　204
最決昭和 63・2・29 刑集 42・2・314　193
最決昭和 63・4・11 刑集 42・4・419　187
最決平成元・3・10 刑集 43・3・188　98
最決平成元・3・14 刑集 43・3・283　184
最決平成元・5・1 刑集 43・5・405　109
最決平成元・6・26 刑集 43・6・567　51
最決平成元・7・7 刑集 43・7・607　227, 233
最判平成元・7・7 判時 1326・157　116
最決平成元・7・14 刑集 43・7・641　116
最決平成 2・2・9 判時 1341・157　73
最決平成 2・11・20 刑集 44・8・837　40
最決平成 4・6・5 刑集 46・4・245　67
最決平成 4・11・27 刑集 46・8・623　225
最決平成 5・10・5 刑集 47・8・7　146
最決平成 6・7・19 刑集 48・5・190　235
最決平成 6・11・29 刑集 48・7・453　152
最判平成 6・12・6 刑集 48・8・509　49
最決平成 6・12・9 刑集 48・8・576　26
最大判平成 7・2・22 刑集 49・2・1　187
最判平成 8・2・8 刑集 50・2・221　11
最決平成 9・10・21 刑集 51・9・755　116
最決平成 10・11・4 刑集 52・8・542　104
最決平成 11・12・20 刑集 53・9・1495　146
最決平成 12・2・17 刑集 54・2・38　224
最決平成 13・7・16 刑集 55・5・317　172
最判平成 13・7・19 刑集 55・5・371　238
最決平成 13・10・25 刑集 55・6・519　33
最決平成 13・11・5 刑集 55・6・546　251
最決平成 14・2・14 刑集 56・2・86　230
最決平成 14・7・1 刑集 56・6・265　258
最決平成 14・9・30 刑集 56・7・395　224
最決平成 14・10・21 刑集 56・8・670　236
最決平成 15・2・18 刑集 57・2・161　244
最判平成 15・3・11 刑集 57・3・293　224
最決平成 15・3・18 刑集 57・3・356　241
最決平成 15・4・14 刑集 57・4・445　117
最大判平成 15・4・23 刑集 57・4・467　251
最決平成 15・5・1 刑集 57・5・507　45
最決平成 15・6・2 刑集 57・6・749　126
最決平成 15・7・16 刑集 57・7・950　40
最決平成 15・10・6 刑集 57・9・987　146
最決平成 16・1・20 刑集 58・1・1　194

最決平成 16・3・22 刑集 58・3・187	36
最判平成 16・9・10 刑集 58・6・524	244
最決平成 16・11・8 刑集 58・8・905	191
最決平成 16・11・30 刑集 58・8・1005	237
最判平成 16・12・10 刑集 58・9・1047	230
最決平成 17・3・11 刑集 59・2・1	187
最決平成 17・3・29 刑集 59・2・54	196
最判平成 17・4・14 刑集 59・3・283	81
最決平成 17・7・4 刑集 59・6・403	33, 47
最決平成 17・10・7 刑集 59・8・1108	244
最決平成 17・12・6 刑集 59・10・1901	213
最決平成 18・1・17 刑集 60・1・29	262
最決平成 18・2・14 刑集 60・2・165	240
最決平成 18・8・21 判タ 1227・184	236
最決平成 19・3・20 刑集 61・2・66	262
最決平成 19・7・17 刑集 61・5・521	239
最決平成 19・12・3 刑集 61・9・821	82
最決平成 20・1・22 刑集 62・1・1	175
最決平成 20・2・18 刑集 62・2・37	254
最判平成 20・4・11 刑集 62・5・1217	130
最決平成 20・5・19 刑集 62・6・1623	244
最決平成 20・5・20 刑集 62・6・1786	64
最決平成 20・6・25 刑集 62・6・1859	66
最決平成 21・2・24 刑集 63・2・1	66
最決平成 21・6・30 刑集 63・5・475	50
最決平成 21・7・7 刑集 63・6・507	81
最決平成 21・12・7 刑集 63・11・1899	61
最決平成 22・7・29 刑集 64・5・829	239
最決平成 22・9・7 刑集 64・6・865	187
最決平成 22・10・26 刑集 64・7・1019	40
最決平成 23・12・19 刑集 65・9・1380	55
最決平成 24・1・30 刑集 66・1・36	196
最決平成 24・2・13 刑集 66・4・405	132-3
最決平成 24・7・9 裁判集刑事 308・53	172
最決平成 24・7・24 刑集 66・8・709	196
最決平成 24・10・9 刑集 66・10・981	254
最決平成 24・11・6 刑集 66・11・1281	46
最決平成 26・3・28 刑集 68・3・646	239
最決平成 26・4・7 刑集 68・4・715	239
最決平成 26・11・25 刑集 68・9・1053	26, 172
最決平成 28・3・24 刑集 70・3・1	199
最決平成 28・3・31 刑集 70・3・58	111
最決平成 28・7・12 刑集 70・6・411	48
最決平成 29・3・27 刑集 71・3・183	109
最決平成 29・4・26 刑集 71・4・275	62-3
最決平成 29・7・9 裁判集刑事 308・53	11
最大判平成 29・11・29 刑集 71・9・467	173

最決平成 29・12・11 刑集 71・10・535　46
最判平成 30・3・22 刑集 72・1・82　35

高等裁判所

東京高判昭和 24・12・10 刑集 2・3・292　230
広島高松江支判昭和 25・7・3 刑集 3・2・247　211
東京高判昭和 25・9・14 高刑集 3・3・407　50
東京高判昭和 25・11・9 高刑判特 15・23　41
東京高判昭和 27・8・5 高刑集 5・8・1364　180
東京高判昭和 27・12・18 高刑集 5・12・2314　170
東京高判昭和 28・1・31 東高刑時報 3・2・57　258
東京高判昭和 28・2・26 高刑判特 38・48　83
福岡高判昭和 28・11・10 高刑判特 26・58　31
福岡高判昭和 29・3・23 高刑集 7・2・202　89
広島高判昭和 30・6・4 高刑集 8・4・585　110
名古屋高判昭和 30・7・14 高刑集 8・6・805　85
東京高判昭和 30・12・6 東高刑時報 6・12・440　140
名古屋高判昭和 30・12・13 高刑裁特 2・24・1276　237
名古屋高判昭和 31・5・31 高刑裁特 3・14・685　210
東京高判昭和 31・12・5 東高刑時報 7・12・460　238
広島高判昭和 31・12・25 高刑集 9・12・1336　106
東京高判昭和 32・8・31 高刑裁特 4・18・463　256
東京高判昭和 33・7・7 高刑裁特 5・8・313　237
東京高判昭和 34・4・30 高刑集 12・5・486　98
東京高判昭和 34・12・8 高刑集 12・10・1017　212
名古屋高金沢支判昭和 36・5・2 下刑集 3・5=6・339　173
広島高判昭和 36・7・10 高刑集 14・5・310　32
名古屋高判昭和 36・11・8 高刑集 14・8・563　176
東京高判昭和 40・6・25 高刑集 18・3・238　209
大阪高判昭和 41・6・18 下刑集 8・6・836　139
福岡高判昭和 42・6・22 下刑集 9・6・784　230
東京高判昭和 48・3・26 高刑集 26・1・85　229
東京高判昭和 48・8・7 高刑集 26・3・322　224
東京高判昭和 53・3・29 高刑集 31・1・48　228
福岡高判昭和 53・4・24 判時 905・123　248
大阪高判昭和 53・7・28 高刑集 31・2・118　215
東京高判昭和 57・8・10 刑月 14・7=8・603　202
福岡高判昭和 61・3・6 高刑集 39・1・1　41
大阪高判昭和 61・12・16 高刑集 39・4・592　211
大阪高判平成元・3・3 判タ 712・248　229
福岡高宮崎支判平成元・3・24 高刑集 42・2・103　194
東京高判平成 2・2・21 判タ 733・232　56
広島高岡山支判平成 8・5・22 高刑集 49・2・246　144
東京高判平成 11・9・1 東高刑時報 50・1-12・81　208
福岡高判平成 12・9・21 判時 1731・131　225
大阪高判平成 13・3・14 高刑集 54・1・1　264
名古屋高判平成 14・8・29 判時 1831・158　51

名古屋高判平成 15・6・2 判時 1834・161　173
東京高判平成 16・6・17 東高刑時報 55・1-12・48　159
東京高判平成 17・8・16 高刑集 58・3・38　230
東京高判平成 20・10・6 判タ 1309・292　49
東京高判平成 21・11・16 判時 2103・158　229
東京高判平成 22・4・20 判タ 1371・251　35

地方裁判所

佐賀地判昭和 35・6・27 下刑集 2・5=6・938　107
東京地判昭和 36・4・4 判時 274・34　110
東京地判昭和 37・3・17 下刑集 4・3=4・224　41
大阪地判昭和 47・9・6 判タ 306・298　99
東京地判昭和 54・8・10 判時 943・122　196
東京地判昭和 56・3・30 刑月 13・3・299　26
東京地判昭和 59・8・6 判時 1132・176　246
東京地判昭和 60・2・13 刑月 17・1=2・22　250
仙台地気仙沼支判平成 3・7・25 判タ 789・275　26
神戸地判平成 3・9・19 判タ 797・269　260
東京地判平成 3・12・19 判タ 795・269　72
大阪地判平成 4・9・22 判タ 828・281　38
名古屋地判平成 6・1・18 判タ 858・272　196
東京地判平成 7・2・13 判時 1529・158　240
千葉地判平成 7・6・2 判時 1535・144　111
東京地判平成 8・3・28 判時 1596・125　41
広島地判平成 14・3・20 判タ 1116・297　241
東京地判平成 23・7・20 判タ 1393・366　263
横浜地判平成 28・5・25 公刊物未登載（LEX/DB25543379）　181

事項索引

ア行

あっせん収賄 190
あへん煙 134
あへん煙吸食及び場所提供 135
あへん煙吸食器具輸入等 134
あへん煙等所持 135
あへん煙輸入等 134
あへん煙を吸食する器具 134
ある罪について禁錮以上の刑に処する確定裁判があったとき 83
安否を憂慮する者 214
遺棄 206
遺棄等致死傷 207
遺失物等横領 252
異常な取引 243
委託の趣旨 248
一時の娯楽に供する物 177
一事不再理効 83
一連の反撃行為 65
違法性阻却事由 58
違法性阻却事由該当事実の錯誤 73
違法性の基礎となっている事実 72
違法性の錯誤 72
威力 103, 225
威力業務妨害 225
因果関係 39
——の錯誤 75
因果経過の通常性 39
淫行勧誘 176
淫行の常習のない女子 176
印章 160
隠匿した 266
隠避 109
隠滅 110
迂回融資 244
営利目的等略取及び誘拐 214
延焼 118
往来危険 125
——による汽車転覆等 128
往来妨害及び同致死傷 125
横領 247
——した 250
横領後の横領 251
横領罪と背任罪 251
遅過ぎた構成要件実現 38
小野清一郎 8
恩赦 84

カ行

外患援助 94
外患誘致 93
外国国章損壊等 95
外国政府の請求 95
外国通貨偽造及び行使等 141
外国判決の効力 27
介在事情 39
外傷後ストレス障害（PTSD） 196
害の均衡 68
外部的名誉 218
解放による刑の減軽 217
拡張解釈 11, 16
——として許される範囲 11
確定裁判を経ていない2個以上の罪 82
科刑上一罪 79
過失往来危険 129
過失教唆 44
過失建造物等浸害 123
過失傷害 202
過失致死 202
過失による教唆 52
過失による幇助 54
過失の内実 76
過失犯に対する幇助 53
過失犯の教唆 52
過失犯の共同正犯 44, 47
過失幇助 44
加重収賄及び事後収賄 189
加重逃走 106
加重封印等破棄等 104
過剰避難 69
過剰防衛 69
かすがい現象 81
ガス漏出等及び同致死傷 121

貨幣　140
仮釈放　84
仮出場　84
監護者わいせつ及び監護者性交等　174
鑑札　151
看守者等による逃走援助　107
間接正犯　33
間接正犯除外犯罪　33, 150, 153
間接暴行　100
間接幇助　44
鑑定人　167
観念的競合　79
毀棄した　260
偽計　103, 224
危険性評価　31
記号　161
汽車転覆等及び同致死　127
偽証　165
偽造　140, 155, 161
偽造公文書行使等　151
偽造私文書等行使　153
偽造通貨等収得　141
偽造有価証券行使等　156
器物損壊等　263
基本的証券行為　156
基本的人権保障主義　5
欺罔・脅迫による逮捕・監禁　209
急迫　62
境界損壊　265
恐喝　245
凶器準備集合及び結集　200
教唆の意思　52
教唆犯　43, 52
――についての共犯関係の解消　53
強請　112
強制執行関係売却妨害　104
強制執行行為妨害等　103
強制執行妨害目的財産損壊等　101
強制性交等　173
強制わいせつ　172
強制わいせつ等致死傷　175
共同正犯　43
――の要件　44
共同正犯関係の解消　50
脅迫　211
共犯と正当防衛、過剰防衛　66
共犯と身分　57
共謀共同正犯　45
共謀の射程外　49
共謀の範囲外の犯罪　49
業務　121, 202, 252
業務上横領　252
業務上過失致死傷等　202
業務上失火等　121
業務上堕胎及び同致死傷　205
業務上特別の義務がある者についての特例　69
供与　191
供用　147, 158
強要　212
虚偽鑑定等　167
虚偽記入　155
虚偽供述　110
虚偽公文書作成等　149
虚偽告訴等　168
虚偽診断書等作成　152
虚偽の　168-9
――記載　153
――情報　239
――陳述　166
――電磁的記録　239
御璽偽造及び不正使用等　162
緊急行為　59
緊急避難　67
銀行券　140
偶然防衛　65
具体的公共危険罪　115
具体的事実の客体の錯誤　74
具体的事実の方法の錯誤　74
経過措置の規定　29
刑事未成年　78
刑の時効　84
刑の執行の減軽・免除　84
刑の種類　83
刑の変更　28
激発物破裂　120
結果の不発生　37
結果発生の切迫した危険　34
検案書　153
原因において自由な行為　77
厳格解釈の原則　15
検視　183
限時法の理論　29
現住建造物等浸害　122

現住建造物等放火 115
建造物 130, 261
建造物等以外放火 117
建造物等損壊及び同致死傷 261
限定解釈 16
限定積極説 224
現に監護する者 174
現に人が住居に使用し 115
現場助勢 197
牽連関係 81
牽連犯 81
故意 71
——の内実 71
故意犯処罰の原則 70
行為意思 32
合意制度 15
公印偽造及び不正使用等 162
公記号偽造及び不正使用等 162
公共危険罪 115
公共の危険 117, 122
公共の利害に関する場合の特例 221
抗拒不能 174
拘禁中に逃走した者 108
公契約関係競売等妨害 104
後見の事務の公的性格 254
行使 140, 147
——の目的 140
強取 228
公衆に供給する飲料の浄水 137
公衆の飲料に供する浄水 139
公正証書原本不実記載等 151
公正証書の原本 151
公正な価格 105
構成要件該当事実の錯誤 73
構成要件概念を用いない刑法解釈学 17
構成要件理論 9
公然と 170, 219
——陳列 172
公然わいせつ 170
強談威迫 112
強盗 228
——の罪を犯す目的 230
強盗・強制性交等及び同致死 232
強盗致死傷 231
交付 141
交付行為 238
交付罪 236
公文書偽造等 148
公務員職権濫用 183
公務員であった者 190
公務員になろうとする者 189
公務執行妨害及び職務強要 97
公務所から保管を命ぜられた自己の物 251
公務所の用に供する文書 259
国外犯 27
国内犯 25
誤想過剰防衛 75
誤想防衛 75
異なる行為意思を有する者が共同した場合 46
個別行為 34
これを遂げなかった 37
昏睡強盗 231

サ 行

再間接教唆 44
罪刑法定主義 5
財産上の損害 242
再生スキーム 244
財物 227
罪名と科刑の分離 57
詐欺 236
作成者 145
差押え等に係る自己の物に関する特例 119
殺人 193
私印偽造及び不正使用等 162
時間的適用範囲 28
私記号の偽造 163
事後強盗 230
自己堕胎 204
自己の意思により 41
自己の占有する 247
自己の物の損壊等 264
自殺関与及び同意殺人 194
事実上の追求利益 255
事実の錯誤 73
事情の結果発生への寄与度 39
自然的語義 9
私戦予備及び陰謀 96
死体損壊等 181
失火 120
実行行為 30
——と密接な関係のある行為 34
——の結果発生への寄与度 39

実行の着手 34
執行猶予 87
支払用カード電磁的記録不正作出準備 159
支払用カード電磁的記録不正作出等 157
私文書偽造等 152
紙幣 140
死亡証書 153
社会的相当性 60, 62, 67
写真コピー 144
住居 130
住居侵入等 130
重婚 176
収受 187
重大な過失 121, 202
収得後知情行使等 142
従犯 43, 53
——についての共犯関係の解消 57
自由法論 6
14 歳に満たない者の行為 78
収賄 186
主観的要素としての過失 77
受託収賄及び事前収賄 186
出水させて 122
準強制わいせつ及び準強制性交等 174
準詐欺 244
所為 17
——の終了 38
傷害 196
傷害致死 197
消火妨害 119
消火用の物 119
承継的共同正犯 46
条件関係 39
証拠隠滅等 110
常習賭博及び賭博場開張等図利 178
詔書偽造等 148
浄水汚染 136
浄水汚染等致死傷 138
浄水毒物等混入 138
焼損した 116
証人 166
証人等威迫 112
私用文書等毀棄 260
職務行為の適法性についての錯誤 99
職務執行が適法か否かの判断 99
職務執行の適法性 98
所在国外移送目的略取及び誘拐 215
処断刑 78
処罰規定の適正の要請 13
処分行為 238
署名 160
白地刑罰法規 97
浸害した 122
信書隠匿 266
信書開封 132
信書の情報伝達機能 266
心神喪失 174
心神喪失者 77
——の行為 77
人身売買 215
真正不作為犯 32
親族間の犯罪に関する特例 235
親族等の間の犯罪に関する特例 258
親族による犯罪に関する特例 111
診断書 152
侵入し 130
信用毀損及び業務妨害 224
水道汚染 137
水道損壊及び閉塞 139
水道毒物等混入及び同致死 138
水防妨害 123
水防用の物 123
水利 124
水利妨害及び出水危険 123
税関職員 135
——によるあへん煙輸入等 135
生存に必要な保護 207
請託 188
正当行為 59
正当防衛 62
正当防衛権 62
正犯 43
——の背後の正犯 44
責任減少説 69
積極的安楽死 61
窃取 227
窃盗 227
宣告刑 78
占有を離れた 252
相互利用・補充関係 45
蔵匿 109
騒乱 113
贈賄 191
遡及処罰の禁止 13

その業務に従事する者 129
その職務に関し 186
その職権を濫用して 183
そのまま解釈 11, 16
その最も重い刑 82
損壊し 102, 106, 120, 139, 225, 262-3

タ 行

退去しなかった 131
体系的解釈 15
第三者供賄 189
胎児性傷害・致死 192
大日本帝国憲法 5
第199条の罪を犯す目的 193
対物防衛 64
逮捕・監禁 208
逮捕等致死傷 210
瀧川幸辰 8
多衆で集合して暴行又は脅迫をした 113
多衆の共同意思 113
多衆不解散 114
堕胎 203
奪取罪 226
他人の刑事事件に関する証拠 110
他人の生命、身体又は財産に対し共同して害を加える目的 200
他人の占有等に係る自己の財物 233
他人のためにその事務を処理する者 240
他人の物 249
他人予備行為 48, 119, 193, 230
他人を道具とする実行 33
他の法令の罪に対する適用 29
だまされたふり作戦 46
談合 105
中止した 41
中止未遂 41
抽象的公共危険罪 115
抽象的事実の客体の錯誤 74
抽象的事実の方法の錯誤 73
中立的行為による幇助 55
中立命令違反 97
治療中止 61
追求権説 254
通貨 140
通貨偽造及び行使等 141
通貨偽造等準備 142
通訳人 167
罪を犯した者 108
邸宅 130
適法な職務執行 98
電気横領 235
電子計算機使用詐欺 239
電子計算機損壊等業務妨害 225
電磁的記録 145
電磁的記録不正作出及び供用 153
同意堕胎及び同致死傷 204
同時傷害の特例 198
盗取罪 226
逃走 106
逃走援助 107
盗電行為 235
盗品その他財産に対する罪に当たる行為によって領得された物 255
盗品譲受け等 255
図画 145
徳島市公安条例事件 12
特別公務員職権濫用 184
特別公務員職権濫用等致死傷 185
特別公務員暴行陵虐 185
特別事情 39
独立燃焼説 116
賭博 177
賭博場を開張し 178
富くじ 179
富くじ発売等 179
図利・加害目的 242
取引の相手方と共同正犯 243

ナ 行

内乱 91
内乱等幇助 93
日常用語的語義 11
日本国憲法 12
任務に背く行為 241
認容説 71
練馬事件 46

ハ 行

背任 240
博徒を結合し 178
場所的適用範囲 25
早過ぎた構成要件実現 36
犯行続行を阻止する行為 51
犯罪後 28

犯罪の後にその者が情を知って取得したもの 86
犯人以外の者に属しない物 86
犯人蔵匿等 108
頒布 172
被害者に戻すためになされた所為 257
非現住建造物等浸害 122
非現住建造物等放火 117
被拘禁者奪取 107
被告人による偽証教唆 166
人に刑事又は懲戒の処分を受けさせる目的 168
人の飲料に供する浄水 136
人の業務に使用する電子計算機 225
人の財産上の事務処理を誤らせる目的 158
人の始期 192
人の事務処理に使用する電子計算機 239
人の事務処理を誤らせる目的 154
人の終期 192
人の信用 224
人の電子計算機における実行の用に供する目的 164
人の秘密 133
人の名誉 220
避難の意思 68
秘密漏示 132
被略取者等所在国外移送 216
被略取者引渡し等 216
封印・差押えの表示 101
封印等破棄 100
封をしてある信書 132
福岡県青少年保護育成条例 12
複数の反撃行為 65
不作為による実行 32
不作為犯の共同正犯 48
不実記録 147
不実の電磁的記録 239
侮辱 222
不真正不作為犯 32
——としての教唆犯 52
——としての従犯 54
不正作出 158
不正作出・供用 147
不正使用 161
不正指令電磁的記録作成等 164
不正指令電磁的記録取得等 165
不正電磁的記録カード所持 159
不正な指令 239
不正の侵害 62
付属的証券行為 156
不同意堕胎 205
不同意堕胎致死傷 205
不動産侵奪 228
不法原因給付 236, 249
不法原因給付物 256
不法債権 229
不法領得の意思 227, 237, 250, 257
文書 143
墳墓発掘 180
墳墓発掘死体損壊等 182
閉塞 125
変死者密葬 182
変造 140, 155
片面的共同正犯 45
片面的従犯 54
防衛するため 62
防衛の意思 65
法益 21
放火して 116
包括一罪 79
暴行 199
暴行又は脅迫をするため多衆が集合した場合 114
法条競合 79
幇助の意思 54
法定刑 78
暴動 92
法律により宣誓した証人 165
法律の錯誤 72
法令行為 59
法令により拘禁された者 107
保護責任者遺棄等 206
保護法益 60
補充性 67
没収対象物 84
本権に基づかない占有 227
本犯 255
翻訳人 168

マ 行

前に禁錮以上の刑に処せられたことがない者 87
牧野英一 6
未決勾留日数 84

未遂の教唆　53
未遂の幇助　54
自ら招いた危難　67
自ら招いた侵害　63
未成年者略取及び誘拐　213
身の代金目的略取等　214
身の代金目的略取等予備　218
無形偽造　147
無形変造　147
無限定消極説　223
無限定積極説　223
明確性の原則　12, 14, 16
名義人　145
名誉毀損　219
免状　151
申込み　191
漏らした　133
文言の中核的意味　16
文言の日常用語的語義　16

ヤ 行

約束　187, 191
やむを得ずにした行為　62
誘拐　213
有価証券　154
有価証券偽造等　156
有形偽造　145
有形変造　146
有償で頒布する目的　172
有責性阻却事由　70
要求　187
予期された危難　67
予期された侵害　63
予見可能性　77
予備罪の教唆　52
予備罪の共同正犯　48
予備罪の従犯　54

ラ 行

離脱による共同正犯関係の解消　49
略取　213
陵辱・加虐行為　185
旅券　151
類型性評価　31
類推禁止　5, 13
礼拝所不敬及び説教等妨害　179

ワ 行

わいせつ性　171
わいせつな行為　170, 173
わいせつ物頒布等　171
賄賂　187

著者紹介

設楽　裕文（したら　ひろぶみ）

現職　日本大学法学部特任教授

主要著書

単著　『刑法の目的と解釈』八千代出版、2019 年
『刑法』学陽書房、改訂版、2006 年

編著　『法学刑法 1 総論』信山社、2010 年
『法学刑法 2 各論』信山社、2010 年
『法学刑法 3 演習（総論）』信山社、2010 年
『法学刑法 4 演習（各論）』信山社、2010 年
『法学刑法 5 判例インデックス 1000 〈コンメンタール〉』信山社、2012 年

共編著　『Next 教科書シリーズ　刑法総論』弘文堂、2018 年
『Next 教科書シリーズ　刑法各論』弘文堂、2017 年
『現代の判例と刑法理論の展開』八千代出版、2014 年
『現代社会型犯罪の諸問題』勁草書房、2004 年

刑法解釈論［改訂版］

2020 年 6 月 29 日第 1 版 1 刷発行
2022 年 10 月 20 日改訂版 1 刷発行

著　者──設 楽 裕 文
発行者──森　口　恵美子
印刷所──壮 光 舎 印 刷 ㈱
製本所──グ リ ー ン ㈱
発行所──八千代出版株式会社

〒101-0061　東京都千代田区神田三崎町 2-2-13
TEL　03 - 3262 - 0420
FAX　03 - 3237 - 0723
振替　00190 - 4 - 168060

＊定価はカバーに表示してあります。
＊落丁・乱丁本はお取替えいたします。

ISBN978-4-8429-1842-6